역설의 변주

불안에 맞서는 고요의 철학

역설의 변주

불안에 맞서는 고요의 철학

초판 1쇄 발행 2025년 10월 2일

—

지은이 정진우

펴낸이 이방원

책임편집 이희도   **책임디자인** 양혜진

기획 김명희·박준성   **마케팅** 최성수   **경영지원** 이병은

—

펴낸곳 세창출판사

신고번호 제1990-000013호   **주소** 03736 서울특별시 서대문구 경기대로 58 경기빌딩 602호

전화 02-723-8660   **팩스** 02-720-4579   **이메일** edit@sechangpub.co.kr

홈페이지 http://www.sechangpub.co.kr   **블로그** blog.naver.com/scpc1992

페이스북 fb.me/Sechangofficial   **인스타그램** @sechang_official

—

ISBN 979-11-6684-449-2 93160

정진우 지음

역설의 변주

불안에 맞서는 고요의 철학

세창출판사

삶은 왜 늘 불안한 걸까요? 어느 때보다 자유롭고 풍요롭게 살면서도 우리는 왜 고독과 허무 그리고 우울로 아파하는 걸까요? '신의 죽음'으로 일컬어지는 큰 이야기의 종말, 무엇이든 될 수 있고 어디로든 갈 수 있는 절대적인 자유의 시대. 그러나 그것은 왜 행복이 아니라 불안으로 덮쳐 올까요? 모든 길을 혼자 더듬어야 하고, 모든 끝을 홀로 짊어져야 하는 절대적인 고독의 형벌로 말입니다. "모든 길을 허락한다. 그러나 모든 것을 걸어야 한다." 두려우면서도 그리워지는 나다운 삶, 이러지도 저러지도 못하는 방황의 골은 꼬리를 물고 깊어지기만 합니다. 현기증 나는 자유, 이것이 죽음을 살아가는 우리 실존의 벌거벗은 얼굴입니다.

불안을 잊기 위해 우리는 일상적인 삶에 깊이 빠져들기도 하고, 타인의 욕망을 흉내 내면서 잘 살고 있다고 속이며, 아니 속으며 살고 있습니다. 삶의 감각이 마비된 기계인형처럼 세상이 정해 둔 궤도를 무한히 따라 돌거나, 타인의 가면을 쓰고 남들의 인생을 연기하면서 말입니다. 하지만 그렇게 눈을 감거나 달아난다고 해서 불안은 사라지지 않습니다. 실존의 불안은 내 밖에서 쫓아오는 기묘한 괴물이 아니라 내 안에서 출몰하는 잊힌 나의 부름이기 때문입니다. 생존에 탈진한 어느 깊은 밤, 불현듯 밀려드는 무의미의 심연이나, 치열하게 달린 삶의 황혼 녘, 노을처럼 내려앉는 자기 상실의 고통은 죽음보다 더 큰 절망으로 다가옵니다. 모든 것을 얻고도 빈털터리가 되어 버린 삶, 그것이 우울의 근원입니다. "도대체 이것도 삶이란 말인가?"

　누군가는 무의미한 삶의 고통(부조리)을 '무의미의 긍정'이나 '의미의 무의미'로 풀기도 합니다. "삶에는 반드시 의미가 있어야 하는가?" "의미를 위한 삶, 너무 거창하고 무겁지 않은가?" "그것은 무의미한 삶이 지은 환상이 아닌가?" 삶에 특별한 의미가 없어도 좋다면, 무의미한 삶도 그리 허무하지 않다고, 그럭저럭 살 만하리라고 여기는 까닭입니다. 하지만 그것 역시 삶의 부조리를 견디려는 논리적인 저항이자 무의미를 삶의 의미로 새기려는 모순적인 시도입니다. 물론 의미는 앎이 아니라 믿음의 문제지만, 그런 겉멋든 달관은 죽음보다 못한 삶의 순간에 침몰하고 맙니다. 그것은 한가하고 권태로운 대낮의 철학입니다. 진지한 철학은 있고 없고의 문제가 아니라, 있다면 그것이 무엇인지를 묻습니다. 대답 없는 물음에도 소진되지 않으면서, 무의미한 고통조차 삶의 일부로 끌어안을 용기의 뿌리를 말입니다.

　그래서 이 강의는 죽음을 살아가는 인간이면 묻지 않을 수 없는 물음으로 시작합니다. "한 번만 주어진 되돌릴 수 없는 삶, 무엇을 위해 어떻게 살아야 하는가?" 이는 "나는 누구인가?"라는 상투적인 물음으로, "나는 왜 없지 않고 있는가?"라는 철학적인 물음으로 이어집니다. "없어도 좋을 '있음'이라면, 왜 굳이 있는가?" "굳이 있다면, 그 이유와 목적은 무엇인가?" "나는 '왜' 존재하는가?" 우리는 흔히 '없었던'과 '없어질'을 망각하고 살아갑니다. '잠시 있음'일 뿐인데 '영원히 있음'으로 착각하면서 말입니다. 시간을 망각한 삶입니다. 그래서 묻지도 않습니다. 하지만 '없어질' 있음의 눈으로 '아직도' 있음을 본 사람은 자신의 있음에 무한한 의미를 새기게 됩니다.

이 강의의 제목이 『역설의 변주: 불안에 맞서는 고요의 철학』인 이유도 그것입니다. 죽음의 불안과 삶의 고통은 우리를 위험한 방황으로 데려갑니다. 하지만 그곳은 진정한 자신과 고요하게 독대하는 초월의 공간, 시끌벅적한 일상에서 벗어나 내면의 소리를 경청하는 침묵의 순간이기도 합니다. 깊은 불안이야말로 참된 자유의 터입니다. 우리는 그 한가운데서 인간 삶의 깊이와 넓이를 입체적으로 푼 일곱 권의 현대 철학 고전의 지혜를 경청할 것입니다. 불안이라는 실존의 감정을 깊은 철학적 사유와 연결하여 각자가 자기 삶의 뜻과 길을 창조하도록 말입니다. 이 강의는 그 일곱 길을 '역설'이라는 주제로 묶어 갑니다. 인간의 삶은 관계일 수밖에 없고, 관계의 진실은 뒤얽힘에 있으니, 아슬아슬한 그 외줄타기가 불안을 초월하는 자유의 길이라는 뜻에서 말입니다.

길 잃은 삶의 한가운데서 자신만의 이정표를 마련한 일곱 고전의 철학자들은 여러분을 따뜻하게 다독이거나 다정하게 어루만지지 않습니다. 어설픈 자기계발서가 뿌려 대는 영혼의 진통이나 지적인 포만도 약속하지 않습니다. 도리어 여러분이 애써 숨겨 온 달콤하고 든든하던 우상의 기만을 낱낱이 폭로하고 해체합니다. 우리 삶을 지배하던 낡은 기둥을 부수지 않고서는 진정으로 창조적인 삶을 꽃피울 수 없기 때문입니다. 그래서 철학에는 불편한 진실과 마주할 용기가 필요합니다. 철학은 위로와 동정을 모릅니다. 때로는 현기증과 멀미를 일으키기도 합니다. 하지만 그 완전한 폐허야말로 우리 내면의 진실한 소리가 울려오는 장소입니다. 짧지도 쉽지도 않을 역설의 여정, 이제 함께 떠나 봅시다.

차례

1강 프리드리히 니체의 『도덕의 계보』

고통과 포월의 역설:
"만신전에 자신의 전설을 기록하라!"

일러두기

1. 단행본은 겹낫표(『 』)로, 논문이나 단행본으로 출간되지 않은 글은 홑낫표(「 」)로,
   영화는 홑화살괄호(〈 〉)로 묶었다.
2. 외래어 표기는 국립국어원 원칙을 따랐으며 일부 관례로 굳어진 것은 예외로 두었다.
3. 본문에 인용된 성서 번역은 『취리히 성경해설 성경전서 개역개정판』, 대한성서공회,
   2021을 따랐다.
4. 본문에 언급된 단행본은 국내에 번역된 경우 원서명을 병기하지 않고 번역서의 제목으
   로 표기했다.

너희들에게 명하노니, 이제 나를 버리고 너희 자신을 찾도록 하라.

너희가 모두 나를 부인하고 나서야 나 다시 너희들에게 돌아오리라.

… 모든 신은 죽었다. 이제 우리는 초인이 등장하기를 바란다.

프리드리히 니체, 『차라투스트라는 이렇게 말했다』

고통과 포월의 역설
만신전에 자신의 전설을 기록하라!

니체의 신통기 『도덕의 계보』

"신은 죽었다^{Gott ist Tot}." 사람들은 흔히 니체의 사상을 '신의 죽음'을 선포하는 철학이라고 말합니다. 그 말이 틀리지는 않았지만, 그리고 모든 위대한 철학이 그러하듯이 그것에 이르는 사유의 과정 전체이며, 그것이 바로 니체의 철학입니다. 누구나 '신의 죽음'과 '허무의 대지' 그리고 '초인의 이상'을 말할 수 있습니다. 하지만 진지한 철학은 결과만 알면 그만인 단답형 장학 퀴즈가 아닙니다. 진리는 명사가 아니라 동사이고, 결과가 아니라 과정이며, 사물이 아니라 생명이기 때문입니다. 그러한 의미에서 철학은 진리에 이르는 빈틈없는 사유의 도정을 남김없이 기록하는 진리의 자서전이나 정신의 오디세이라고 할 수 있습니다. 헤겔은 『정신현상학』에서 그러한 철학의 본성을 이렇게 설명합니다. "진리는 결과가 아니라 그것에 이르는 수행 과정을 통해 남김없이 드러나며, 결과와 그것에 이르는 생성 과정이 모여 현실적인 전체를 이룬다. 과정 없는 결과는 생명 없는 보편자요, 축약된 결론은 생명 없는 시체에 불과하다."[1] 이러한 과정의 술회는 진리의 근거와 정당성을 발견하는 과정입니다. 그러한 과정을 이은 결과만이 낯설지 않은 진리, 만인의 이해와 동의를 획득한 진리, 그래서 인간을 자유롭게 하는 진리가 됩니다. 이해를 불허하는 진리는 마치 근거 모를 교리처럼 인간을 억압하는 폭력이기 때문입니다.

　오늘 우리가 다룰 저작은 현대판 신통계보학이라 불릴 법한 니체의 대표작 『도덕의 계보』입니다. 니체는 그 저작에서 신의 탄생에서 죽음에 이르는 일대기를 그 뿌리로까지 남김없이 추적합니다. 사람들은 '니체'라고 하면 흔히 『차라투스트라는 이렇게 말했다』를 먼저 떠올리지만, 그 저작에 연이어 출간된 『도덕의 계보』(1886)야말로 그의 전체 사상의 밑바탕을 이루는 최고의 역작입니다. 이때의 '도덕'은 소박한 의미의 선악의 규칙들이 아닙니다. 그것은 다채롭고 역동적인 인간의 삶을 통일적으로 일괄하는 거대한 보편적 질서, 서구 유럽의 전통에서는 '그리스도교'를 의미합니다. 진리의 이름으로 의심과 물음을 불허하는 절대적 도덕, 그래서 어디서 왔는지, 누구로부터 왔는지, 누구를 위한 것인지도 묻지 않은 채 맹목적으로 추종해 왔던 진리. 『도덕의 계보』는 바로 그 진리가 태동한 원초적인 땅으로의 여행을 시도합니다. 따라서 신의 죽음 이후를 노래하는 니체의 다른 저작들에 입문하기 위해서는, 그리고 그의 사상을 깊이 탐닉하기 위해서는 그 밑바탕을 이루는

『도덕의 계보』를 반드시 먼저 읽어야 합니다.

『도덕의 계보』는 세 편의 논문으로 이루어져 있습니다. ① 제1논문 「선과 악', '좋음과 나쁨」, ② 제2논문 「죄', '양심의 가책' 그리고 그와 유사한 것들」, ③ 제3논문 「금욕주의의 이상이란 무엇을 의미하는가?」가 그것입니다. ①은 도덕을 발생시킨 심리학적 근거를 추적하는 논문이고(우상의 탄생), ②는 그러한 도덕이 절대적인 진리로 가공되는 과정을 분석하는 논문이며(우상의 성장), ③은 그러한 진리가 인간을 억압한 기만과 위선을 폭로하는 논문입니다(우상의 지배). 그리고 그 세 비밀을 깨닫게 된 마지막 결론이 "신은 죽었다"라는 우상의 종말 선언입니다(우상의 죽음). 우리가 절대적인 진리로 추앙했던 도덕이 한낱 집단적인 망상이었음을 깨달은 뒤에 신으로부터의 해방을 촉구하는 단계입니다. 그것이 『도덕의 계보』가

『도덕의 계보』		
제1논문 선과 악, 좋음과 나쁨	제2논문 죄, 양심의 가책 등	제3논문 금욕주의의 이상이란 무엇인가?
우상의 탄생	우상의 성장	우상의 지배
원한감정과 무리본능	형벌과 죄의식	금욕주의의 기만과 모순
삶(실존)→앎(인식)	앎(인식) → 있음(존재)	있음(존재) → 삶(실존)
	우상의 죽음	

선언하는 '신의 죽음'입니다. 그렇다면 이제 니체의 강렬하고 매력적인 문체를 음미하면서 그 비밀스러운 신의 일대기를 남김없이 해부해 보도록 합시다.

신은 어디서 태어났는가?

"선과 악의 본래적 근원은 무엇인가?"[2] 니체는 아무도 묻지 않은 이 질문으로 『도덕의 계보』를 시작합니다. 선과 악이라는 가치 판단은 어디서 생겨난 것일까요? 그리고 그것은 어떤 가치를 갖는 것일까요? 우리는 선과 악이라는 도덕적 가치 기준을 인간의 삶 이전에 하늘로부터 미리 주어진 절대적인 진리로 이해합니다. 그 원초적인 토양을 망각한 채 말입니다. 그래서 누군가는 그것을 이성의 선험적인 능력이라 단언하기도 했고, 창조주의 섭리나 계시의 율법이라 단언하기도 했습니다. 마치 신화가 신의 탄생이나 조상의 뿌리를 매듭짓지 못할 때 성령으로 잉태했다거나 알에서 태어났다는 한계 개념을 마련하듯이, 철학도 그러한 독단에 기대어 더는 묻지 않았던 것입니다. 하지만 의심의 대가인 니체는 그러한 한계 개념 이면에 숨겨진 도덕의 뿌리를 캐기 시작합니다. 이전의 철학이 "무엇이 도덕인가?"라는 본질 물음과 "도덕을 어떻게 알 수 있는가?"라는 인식 물음에 집착했다면, 니체는 "그것이 왜 도덕인가?"라는 근거 물음으로 나아간 것입니다.

이는 세계의 도덕상을 지배하던 그리스도교의 율법과 교리의 내용, 그리고 그것의 절대적인 권위에 대한 맹목적인 믿음을 기꺼이 의심해 보겠다는 도발적인 선언입니다. 진리를 가장하고 의심을 불허하는 '있음'이나 '앎'을 '우상'이라 부를 수 있다면, 니체의 작업은 도덕의 근원에 대한 심리학적 추적을 통해 그러한 우상을 해체하는 작업이자 『우상의 황혼』의 부제인 "망치로 철학하는 방법Wie man mit dem Hammer philosophirt"[3]의 실전적인 전개라 할 수 있습니다. 그러한 의미에서 니체는 『도덕의 계보』를 "도덕에 생명을 부여한 숨겨진 땅으로의 여행, 도덕의 발생사를 담고 있는 상형문자의 해독"[4]이라고 말합니다. 그는 그러한 우상의 해체 작업을 다른 윤리적 법칙과의 대결을 통한 외파explosion의 방식이 아니라 그리스도교의 발생 기원에 대한 심리학적 분석을 통한 내파Implosion의 방식을 취하고 있습니다. 하지만 『안티크리스트』에 따르면 그러한 해체 작업은 우상을 섬기지 말라는 그리스도교의 가르침에 밀착한 그만의 종교 비판과 신앙 성찰의 작업이기도 합니다. 사도들이 왜곡한 그리스도교계로부터 예수의 삶이 보여 준 진정한 그리스도교의 이상을 해명하는 개혁적인 시도로 말입니다.[5]

니체는 그리스도교계가 강조하는 사랑의 율법은 동정 본능, 자기부정 본능, 자기희생 본능을 초래하는 퇴행의 윤리라고 비판합니다. 그것은 생명에서 솟구치는 힘을 향한 의지를 불구로 만들고, 자신의 무력함을 도덕으로 포장하는 정신적인 복수 행위일 뿐이라고 말입니다. 그래서 그는 그것을 "현재를 살리려고 미래를 희생하는 위험"[6]으로 경계합니다. 삶의 고통을 진정시키려면 '동정'이 필요하고, 동정을 위해서는 '거짓말'이 필요합니다. 마치 누군가가 좌절로 고통스러워할 때 "그것은 너의 무능과 실수가 아니야. 야속한 세상과 비정한 인간이 너를 배신한 것이지"라고 위로하듯이 말입니다. 하지만 그러한 면책은 현재의 고통을 잊게 하려 미래의 고통을 예약하는 도덕적 자위이자 상대를 영원한 불행으로 몰아가는 유쾌한 저주에 불과합니다. 동정은 고통의 마취제일 뿐 질병의 치료제가 아니기 때문입니다.

일상인들의 상식과는 달리 '좋음'의 기원에는 언제나 고귀한 사람, 강한 사람, 드높은 사람, 숭고한 뜻을 지닌 사람이 품었던 '거리의 파토스Pathos der Distanz'가 자리하고 있었습니다. 그것은 기사 계급이나 귀족 계급이 가진 탁월함의 욕망, 즉 다른 계층들과 차별화된 힘을 소유하고 싶어 하는 탁월함(거리 두기)의 욕망을 의미합니다. 니체는 그것을 건강한 생명의 원천으로서의 '힘을 향한 의지Wille zur Macht'라고 부릅니다. 그들은 무력한 노예들과 달리 세상과 타인을 부정하지 않고도 자신을 긍정할 수 있는 고귀한 자들이었습니다. 그들의 도덕은 자신의 탁월함에서 나옵니다. 그들의 행복은 타인을 부정함으로써 자신을 긍정하는 상상의 행복이 아니라 자신을 스스로 긍정하는 현실의 행복입니다. 하지만 그러한 귀족적인 가치 판단은 역사상 가장 나약했던 유대민족과 그들의 지도자인 성직자들에 의해 그 가치가 전도되고 말았습니다. 니체는 이렇게 진단합니다.

고귀함과 거리의 파토스, 좀 더 높은 지배 종족이 좀 더 하위의 종족에게 가지고 있는 지속적이고 지배적인 전체 감정과 근본

감정, 이것이야말로 '좋음'과 '나쁨'이라는 대립의 기원이다. …
이러한 기원에서 드러나는 사실은 '좋음'이라는 용어가 영국의
도덕계보학자들의 미신이 억측하는 것처럼, 처음부터 필연적
으로 '비이기적' 행위와 결부된 것이 아니라는 것이다. 오히려
'이기적', '비이기적'이라는 대립이 생겨나는 것은 귀족적 가치
판단이 몰락할 때이다. 이 대립과 더불어 마침내 표현되는 것
이 곧 무리본능이다.[7]

현실에서 힘을 갖지 못한 유대인들은 로마의 권력자들이 만든
현실적인 '좋음'의 가치 아래서는 부도덕하고 부자유한 삶을 살 수
밖에 없었습니다. 그래서 권력자들이 추구하는 도덕적 가치를 전
도시킴으로써, 즉 가장 정신적인 복수 행위를 통해 자신의 힘을 추
구했습니다. 그들의 논리는 이렇습니다. "비참한 자만이 착한 자
다. 가난한 자, 무력한 자, 비천한 자만이 오직 착한 자다. 고통받
는 자, 궁핍한 자, 병든 자, 주한 자 또한 유일하게 경건한 자이며,
신에 귀의한 자이고, 오직 그들에게만 축복이 있다. 반대로 고귀
하고 강력한 자들, 그대들은 영원히 사악한 자, 잔인한 자, 음란한
자, 탐욕스러운 자, 무신론자이며, 그대들이야말로 또한 영원히 축
복받지 못할 자, 저주받을 자, 망할 자가 될 것이다."[8] 니체는 그리
한 가치 전도 운동을 "도덕에서 일어난 노예 반란"이라고 부릅니
다. 그것은 역사상 가장 강력한 민족인 로마와 가장 나약한 민족인
유대와의 싸움을 의미합니다. 차안과 피안의 싸움, 현세와 내세의
싸움, 육체와 정신의 싸움이 그것입니다. 어느 시대를 막론하고 강

자는 자신의 탁월함을 미덕으로 내세우고(현실주의), 약자는 자신의 나약함을 미덕으로 내세웁니다(이상주의). 유대 민족은 그 가운데 차안과 현세와 육체의 가치를 부정함으로써 자신들의 무력함을 도덕적인 우월함으로 전도시켰던 것입니다. 현실은 육체적인 가상의 세계이고, 그 세계의 주인은 도덕적 타락의 전형이며, 그들에게 억압받는 것은 내세의 승리를 위한 도덕적 인내라는 논리가 그것입니다.

유대 민족이 일으킨 노예 반란은 탁월한 자의 가치를 부정하는 도덕적 상상력으로 자신들의 '삶'을 지원하는 '앎'을 탄생시켰습니다. 그러한 의미에서 니체는 그리스도교 도덕을 주인에 대한 노예들의 원한 감정Resentment과 약자들의 무리 본능Heerden-Instinkt에서 유래한 망상, 즉 진리가 아닌 우상이라고 말합니다. 도덕은 하늘에서 땅으로 내려온 지고지순한 절대명령이 아니라 땅에서 하늘로 올라간 생래적인 본능의 산물이라고 말입니다. 그리스도교가 내세우는 겸손, 순종, 인내, 용서, 사랑과 같은 도덕적 격률은 현실에서 억압받던 유대 민족이 자신을 긍정하기 위해 고안한 새로운 가치들입니다. 강자든 약자든 모든 인간은 자신에게 좋은 것을 옳은 것으로 포장합니다. 옳은 것이라서 좋은 것이 아니라 좋은 것이라서 옳은 것이라는 논리입니다. 마치 신이라서 힘을 갖는 것이 아니라 힘을 갖는 것을 신으로 인식하듯이 말입니다. 니체가 그리스도교를 노예도덕이라고 규정한 이유도 그것입니다. 그는 이렇게 말합니다.

보복하지 않은 무력감은 '선'으로 바뀝니다. 불안한 천박함은 '겸허'로 바뀝니다. 증오하는 사람들에게 복종하는 것은 '순종'으로 바뀝니다. 약자의 비공격성, 약자가 풍부하게 지닌 비겁함, 그가 문 앞에 서서 어쩔 수 없이 기다려야만 하는 것은 '인내'라는 미명이 되고, 또한 미덕으로 불립니다. 복수할 수 없는 것이 복수하고자 하지 않는 것으로 불리고, 심지어는 용서라고 불리기까지 합니다. 사람들은 또한 '자신의 적에 대한 사랑'에 대해서도 이야기합니다. 땀을 뻘뻘 흘리면서 말입니다.[9]

경쟁에 패배한 사람들은 자신이 패배한 것이 아니라 맞서 싸우지 않은 것이라고 둘러댑니다. 경쟁의 비인간성과 배려의 미덕을 열렬히 호소하며 말입니다. 그는 경쟁하지 못한 것을 경쟁하지 않은 것으로 포장하고, 패배자의 비굴함을 순종과 인내의 미덕으로 포장합니다. 그래도 분이 풀리지 않으면 그들은 자신이 상대를 봐준 것이라고 말합니다. '용서'라는 말까지 끌어들여 말입니다. 그리고 '순종'과 '인내'와 '용서'를 사랑의 이상적인 덕목으로 찬양합니다. 그들의 정신적 자위행위는 거기서 멈추지 않습니다. 뒤이어 자신을 짓밟은 원수들을 구원해 달라는 '기도'로까지 나아갑니다. 그들을 열등한 인간으로 설정하고 스스로 구원자가 되는 것입니다. 하지만 골방에 숨어 기도하는 동안에도 그들의 비겁함은 두려움에 식은땀을 흘려 댑니다.

신은 어떻게 신이 되었는가?

도덕의 출발은 '삶(본능, 욕망, 힘의 추구)'을 위해 꾸려 낸 '앎(가치, 이상, 진리)'이라는 것이 니체의 앞선 분석이라면, 이제 그는 그러한 '앎'이 절대적인 '있음'으로 새겨지는 심리적 과정을 분석합니다. 불구화된 '앎'을 절대적인 '있음'으로 격상시키는 가장 효과적인 방법은 잔혹한 '형벌'입니다. 마치 부모나 선생이 가혹한 체벌을 통해 아이들의 생각과 행동을 주조하듯이, 본능의 우상을 절대적 진리로 가공하는 최고의 무기는 '마녀사냥'이나 '화형'과 같은 잔혹한 형벌입니다. 인간을 기억하는 동물로, 우상을 숭배하는 동물로 양육하기 위해서는 형벌과 같은 끊임없는 고통과 공포가 필요한 것입니다.

선험적인 것으로 속단된 '실천이성'의 이면에는 그러한 의무의 내면화 과정, 즉 형벌을 통한 각인의 과정이 숨어 있습니다. 모든 '좋은 것'은 피와 전율이 키웁니다. 니체는 도덕성과 양심의 수련 이면에 숨은 그러한 잔인함을 도덕적 문명의 탄생 과정으로 이해합니다. 그래서 그는 "형벌이란 그 자체로 비난받거나 처벌받아야 할 행위에 대한 양심의 가책이 아니라 재판관이 부리는 상대적인 편견과 권력"[10]이며, "자기를 학대하고자 하는 양심의 가책야말로 비이기적인 것의 가치를 낳은 전제"[11]라고 말합니다. 실천이성은 인간이 날 때부터 가진 선험적 능력이 아니라 삶의 본능에서 유래한 후천적 상상력이라고 말입니다.

"기억 속에 남기기 위해서는 무엇을 달구어 찍어야 한다. 끊임없는 고통을 주는 것만이 기억에 남는다." … 가장 소름끼치는 희생과 저당(첫 아이를 제물로 바치는 것), 가장 혐오스러운 신체 훼손(거세), 모든 종교 의례 가운데 가장 잔인한 의식의 형태. 이 모든 것의 기원은 고통 속에 가장 강력한 기억의 보조 수단이 있음을 알아차린 저 본능에 있다. … 이와 같은 기억 덕분에 사람들은 마침내 '이성'에 이르렀다. … 모든 '좋은 것'의 근저에는 얼마나 많은 피와 전율이 있단 말인가![12]

이에 더하여 그리스도교의 성직자들은 미개한 대중들을 길들이기 위해 그리스도교를 야만적으로 세속화하기도 했습니다. 자신들에 대한 맹목적인 믿음과 복종을 강요하는 교회 권력을 창조하려고 말입니다. 예나 지금이나 권력자들은 자신의 이익을 정의와 진리의 이름으로, 심지어 신의 이름으로 자행합니다. 그러한 의미에서 니체는 신학자, 사제, 교황의 말은 모두 자신의 권력을 위한 거짓말이며, 그들의 노예로 살면서도 부끄러움을 모르는 그리스도교인들은 그야말로 허위가 만든 괴물들이라고까지 말합니다. '죄', '회개', '용서' 따위의 관념은 사람들의 군말 없는 복종을 위해 만든 사제들의 기만적인 이데올로기였으며, 그로 인해 인간의 퇴행이 시작되었다는 것입니다. 하지만 니체가 진실로 바랐던 것은 그리스도교의 종말이 아닙니다. 사제들이 왜곡한 그리스도교계에서 벗어나 예수의 삶이 보여 준 복음을 실천하는 진정한 그리스도교 신앙으로 거듭나길 바랐던 것입니다. 그는 『안티크리스트』에서

부패하고 타락한 사제들이 제도화한 그리스도교계의 반-그리스
도교성을 이렇게 폭로합니다.

> 그리스도교가 천박하고 통속적인 욕구에 사로잡히면, 신앙도
> 그 운명을 따를 수밖에 없다. 병든 야만성 자체가 모여 교회라
> 는 권력을 탄생시킨 것이다. … 교회가 내세우는 모든 개념은
> 자연의 가치를 탈-가치화하는 가장 사악하고도 날조된 허위
> 이며, 사제는 그야말로 삶을 파괴하는 가장 위험한 기생충이자
> 독거미다.[13]

형벌과 더불어 진리를 각인하는 또 한 방법은 '죄의식', 즉 '신에
대한 죄책감'입니다. 신이 인간의 죄 때문에 자기를 희생했다는 그
리스도교의 천재적 장난은 채권자가 자신의 채무자를 위해 희생
당했다는 억척스러운 논리로 인간의 죄의식을 구축했습니다. 내
가 진 빚이나 나의 죄 때문에 나 아닌 다른 이가 감옥에 가거나 사
형을 당했다는 논리, 그것이야말로 영원한 채무 의식으로 양심을
고문하고, 이로써 인간을 신의 노예로 만드는 심리적 지배의 기술
입니다. 그리스도교의 우상은 바로 그러한 형벌과 죄의식을 통해
인간의 양심을 제련함으로써 자신을 절대적인 신으로 구축해 왔
습니다. 인간은 구제 불가능한 죄를 지었으므로 저주받아 마땅하
다는 그런 논리는 인간이 지어낸 자기 비하의 극단일 것입니다. 그
러한 의미에서 니체는 현실의 그리스도교계는 '삶'에서 발생한 '앎'
을 절대적인 '있음'으로 가공하는 정신적인 과정을 통해 성립된 우

상승배의 종교라고 일갈합니다.

신은 어떻게 인간을 지배했는가?

"한 철학자가 금욕주의적 이상을 신봉한다면, 그것은 무엇을 의미하는 것인가? 그 철학자는 고통에서 벗어나려고 한다는 것이다."[14] 철학자들은 자신이 이루지 못하는 현실의 욕망이나 힘 있는 자들과의 투쟁이 주는 공포에서 달아나기 위해 처음부터 세속적인 가치들을 부정하는 일종의 회의주의자들입니다. 우리는 경쟁의 목표를 부질없는 것으로 회의하거나, 경쟁적인 인간을 부도덕한 인간으로 조작합니다. 그러면 경쟁은 부도덕한 것이 되고, 경쟁자는 부도덕한 자가 됩니다. 그러한 부정의 논리를 거쳐 경쟁력이 없는 자신은 경쟁하지 않는 자가 되고, 결국 그것은 도덕적인 승리로 귀결됩니다. 그들에게 회의와 금욕은 패배의 고통과 경쟁의 불안에서 벗어나는 탁월한 생존 전략입니다. 그들은 탁월한 자들의 도덕처럼 자신을 직접 긍정하지 못하고(자기 긍정을 통한 타자 부정), 타자를 부정함으로써 자신을 간접적으로 긍정합니다(타자 부정을 통한 자기 긍정). 그러한 의미에서 금욕주의의 이상은 세상의 가치를 부정함으로써 세상에서 힘을 갖고자 하는 자기모순, 즉 힘을 부정하면서 긍정하는 자기모순입니다.

금욕주의의 삶이란 하나의 자기모순이다. 거기에는 삶의 일부

가 아니라 삶 자체의 조건을 지배하고 싶어 하는 미친 듯한 본
능과 힘을 향한 의지에 대한 뿌리 깊은 원한이 깃들어 있다. 그
것은 힘의 원천을 봉쇄하기 위해 힘을 사용하는 모순을 서슴지
않는다. … 그것은 모순 투성이다.[15] … 금욕주의의 이상은 퇴
화한 삶이 제작한 방어 본능과 구원 본능에 불과하다. 그것은
모든 수단을 동원하여 자신의 생존을 유지하려 하고, 그것을
위해 투쟁한다.[16]

금욕주의적 이상에는 세상이 몰락하더라도 자기만 살면 그만이
라는 이기적인 본능이 도사리고 있습니다. 니체는 그것을 "세계가
망할지언정, 철학은 살고, 철학자도 살고, 나도 살아남으리라!"[17]
는 불경스러운 소망이라고 말합니다. 인간의 이기심과 탐욕은 삶
을 피폐하게도 하지만 윤택하게도 합니다. 과학 문명을 비판하는
사람들도 병이 들면 의술의 혜택을 누립니다. 하지만 거기 있는 최
첨단 의료기나 병을 치료하는 의사 그리고 약사는 어떤 사람들입
니까? 그들은 금욕주의자가 가장 증오하는 인간 유형, 즉 현실에
서 힘을 가진 경쟁적인 자들입니다. 금욕주의자들은 힘을 가진 이
들이 축적한 온갖 문명의 이기를 향유하면서도 그 가치를 모조리
부정합니다. 마치 자본주의를 비판하면서 자본의 특권을 누리는
사이비 좌파들이나 과학 문명의 폐해를 전파하고자 최첨단 장비
들을 활용하는 순진한 환경론자들처럼 말입니다. 그것은 세상을
향유하면서 회의하는 자기모순입니다. 니체는 그러한 심리학적
무지와 위선을 인간 삶의 토대를 허물고 자신에 대한 신뢰를 포기

한 병든 자들의 도덕이라 부릅니다.

> 가장 두려워해야 할 것은 어떤 숙명보다 숙명적인 인간에 대한 혐오다. 또 하나는 인간에 대한 동정이다. 그 둘이 교미하면, 가장 섬뜩한 괴물이 탄생한다. 쇠퇴할 대로 쇠퇴한 인간이 추구하는 허무를 향한 의지(허무주의)가 세상에 등장하게 되는 것이다. … 인간이 그런 병자가 되는 것보다 위험한 것은 없다. … 처음부터 가장 무력했던 그들은 인간 삶의 토대를 허물어 버리고, 삶이나 인간이나 자신에 대한 모든 신뢰도 독살시켜 버린다. 그리고 그 모든 것을 의심의 구렁텅이로 몰아넣는다. … 그것이 '갈 데까지 간 인간(인간 말종)', 즉 병든 자의 야망이다. … 도덕으로 자위하는 인간 유형이 아닐 수 없다.[18]

그러한 의미에서 니체는 금욕주의의 이상을 '생존을 위한 처방이자 삶의 청량제'[19]라고 말합니다. 철학자들은 자신의 자유를 구속하는 모든 세계로부터 달아날 비상구를 마련합니다. 철학자들은 물질세계가 제공하는 육체적 쾌락을 증오합니다. 그들이 내세우는 금욕주의적 이상의 세 수식어는 '청빈, 겸손, 순결'입니다. 하지만 청빈이란 부유한 자만의 특권이고, 겸손이란 높은 자만의 특권이며, 순결은 건강한 자만의 특권입니다. 가난한 자, 비천한 자, 허약한 자에게 그것은 당위가 아니라 사실일 뿐입니다. 그들에게는 그러한 당위를 선택할 자유가 없습니다. 그들은 자신이 할 수 없는 것을 마치 하지 않는 것처럼 말하고, 그것을 도덕적 선택으로 포장합니다. 철학자들의 높은 정신성은 바로 그러한 현실적인 무력감에서 비롯한 반동 도덕입니다. 그들은 비의도적인 무력함을 의도된 결과로 환원함으로써 자신의 나약함에 도덕적인 자부심을 부여합니다. 그것은 하지 못한 것을 하지 않는 것으로 각색하는 위선, 즉 결과를 원인으로 환원하는 자기모순입니다.

> 금욕주의의 이상은 청빈, 겸손, 순결이라는 거창한 세 수식어를 내세운다. … 하지만 모든 본능을 억압하려는 그러한 정신성 역시 자신이 원하는 바를 이루려는 지배적인 본능에서 생겨난 것이다. 그런 의지가 그것을 지배적인 가치로 만든 것이다. 따라서 그것은 '덕'과 아무런 상관이 없다.[20] … 운동선수나 경마 선수는 여자를 멀리하는 것이 금욕주의적 가책이나 관능에 대한 증오로 그런 것이 아닌 것처럼 말이다.[21]

철학자가 홀로 자유롭고자 금욕주의를 추구한다면, 성직자는 사람들을 지배하고자 금욕주의를 전파합니다. 자기를 위로하면 철학자이고, 타인을 위로하면 성직자입니다. 그런 점에서 철학자와 성직자는 동족입니다. 성직자는 병든 자들의 고통을 위로하는 '연고와 향유'를 들고 다닙니다. 질병을 치료하려면 고통의 원인을 진단해야 합니다. 하지만 성직자들은 질병을 치료하는 대신 상처 난 표피에 마취 연고만 발라 줍니다. 따지고 보면 고통을 일으킨 자도 그들이고, 고통을 위로하는 자도 그들입니다. 무력함을 미화하여 고통을 유발하고, 그 고통을 치유하려 다시 무력함을 긍정합니다.

병 주고 약 주는 악순환을 반복하는 꼴입니다. 그러한 자기기만적인 거짓 치료가 그리스도교계의 본질입니다. 성직자는 그러한 거짓말로 인기를 얻고, 그러한 인기로 사람들을 지배하며, 그들의 지배로 자신의 왕국을 건설하고, 그러한 왕국에서 타락한 권력을 향유합니다. 고통의 책임을 외부로 전가하는 그들의 적대적인 위로의 방식은 당장의 고통을 다스리려 목숨을 저당 잡히는 돌팔이 의사의 거짓 치료에 불과하다고 니체는 고발합니다.

> 금욕주의적 성직자는 병든 무리의 예정된 구원자, 목자, 변호사 노릇을 한다. 그것이 성직자의 위대한 사명이다. … 그는 어김없이 연고와 향유를 가져온다. 하지만 그가 의사가 되려면 먼저 상처를 주어야 한다. 그는 상처의 고통을 치유하면서 동시에 상처에 독을 뿌린다. … 성직자는 원한의 방향을 돌려세우는 자다. … "나의 불행에는 분명 누군가의 책임이 있다." 병자들은 언제나 자신의 책임을 타인에게 전가한다. … 그들은 자기 위로를 위해 친구나 아내나 아이들, 혹은 그 밖의 주변인을 나쁜 사람으로 만든다.[22]

그러한 의미에서 니체는 금욕주의적 성직자들을 진정한 의사가 아니라 약을 파는 상인들이라고 비판합니다. 그들의 적은 병이 아니라 고통입니다. 고통을 잊게 하는 방법은 현실의 모든 가치를 회의하고, 힘 있는 자들을 증오하는 '도덕적 심리 치료'입니다. 그것은 세상의 변혁이나 자신의 성장을 위한 힘겨운 노동 대신 상상을 통한 가치의 전도만으로 행복을 입수하는 가장 손쉬운 방법입니다. 모든 금욕주의적 이상은 그래서 '허무'의 감정을 신으로 숭배합니다. 그것은 병을 숨김으로써 병을 키워 나가는 악순환을 무한히 반복합니다. 그렇게 해야만 고통받는 자들에게 계속해서 진료비를 청구할 수 있기 때문입니다. 하지만 그러한 거짓 치료 때문에 질병은 더욱 악화됩니다.

> 금욕주의적 성직자가 진정 의사란 말인가? … 그는 병의 원인이나 병 자체와 싸우는 자가 아니라 단지 병의 고통이나 고통받는 자의 불쾌와만 싸우는 자다. … 고통을 완화하는 모든 종류의 위로, 그것이 그의 천재성을 입증한다.[23] … 최면에 걸린 허무의 감정과 숙면에 빠진 휴식, 간단히 말해 고통이 없는 상태. 고통받는 자나 근본적인 모순에 빠진 자는 그것을 최고의 선으로, 최고의 가치로 여긴다. 그들은 그것을 긍정적으로 평가해야 하고, 긍정적인 것으로 느껴야 하는 것이다(동일한 감정의 논리에 의해 모든 염세주의적 종교에서 신은 곧 허무를 의미한다).[24]

진정한 종교는 고통의 위로가 아니라 고통의 근원을 치료하는 것(힘을 향한 의지의 회복)이어야 한다고 니체는 말합니다. 약동하는 생명력을 억제하며, 약한 힘을 구원의 미덕으로 포장하는 현실의 그리스도교계는 진정한 그리스도교의 이념과는 거리가 멀다는 것입니다. 그에 따르면 진정한 그리스도교인은 역사상 단 한 사람, 예수뿐이었습니다. 그러한 의미에서 그는 집단성을 의미하는 '그리스도교'라는 말 자체가 부조리하다고 말합니다. 예수는 당시의 경직된 유대 율법(억압과 고통)에 맞서 자신의 넘쳐흐르는 생명력으로 자유와 초월을 꿈꾸었던 사람입니다. 예수의 복음(힘의 고양)을 실천하는 것이 진정한 그리스도교의 정신이라면, 그것은 모든 원한 감정을 넘어서 자기 삶의 입법자로 살고자 했던, 그리고 그러한 자유를 위해 자신의 목숨까지도 아끼지 않았던 예수의 삶을 닮아 가는 것이라고 니체는 말합니다.

> '그리스도교'라는 말 자체가 어불성설이다. 역사상 진정한 그리스도교인은 단 사람뿐이었다. 그는 십자가에 못 박혀 죽었다. … 오로지 그리스도교적 실천만이, 즉 십자가에서 죽었던 그가 살았던 것처럼 사는 것만이 그리스도교적인 것이다.[25] … 유대인들은 그런 요점을 이해하지 못했다. 그런 방식의 죽음이 보여준 모범을, 즉 모든 원한 감정을 넘어서 있는 자유와 초월의 모범을. … 예수 자신은 사기의 죽음을 통해 가장 혹독한 시험을 공개적으로 치르면서 자기의 가르침을 입증하는 것 외에는 아무것도 바라지 않았다.[26]

　성직자들은 약자들에게 무력함의 미덕뿐만 아니라 우월감의 환상도 선사합니다. 그 첫째 방식은 '이웃 사랑'입니다. 이웃 사랑의 율법은 약자들에게도 최소한의 품위를 부여하는 탁월한 전략입니다. 약자마저도 사랑의 힘을 갖는다는 것은 그들에게 최소한의 자긍심을 줍니다. 성직자들은 가히 위로의 천재들입니다. 그러한 의미에서 '이웃 사랑'은 결코 순수한 이타심이 아닙니다. 그것은 약자가 더한 약자를 보며 갖는 이기적인 우월감의 수단입니다. 그들은 항상 아래만을 내려다보며 고통의 현실과 나약한 자신을 잊고자 합니다. 그것은 모든 금욕주의 사상의 불문율입니다. 둘째 방식은 '무리 짓기'입니다. 공동체의 삶을 인륜적인 삶으로 이상화하는 것도 약자들을 위한 도덕적 기만입니다. 약자들은 현실적인 힘을 증오하고 헌신적인 사랑을 미화합니다. 그리고 사랑을 명분으로 '공동체'라는 무리를 짓습니다. 하지만 '무리 짓기'도 순수한 이타심은 아닙니다. 그것은 무력한 자신을 방어하려는 이기적인 본능의 산물입니다. 하지만 그러한 생래적인 본능을 이해하지 못한 그들은 그것을 '도덕'으로 미화합니다. 달리 말해 그들은 자신을 미화하기 위해 도덕적 장치를 창조한 것입니다. 니체는 그러한 조작이야말로 최악의 자기기만이라고 비판합니다.

무리를 짓는 것은 우울과의 투쟁을 위한 중요한 진보이자 승리다. … 모든 병자나 약자는 불쾌한 감정과 허약한 감정을 떨치기 위해 본능적으로 무리를 짓는다. 금욕주의적 성직자는 그러한 본능을 간파하고 그것을 권장한다. 성직자는 무리를 짓고자 하는 허약한 본능으로 다가가 그들을 무리 지어 준다. 왜냐하면 강자들은 서로 흩어지려 하고, 약자들은 서로 모이려 하기 때문이다. … 약자들은 그러한 단결에 쾌락을 느끼면서 서로 단결한다.[27]

물론 강자들도 무리를 짓습니다. 하지만 그것은 더 큰 힘을 갖기 위한 공격적 결합입니다. 반대로 약자들의 무리 짓기는 자신을 보호하기 위한 방어적 결합에 불과합니다. 그들은 자신의 힘을 향상하기보다 무리의 뒷전에 숨어 생존하려고 합니다. 그러한 의미에서 현실의 그리스도교계는 수많은 모순과 기만으로 칠갑 된 거대한 정신병동이라고 니체는 고발합니다. 로마인들은 넘쳐 나는 육체의 건강을 원했지만 그들은 자학적인 질병을 원했다는 것입니다. 그것이 그리스도교계에 숨겨진 사제 권력의 비밀입니다. 니체는 그리스도교의 공식을 이렇게 정리합니다.

교회의 궁극적 이상은 세상 전체를 거대한 가톨릭적 정신병원으로 만드는 것이 아닌가? 교회가 신도들에게 바라는 것은 전형적인 데카당이다. … 그리스도교는 건강함과 건강한 지를 적대시했다. "하느님은 세상의 약한 자, 어리석은 자, 비천하고 멸시받는 자를 택하셨습니다." 이것이 그리스도교의 공식이었다. 그 표식으로 데카당스가 승리했다. … 그리스도교는 비천함의 손을 들어줌으로써 고귀함을 몰락시켰다. 그리스도교의 등장은 인류 역사상 가장 큰 불행이었다.[28]

금욕주의의 모순과 기만	
금욕주의의 모순	금욕주의의 기만
힘을 부정하면서 긍정하는 자기모순	자기기만적인 거짓 치료
세상을 향유하면서 회의하는 자기모순	거짓 치료에 의한 병의 악화
결과를 원인으로 환원하는 자기모순	병의 악화에 의한 위선도덕

신은 왜 죽을 수밖에 없었는가?

당시의 성직자들은 그리스도교를 자기 권력의 하수인으로 두었습니다. 그들은 자신을 신의 제자라고 부릅니다. 세상의 지배를 위해 무력함의 도덕을 전파합니다. 그것에 대한 군말 없는 복종을 구원의 조건이라고 가르칩니다. 나아가 자기 권력을 위한 도덕적 이상을 '신의 나라'라고 말하고, 그것을 위한 기만을 '신의 뜻'이라고 부르며, 그러한 위선을 '계시'라는 말로 은폐합니다. 그것도 모자라 자신에 대한 불복종을 '죄'라 부르고, 죄에 대한 잔혹한 '형벌'로 자기 권력을 다져 갑니다. 그것이 비단 먼일 같지 않은 것은 종교 영역의 성직자뿐만 아니라 정치 영역의 독재자도 동일한 논리를 재활용하고 있기 때문입니다. 인간의 '해방'과 국민의 '자유'를 위해서라는 기만적인 꼬리표를 달고서 말입니다. 굳이 니체의 비판 정신을 물려받은 푸코의 저작들을 직접 언급하지 않더라도, 니체의 『도덕의 계보』가 현실의 미시 권력을 분석하는 탁월한 도구가 되는 이유도 그것입니다.

삶의 건강한 도야를 희생시키는 기생충 같은 인간(사제)는 신의 이름을 오용하고 있다. 그는 자기가 모든 가치를 결정할 수 있는 독재적인 상태를 '신의 나라'라고 부른다. 그런 상태로 끌어가고, 그런 상태를 지켜가는 수단을 그는 '신의 뜻'이라고 부른다. … '신의 뜻'이 사제 권력의 유지 수단이라는 것을 숨기기 위해 그들은 '계시'를 끌어들였다. … 사제들의 온갖 현란한 기술과 더불어 『성서』는 인간의 오랜 죄와 속죄의 날을 절규하듯 선포한다. … 그것이 사제들의 권력 놀음이다. 사제는 죄를 통해 인간을 지배한다. 그에게는 '범죄'가 필요하다. 지상 명제: "하느님은 회개하는 자를 용서한다." 솔직히 말하자면 사제에게 복종하는 자를.[29]

니체는 인간의 자유를 위한 진리를 인간의 억압을 위한 도구로 왜곡한 그리스도교의 역사야말로 세계사적 아이러니라고 비판합니다. "현실 교회는 복음과는 정반대되는 것을 기초로 교회를 세웠다. 인간의 자유를 위한 복음이 인간의 억압을 초래하는 교회, 이것이야말로 세계사적 아이러니다."[30] 니체가 보여 준 이상의 과정은 절대적인 도덕으로 추앙되는 신이란 결국 인간의 비굴한 힘의 본능이 낳고, 성직자들의 권력의지가 뒤튼 금욕주의의 기만이었음을 폭로합니다. 그러한 도덕의 뿌리와 이면을 투시한 이상 우리는 그러한 우상 앞에 더 이상 무릎 꿇을 수 없습니다. 그것이 그가 말하는 '신의 죽음'입니다. 하지만 실은 신의 죽음이 아니라 교회의 죽음이며, 그리스도교의 죽음이 아니라 그리스도교계의 죽음입니다. 달리 말해 신을 죽인 것은 현실의 교회, 구체적으로 교회의 권력자인 성직자의 기만과 위선입니다. 그러한 의미에서 니체는 『즐거운 학문』에서 현실의 교회야말로 신의 무덤과 묘비가 아닐 수 없다고 비판합니다.

> 신은 죽었다! 신은 죽어 버렸다! 우리가 신을 죽인 것이다! 살인자 중의 살인자인 우리는 이제 어디에서 위로를 얻을 것인가? 지금까지 세상에 존재한 가장 성스럽고 강력한 자가 지금 우리의 칼을 맞고 피를 흘리고 있다. … 이보다 더 위대한 행위는 없었다. 우리 이후에 태어난 자는 이 행위 때문에 지금까지의 어떤 역사보다도 더 높은 역사에 속하게 될 것이다. … "현실의 교회가 신의 무덤과 묘비가 아니라면 도대체 무엇이란 말인가?"[31]

따라서 흔한 오해처럼 신을 죽인 것은 니체가 아닙니다. 신을 죽인 것은 현실의 교회이며, 현실의 교회를 죽인 것이 바로 니체입니다. 『안티크리스트』라는 제목 탓인지 니체를 적-그리스도로 단정하는 편견이 널리 퍼져 있습니다. 그런 편견을 예상하듯이 니체는 이렇게 말합니다. "진정한 복음의 운명은 예수의 죽음과 함께 끝났다. … 누가 예수를 죽였나? … 유대 민족의 제1계층(성직자). … 그들은 예수를 자신의 질서에 도전하는 반역자로 여겼다. … 그들은 예수의 죽음이 보여 준 모범, 모든 원한 감정을 넘어선 자유와 초월의 모범을 이해하지 못했다. … 용서야말로 최고의 복음임에도 그들은 … 가장 비-복음적인 복수심으로 그를 죽였다. … 예수의 그런 죽음이야말로 진정한 '신의 나라'였는데 말이다."[32] 니체는 거짓된 종교의 숨겨진 이면을 폭로함으로써 진정한 복음의 미래를 재해석한 19세기 최고의 종교개혁자라 해도 과언이 아닙니다. 더 이상 진리를 위한 진리가 아니라 자유를 위한 진리를 진정한 복음으로 여기면서 말입니다.

예수는 자신을 따르는 유대인들에게 말했다. "율법은 노예들을 위한 것이었다. 내가 신을 사랑하는 것처럼, 신의 아들로 신을 사랑하라! 신의 아들인 우리에게 도덕이 무슨 관계가 있단 말인가?[33]

신의 죽음 이후, 어떻게 살아야 하는가?

이제 우리의 삶을 일괄적으로 통제하는 거대한 기둥은 무너졌습니다. 신의 죽음과 더불어 그가 약속한 내세와 천국도 사라졌습니다. 남은 것은 삶의 이정표가 사라진 '허무의 대지'입니다. 가야 할 곳도 없고, 달아날 곳도 없는 무의미의 심연과 고통스러운 삶이 그것입니다. 니체는 그것을 '허무주의Nihilismus'라 부릅니다. 신도 천국도 없다면 선과 악이라는 도덕의 이분법도 사라집니다. 진리가 없다면 거짓도 없는 법입니다. 그렇다면 삶의 궁극 목적이 사라진 허무의 대지에서 인간은 이제 어떻게 살아야 할까요? 니체는 그러한 허무의 불안을 견디지 못해 새로운 종교 혹은 새로운 질서를 마련하려는 성급한 시도를 경계합니다. 그것은 기존의 억압을 새로운 억압으로 대체하거나 반복하는 것에 불과할 테니 말입니다. 도리어 그는 허무의 불안을 온몸으로 끌어안고, 불안의 심연 한 가운데 굳건히 머물기를, 그리고 그 속에서 초월의 가능성을 발견하기를 가르칩니다. 그러한 새로운 삶의 길을 열어 세운 세계관이 바로 '영원 회귀Ewig Wiederkehren' 사상입니다.

영원 회귀는 문자 그대로 끝없이 되풀이되는 영원한 반복을 의미합니다. 만일 그리스도교의 이상처럼 세계를 지배하는 궁극 목적이 있다면 인간은 그것을 향한 진보의 노동, 과거에서 미래로 나아가는 발전사에 동참해야 할 것입니다. 그것이 인격의 완성이든 신의 왕국이든 상관없이 말입니다. 그래서 그것은 창조와 종말, 시작과 끝이 존재하는 '직선'의 운동으로 그려질 수 있습니다. 하지만 세계에 그러한 궁극 목적이 없다면, 인간의 삶은 시작도 끝도 없는 영원한 현재를 무한히 반복하게 될 것입니다. 그래서 니체는 영원 회귀를 '원환'에 비유합니다. 달리 말해 합목적적인 삶이 '노동'이라면, 무목적적인 삶은 '놀이'입니다. 이는 서구의 정신사를 지배한 모든 종류의 형이상학적 초월론과 목적론을 해체하는 철학이고 새로운 삶을 개막하는 철학입니다. 그러한 의미에서 영원 회귀 사상의 심오한 근거는 '신의 죽음'과 '허무주의'입니다. 인간 삶을 지배하는 보편적인 삶의 원리(신)가 사라진 허무의 대지는 불안의 심연이기도 하지만 달리 보면 자유의 터전이기도 합니다. 불안과 자유, 고통과 초월은 모순이 아니라 역설입니다. 불안이 자유의 근원이고, 고통이 초월의 근원이듯이 말입니다.

이제 남은 것은 영원 회귀를 견딜 힘, 고통의 바다를 항해하는 용기를 단련하는 일입니다. 진보도 퇴보도 없이 영원히 반복되는 세계에서는 삶의 고통도 파도처럼 끝없이 밀려올 것이기 때문입니다. 더욱이 신이 사라진 세계에는 달아날 천국과 내세도 없습니다. 그러니 삶의 고통을 있는 그대로 받아들이는 새로운 삶의 태도가 필요합니다. 달리 도리가 없지 않겠습니까? 그것이 '운명에 대한 사랑'으로 일컬어지는 '아모르파티Amor fati'의 정신입니다. 니체는 이렇게 말합니다. "네 운명을 사랑하라! 나는 지금부터 이 말을 사랑할 것이다. 나는 추한 것과 싸우지도 비난하지도 않으련다. 나를 비난하는 사람마저도. 그것을 부정하는 유일한 길은 무시하는 것밖에 없으리라. 나는 언젠가 긍정하는 자가 될 것이다."[34] 이는 삶의 고통이 사랑할 만해서가 아니라 도망갈 곳이 없으니 자신의 운명으로 용기 있게 인수하라는 것, 달리 말해 절망으로 절망을 극복하라는 것입니다. "이것이 삶이란 말인가? 좋다! 그렇다면 다시 한번! 이렇게 말함으로써 용기는 죽음을 죽이기까지 한다."[35]

삶의 고통이 영원히 반복되더라도 그것을 기꺼이 감당하는 인간, 대지의 운명을 긍정하는 인간을 니체는 '초인Übermensch'이라고 부릅니다. 초인은 현실의 고통을 잊게 하는 어떠한 거짓말과 속임수에도 기대지 않고 어떠한 동정과 위로도 바라지 않는 자유롭게 홀로 선 인간입니다. 고통을 운명과 삶으로 받아들인 인간에게 고통은 훨씬 덜 나쁘게 다가옵니다. 고통이 삶을 단련합니다. 그에게 유일한 기쁨이 있다면 고통을 통한 힘의 고양과 자기 초월의 순간일 것입니다. 이것이 고통을 끌어안고 그 속에서 새로운 가치를 창조하는 포월Aufwertung의 지혜입니다. "나를 죽이지 못하는 고통은 나를 더욱 강하게 만든다"[36]는 대범함을 가지고서 말입니다. "인간에게 내려진 최고의 저주는 고통 자체가 아니라 고통의 무의미"[37]일 테니 말입니다. 비겁한 인간에게 고통은 사라져야 할 무엇이지만 초인에게는 이렇듯 고통도 삶의 일부가 됩니다. 그래서 니체는 운명에 대한 사랑과 초인의 이상을 대지에 뿌리박고(운명에 대한 사랑) 하늘을 향해 솟구치는 나무(자기 초월)에 비유합니다. "나무가 더욱 높고 환한 곳을 향해 뻗어 오르려 하면 할수록 그 뿌리는 더욱더 힘차게 땅 속으로 뻗어간다"[38]고 말입니다.

당신은 어떻게 살고 있는가?

이제 서서히 정리할 때가 되었습니다. 마지막으로 『차라투스트라는 이렇게 말했다』의 유명한 대목인 "세 변신에 대하여"를 읽으며 앞선 강의 내용을 정리해 봅시다. 거기서 니체는 인간 실존의 역사를 세 단계로 구분합니다. 낙타의 단계, 사자의 단계, 어린아이의 단계가 그것입니다.

짐깨나 지는 정신은 한없이 무거운 짐도 마다하지 않고 모조리 짊어진다. 마치 봇짐을 잔뜩 실은 낙타가 메마른 사막을 걸어가듯이, 그도 자신의 사막을 걸어간다. 그러나 외롭기 짝이 없는 저 사막에서 둘째 단계로의 변화가 일어난다. 이제 낙타는 사자로 변한다. 사자는 이제 자유를 쟁취하여 그 자신이 사막의 주인이 되고자 한다. … 하지만 사자는 아직 새로운 가치를 창조하지는 못한다. 고작해야 그것을 위한 자유를 얻었을 뿐이다. … 사자도 할 수 없는 일을 어린아이는 해낼 수 있을까? 어린아이는 순진무구한 망각이며, 새로운 시작, 놀이, 스스로의 힘에 의해 돌아가는 바퀴이며, 최초의 운동이자 거룩한 긍정이다. 그렇다. 형제들이여, 창조의 놀이를 위해서는 거룩한 긍정이 필요하다. 정신은 이제 자기 자신의 의지를 원하며, 세계를 상실한 자는 자신의 세계를 획득하게 된다.[39]

먼저 낙타는 누가 만든 것인지도, 누구를 위한 것인지도 모를 도덕의 봇짐을 지고 평생을 타인의 욕망으로 살아가는 맹목적인 인간을 상징합니다. 낙타는 그 봇짐의 주인이 아닙니다. 누구를 위하여 어디로 날라야 하는지도 묻지 않습니다. 이름 모를 주인이 약속한 미래의 약속과 보상만을 믿고 메마른 사막을 힘겹게 걸을 뿐입니다. 그 목적은 의무와 금욕을 상징하는 "그대는 하지 않으면 안 된다"는 타율적 도덕(당위)입니다. 사막은 생명력을 고갈시키는 메마른 현실을 의미합니다. 세상은 사막이고, 인간은 낙타입니다. 낙타에게 채찍질하는 주인은 그리스도교 도덕, 더 넓게는 세상이

규정해 놓은 보편화된 삶의 방식입니다. 하지만 그것은 노예들의 원한감정과 성직자들의 권력의지가 빚은 허상일 뿐입니다. 그래서 니체는 그러한 신을 '천 년 나이 먹은 용'이라고 표현합니다. 용은 그것이 실재(진리)가 아니라 환상(우상)임을 상징합니다. 낙타의 삶 전체는 그 목적을 위한 영원하고도 힘겨운 '노동'입니다. 성 아우구스티누스의 고백처럼 말입니다. "신은 인간을 신을 위해 살도록 창조하셨으므로 우리 마음이 당신 안에서 안식할 때까지는 편안하지 않습니다."[40]

다음으로 사자는 옛 가치의 거짓됨, 즉 지금껏 자신을 억압한 무거운 봇짐이 속임수와 기만이었음을 깨달은 인간을 상징합니다. 이제 낙타는 사자로 변신하여 포효합니다. "신은 죽었다." 사자는 자신에게 도덕의 채찍을 휘두르던 '용'과의 싸움에서 이기고, 자기 세계의 주인이 되고자 합니다. 이 단계의 인간은 인내와 굴종으로 남을 섬기고(남들의 인생을 대신 살거나) 언젠가 주어질 보상의 약속을 희망하는(미래의 성공과 인정을 꿈꾸는) 노예가 아닙니다. 하지만 오랜 세월 세상의 도덕에 길든 사자는 자기 삶의 방향을 상실하고 '허무주의'에 빠집니다. 주인집 대문을 용기 있게 박차고 나왔지만 마땅히 갈 곳 없는 버름한 노예처럼 말입니다.

마지막으로 어린아이는 더 이상 타인의 도덕이 아니라 자신의 입법에 따라 진정한 자기를 창조하는 자유인을 상징합니다. 니체는 이렇게 말합니다. "어린아이는 무죄함이며, 망각이고, 새로운 시작이자 놀이이며, 스스로의 힘에 의해 굴러가는 바퀴이며, 첫 움직임이요, 미래를 향한 거룩한 긍정이다." 세상의 가치판단(선악의 기준)이 사라지면 죄도 사라집니다(선악의 저편). 어린아이는 세상이 정해 놓은 선악의 기준을 모르기 때문에(보편적인 삶의 망각) 어떠한 죄책감도 가지지 않습니다. 이 단계의 인간은 세상과 타인의 시선에서 벗어나 자신의 신체에서 끓어오르는 생명력, 즉 힘을 향한 의지를 발산합니다. 그의 삶은 미래의 목적을 위한 '노동'이 아니라 현재를 향유하는 '놀이'입니다. 목적이 없으니 시작도 끝도 없습니다. 그러니 매 순간이 늘 새로운 시작(영원 회귀)입니다. 자신의 생명력을 추구하며, 닥치는 고통조차 모험으로 즐기는 어린아이들은 매 순간 자기성장을 이룹니다. 마치 갖가지 질병을 이겨 내며 면역력을 키워 가듯이 말입니다. 그것이 초인의 삶입니다. 초인에게는 삶의 고통조차 성장의 모험입니다. 그러한 긍정에는 더 이상 고통도 악도 악마도 존재하지 않습니다. 그러니 대지의 삶을 저주할 필요도 없습니다(운명에 대한 사랑).

실존의 세 단계			
낙타의 단계	신에 대한 맹목적 복종	보편주의	종교의 시대
사자의 단계	신의 죽음에 대한 자각	허무주의	종교의 종말
어린아이의 단계	자기 본위의 가치 창조	다원주의	개인의 탄생

힘을 향한 의지는 신체의 욕구를 긍정하는 초월의 의지입니다.

전통 철학이 신체의 욕구를 부정하고 그것을 극복한 정신을 초월이라 불렀다면, 니체는 그것과는 정반대의 초월을 긍정합니다. 현세와 내세라는 이원론적 삶의 원리(플라톤주의와 그리스도교)가 현세가 전부인 일원론적 삶에 그대로 통할 리 없습니다. 새로운 세계는 새로운 삶을 요청합니다. 그 길은 대지와 운명을 사랑하며 신체의 욕구와 힘을 향한 의지를 긍정하는 것입니다. 달리 도리가 없지 않겠습니까? 셰익스피어의 비극『줄리어스 시저』에도 이런 대사가 나옵니다. "비겁한 자는 죽음이 오기 전에 수없이 죽지만, 용감한 자는 단 한 번밖에 죽지 않는다."[41] 이는 고통에서 달아나는 자가 도리어 고통에 지배되고, 고통을 대면하는 자가 도리어 고통을 지배한다는 초인의 강인한 정신을 대변합니다. "삶 자체가 성장을 위한 본능, 지속을 위한 본능, 힘의 축적을 위한 본능, 힘을 위한 본능이다. 힘을 향한 의지가 결여되는 곳에서는 쇠퇴가 일어난다."[42] 니체는 그러한 신체적인 힘의 고양을 '초월'이라 부릅니다.

'힘을 향한 의지'라고 하면 사람들은 흔히 누군가를 짓밟고 올라서는 지배욕이나 히틀러와 같은 파괴적인 독재자의 이미지를 떠올리곤 합니다. 하지만 그런 경쟁은 모두가 하나의 보편적 가치를 두고 벌이는 인정투쟁에 불과합니다. 그것은 모두가 각자의 전설을 쓰기 바랐던 니체의 사상과는 전혀 어울리지 않는 오해입니다. 누군가 학위를 위해 연구를 한다고 해서, 건강을 위해 운동을 한다고 해서, 예술을 위해 창작을 한다고 해서 누가 누구를 짓밟고 지배한단 말입니까? 또한 모두가 각자의 힘을 추구하는 세상에는 모두를 지배하는 독재도 존재할 수 없습니다. 그것은 도리어 니체가 그토록 해체하고자 했던 종교적 문명, 모두가 이념의 노예가 된 가장 저속한 문명의 모습입니다. 초인은 타인과 경쟁하지도 타인을 지배하지도 않습니다. 그가 짓밟는 것은 자기이며, 극복하는 것도 자기입니다. 그러한 자기부정의 고통에서 자기성장의 기쁨을 발견하는 자가 초인입니다. 니체가 꿈꾸는 세계는 개인을 말살하는 일신론의 세계가 아니라 모두가 진정한 개인이 되는 다신론의 세계입니다. 하나의 기둥이 무너진 폐허에 천 개의 용기가 돋아나는 신세계를 말입니다. 그는 『즐거운 학문』에서 그러한 만신전의 세계를 고도의 문명으로 그립니다.

그리스에서 새로운 종교를 창설하려던 숱한 시도가 결국 실패로 끝난 것은 그리스인들이 고도의 문화를 지니고 있었음을 말해 준다. 이것은 또한 그리스에는 신앙과 희망이라는 유일한 처방으로 치유될 수 없는 다양한 고통을 지닌 다양한 개인들이 존재했음을 말해 준다. … 그 모든 시도는 결국 다양한 종파들로 끝나고 말았다. … 그리스인들은 거친 무리 본능이나 윤리적 관습에서 이미 벗어나기 시작했다는 뜻이리라. … 보편적이고 절대적인 윤리적 관습이 존재한다는 것은 민중들이 그만큼 동일하고 저급하다는 것을 뜻한다. … 노예가 있는 곳에 개인은 극히 소수에 불과하다. 이 개인들은 무리 본능과 양심에 반대한다.[43]

니체는 "세 변신에 대하여"의 마지막에서 우리에게 이렇게 말합니다. "나의 형제들이여, 창조라는 유희를 위해서는 거룩한 긍정이 필요하다. 이제 정신은 자신의 의지를 의욕하고 세계를 상실한 자는 자신의 세계를 획득한다. 나는 그대들에게 세 변화를 말했다. 어떻게 정신이 낙타가 되었고, 낙타는 사자가 되었고, 사자는 어린아이가 되었는가를!"[44] 여러분의 삶은 셋 중 무엇을 닮았습니까? 삶의 고통이 두려워 누군가 만든 길을 따라 걷는 낙타, 오로지 훌륭한 노예가 되는 것이 삶의 유일한 목적인 비굴한 낙타입니까? 아니면 그러한 삶의 거짓말과 속임수에 맞서 싸우는 사자, 비굴한 노예근성에서 벗어나 자기 삶의 진정한 주인이 되고자 하는 사자, 그러나 아직 그 방법을 몰라 방황하는 사자입니까? 아니면 무엇에도 길들지 않은 순진함으로 자기 삶을 창조하는 어린아이, 세상의 고통마저도 긍정하며 그 속에서 성장의 기쁨을 누리는 어린아이입니까?

마르틴 하이데거, 『신은 죽었다』, 강윤식 옮김, 휘닉스, 2004.

프리드리히 니체, 『즐거운 학문, 메시나에서의 전원시, 유고(1881년 봄-1882년 여름)』, 안성찬, 홍사현 옮김, 책세상, 2019.

프리드리히 니체, 『바그너의 경우, 우상의 황혼, 안티크리스트, 이 사람을 보라, 디오니소스 송가, 니체 대 바그너』, 백승영 옮김, 책세상, 2013.

프리드리히 니체, 『선악의 저편, 도덕의 계보』, 김정현 옮김, 책세상, 2012.

프리드리히 니체, 『차라투스트라는 이렇게 말했다』, 정동호 옮김, 책세상, 2005.

휴버트 드레이퍼스, 『모든 것은 빛난다』, 김동규 옮김, 사월의책, 2023.

주

1   G. W. F. Hegel, *Phänomenologie des Geistes*(Hamburg: Felix Meiner, 1952), 11.

2   Friedrich Nietzsche, Jenseits von Gut und Böse, Zur Geneologie der Moral, in: *Nietzsche Werke, Kritische Gesamtausgabe,* vol. VI-2, Berlin: Walter de Gruyter Verlag, 1968, 261(이하 'NWKG VI-2'로 표기함).

3   Friedrich Nietzsche, Der Fall Wagner, Götzen-Dämmerung, Der Antichrist, Ecce Homo, Dionysos-Dithyramben, Nietzsche contra Wagner, in: *Nietzsche Werke, Kritische Gesamtausgabe,* vol. VI-3, Berlin: Walter de Gruyter Verlag, 1969, 55(이하 'NWKG VI-3'으로 표기함).

4   NWKG VI-2, 266.

5   그리스도교(Christianity)가 예수 그리스도의 가르침을 따르는 신앙 체계를 의미한다면(그리스도교의 이상), 그리스도교계(Christendom)는 그것을 제도화한 구체적 실체를 의미한다(현실의 그리스도교). 이 구분에 따르면 니체를 비롯한 19세기 말-20세기 초의 종교 비판가들, 이를테면 포이어바흐, 니체, 마르크스 등은 그리스도교 자체를 부정했다기보다 성직자의 탐욕이나 신도들의 광신과 맹신으로 타락한 그리스도교계에 진정한 그리스도교의 이상을 복원하고자 한 종교 개혁자로 재평가할 수 있다.

6   NWKG VI-2, 265.

7   NWKG VI-2, 274.

8   NWKG VI-2, 281.

9   NWKG VI-2, 295-296.

10   NWKG VI-2, 335-336.

11   NWKG VI-2, 342-343.

12   NWKG VI-2, 311-313.

13   이와 관련해서는 NWKG VI-3, 209-210을 참고하라.

14   NWKG VI-2, 367.

15   NWKG VI-2, 381.

16   NWKG VI-2, 384.

17   NWKG VI-2, 369.

18   NWKG VI-2, 386-388.

19   NWKG VI-2, 367-368.

20   NWKG VI-2, 370.

21   NWKG VI-2, 373.

22   NWKG VI-2, 390-393.

23   NWKG VI-2, 395.

24   NWKG VI-2, 400.

25   NWKG VI-3, 211.

26   NWKG VI-3, 213-214.

27   NWKG VI-2, 401-402.

28   NWKG VI-3, 230-232.

29   NWKG VI-3, 195-197.

30   NWKG VI-3, 208.

31   Friedrich Nietzsche, Die fröliche Wissenschaft, Idyllen aus Messina, Nach-gelassene Fragmente Frühjahr 1881 bis Sommer 1882, in: *Nietzsche Werke, Kritische Gesamtausgabe,* vol. VI-2, Berlin: Walter de Gruyter Verlag, 1988, 480-482(이하 'NWKG V-2'로 표기함).

32   이와 관련해서는 NWKG VI-3, 213-214를 참고하라.

33   NWKG VI-2, 101.

34   NWKG V-2, 521.

35   Friedrich Nietzsche, Also sprach zarathustra in: *Nietzsche Werke, Kritische Gesamtausgabe,* vol. VI-1, Berlin: Walter de Gruyter Verlag, 1988, 195(이하 'NWKG VI-1'로 표기함).

36   NWKG VI-3, 60.

37   NWKG VI-2, 320.

38   NWKG VI-1, 47.

39   NWKG VI-1, 26-27.

40   성 아우구스티누스, 『고백론』, 김기찬 옮김, 크리스천다이제스트, 2012, 31.

41   윌리엄 셰익스피어, 『줄리어스 시저』, 김종환 옮김, 지만지드라마, 2019, 제2막 2장 32-33행.

42   NWKG VI-3, 172.

43   NWKG V-2, 493-494.

44   NWKG VI-1, 27.

2강

✳

나의 사랑하는 자들아
너희가 나 있을 때뿐만 아니라
더욱 지금 나 없을 때에도 언제나
공포와 전율로 너희 구원을 이루라!

「빌립보서」 2장 12절

불안과 자유의 역설
미지의 불안에서 자신을 독대하라!

당신은 누구입니까?

대학원 시절 동문수학을 하던 원우들과 열띤 토론의 밤을 보내다 막차를 놓친 적이 있습나나. 혼자 학교 옆 찜질방에서 하루를 묵으려던 때, 한참 어린 후배 한 명이 난감해 하던 저를 따라 주었습니다. 무척 똑똑하고 당돌한 후배, 그래서 곤궁하나마 선배의 체면을 지키려면 미묘한 긴장감도 필요한 후배였습니다. 매점에서 산 고구마를 숯가마에 구워 가며 담소를 나누던 중 취기가 오른 후배는 대뜸 물었습니다. "형님은 왜 삽니까?" 짧고도 강렬한 질문이었습니다. 따져 보면 그리 놀라울 것도 없지만 당시에는 모욕이나 도전처럼 들리기도 했습니다. "왜 사는가?"라는 물음의 애매함과 당혹감이 뒤얽혀 말입니다. 살면서도 모르고, 모르고도 살아왔으니 알고도 모른다고 여긴 탓인지, 모르고도 안다고 여긴 탓인지 대

놓고 물은 적 없던 질문이었습니다. 아니 일부러 숨겨온 물음이었을지도 모릅니다.

어린 시절 어른들은 "네 꿈이 뭐냐?"고 물으셨습니다. 그때만 해도 "나는 누구인가?"라는 진지한 물음은 과분했으니 적당한 대답으로 상황을 모면하면 그만이었습니다. 굳이 꿈이 있어야 하는지도 모르겠지만 당시에는 "너는 꿈도 없냐?"라는 꾸지람을 듣기 싫었습니다. 젊은이들이 안고 있는 방황의 콤플렉스처럼 말입니다. 그래봤자 이미 잘 짜인 세계가 마련해 둔 잘 나가는 직업 중 하나를 꼽는 게 전부였습니다. 하지만 그것은 동문서답입니다. 삶의 목적이란 특정한 직업이 아니라 그것을 통해 실현하고 싶은 '진정한 나'의 의미일 테니 말입니다. 하지만 후배에게는 그런 변명도 필요치 않았습니다. 학문의 목적을 묻는 것인지, 학자의 자질을 탓하는 것인지도 헷갈렸고, 그렇다고 폼 나는 대답을 내놓기도 어설펐습니다. 하지만 다시 생각하면, 그 후배는 나를 통해 자신에게 묻고 있었단 생각이 듭니다. 마치 난관에 빠진 사람이 "당신이라면 어떻게 하시겠습니까?"라고 묻듯이 말입니다. 지금도 그 후배가 떠오를 때면 한 번씩 묻게 됩니다. "나는 왜 사는 걸까?"

친구의 결혼식 같은 곳에서 모르는 하객들을 만나면 우리는 서로에게 자신을 소개합니다. 신랑 혹은 신부와는 어떤 관계인지, 어떤 직업을 갖고 있는지, 어느 지역에 살고 있는지 등으로 말입니다. 그것이 일상적인 자기 이해와 자기 표현의 방식입니다. 하지만 그것은 세계 속의 자리와 지위일 뿐 자신의 진정한 의미가 아닙니다. 누군가 "아니 그런 것 말고 당신은 진정으로 누구입니까?",

"당신은 무엇을 위해 사는 사람입니까?"라고 되물으면 우리는 곧장 당혹감을 느낄 것입니다. 누군가가 허락 없이 사적인 영역을 침범하면 신경이 곤두서는 것처럼 말입니다. 하지만 우리는 왜 자신과의 만남을 당혹스러워하는 것일까요? 타인에 대한 평가에는 거리낌이 없다가도 정작 자신에 대해서는 왜 말문이 막히는 것일까요? 결혼식 하객의 낯선 시선만이 아니라 자신의 시선에 대해서도 우리는 왜 자신을 감추는 것일까요?

오늘 만날 키르케고르는 그 질문들에 짧은 생을 다 바친 실존주의 철학의 선구자입니다. 그는 그 대답을 구하기 위해 먼저 인간 실존의 민낯을 있는 그대로 보기로 했습니다. 그는 매일 코펜하겐 주변을 산책하면서 광장과 공원의 벤치에 앉아 사람들의 일상적인 삶의 모습을 투명하게 관찰했습니다. 그가 관찰한 것은 19세기 초반의 덴마크 사람들이었지만 그렇다고 그의 통찰이 한시적이거나 지엽적인 것은 아닙니다. 인간 실존의 문제는 시대와 장소를 초월하여 죽음을 안고 살아가는 인간이라면 누구든 묻지 않을 수 없는 절박한 삶의 물음이기 때문입니다.

키르케고르는 일상적인 삶에서 사람들은 진정한 자신을 잊고 살아가고 있음을 발견합니다. 그는 그러한 태도를 '직접성Immediacy'이라 불렀습니다. '직접성'이란 문자 그대로 무–매개성im-mediacy을 의미하며, '무매개성'은 의식과 매개되지 않은 '무–의식적 상태'를 의미합니다. 풀면, 깊은 자기 성찰 없이 이뤄지는 기계적인 일상에서 사람들은 자신이 누구인지를 의식하지 못한 채 맹목적으로 살아간다는 것입니다. 사람들은 흔히 자신을 외적인 지역, 관계, 성별,

가계, 직업, 지위 등으로 규정합니다. 예컨대 "나는 부산에 사는 52세 남성이며, 집안에서는 1남 1녀의 장남이고, 직업은 학생을 가르치는 교수"라고 말입니다. 나아가 사람들은 자기 삶의 목적을 전통과 관습에 위탁하기도 합니다. 나이가 들면 으레 결혼하고, 자식을 낳고, 돈을 벌고, 출세하려 발버둥 치듯이 말입니다. 이것이 '집단적으로' 살아가는 군중의 '직접적인' 삶의 방식입니다.

반역자나 혁명가처럼 군중과는 다른 삶을 추구하는 사람들조차 실은 자신의 가치관이 반영된 새로운 대안사회(보편적인 삶의 방식)를 창조할 따름입니다. 자기를 상실한 사람들은 군중들의 가치를 내면화하고, 그들의 평균점과 비교하며 자기 삶의 가치를 평가합니다. 키르케고르는 '군중' 속으로 수평화된 그러한 개인을 자기만의 무한한 존엄과 가치를 내팽개친 '타락한 개인'으로 규정합니다. 너도 나도 아닌 익명의 추상적 유령들 속으로 희석돼 버린 '개인의 종말'이라고 말입니다.

> 수평화의 과정은 개인의 행동이 아니라 추상적인 힘의 손아귀에 들어 있는 반성의 작용이다. … 어떤 개인도 맥을 추지 못하는 어떤 악마가 출현하는 것이다. 수평화라는 바로 그 추상적인 것이 개인에게 순간적이고 이기적인 쾌락을 주기는 하지만 동시에 그는 자신의 사망신고서에 서명을 하고 있는 셈이다. … 수평화 그 자체는 개인의 파멸이다. 어떤 시대도, 즉 현대도 수평화의 과정이 지닌 악순환을 정지시킬 수 없다. 왜냐하면 그것을 정지시키려 애쓰는 순간부터 수평화 과정의 법칙이 다

시급 행동을 개시하기 때문이다.[1]

우리는 왜 절망하는가?

우리는 세속적인 가치들에 눈이 멀어 정작 '진정한 자기'는 외면하고 살아갑니다. 은밀하게 지배하는 군중의 독재 속에서 말입니다. 우리는 부동산이나 주식과 같은 소유물의 상실에는 분통을 터뜨리지만 정작 가장 중요한 자신의 상실에는 눈 깜짝하지 않습니다. 존재를 위한 소유가 소유를 위한 존재로 전도되어 버린 '자기소외'의 삶입니다. 자신의 고유명사를 상실하고 군중이라는 일반명사나 익명의 숫자로 살아가는 나약하고 비겁한 안식이 그것입니다. 삶은 미지의 땅을 탐험하는 모험과 같습니다. 예측할 수도 인식할 수도 없는 길을 조건 없이 선택해야 하는 결단입니다. 그래서 두렵고 떨립니다. 우리는 그러한 불안을 견뎌 낼 수 없어서 이미 약속된 공동의 삶 속에서 안정감을 구합니다. 그렇다면 우리는 어떻게 진정한 자기를 회복할 수 있을까요? 유신론적 실존주의자인 키르케고르는 인간은 '정신'이라는 그리스도교의 인간관에서 그 길을 발견합니다. 그는 『죽음에 이르는 병』을 이렇게 시작합니다.

인간은 정신이다. 그렇다면 정신은 무엇인가? 정신은 자기이다. 그렇다면 자기는 무엇인가? 자기는 자기 자신과 관계하는 관계 혹은 그 관계 안에서 자기 자신과 관계하는 관계다. 자기는 관계가 아니라 자기 자신과 관계하는 관계다. 인간은 무한성과 유한성의 종합, 영원성과 시간성의 종합, 자유와 필연의 종합이다. 종합은 그 둘의 관계이며 그렇게 보자면 인간은 아직 자기가 아니다.[2]

『성서』에 따르면 인간은 애초부터 '생령'의 존재입니다. 「창세기」 2장 7절은 이렇게 말합니다. "여호와 하나님이 땅의 흙(肉)으로 사람을 지으시고 생기(靈)를 그 코에 불어넣으시니 사람이 생령(靈肉)이 되니라." 인간은 자신의 육체 속에 영혼을 담고 있는 영육靈肉의 존재라는 것입니다. 이는 인간은 감성과 이성의 '중간존재'라는 철학의 흔한 통념과도 일치합니다. 키르케고르는 이 유명한 구절을 철학의 개념으로 재구성합니다. 인간을 이루는 두 요소 가운데 육체(흙)는 개별적인 욕구와 충동을 상징하고, 영혼(생기)은 신적인 정신을 상징합니다. 키르케고르는 그것을 "유한성-시간성-육체성-필연"과 "무한성-영원성-정신성-자유"의 대립으로 표현합니다. 친절한 설명을 위해 다양한 표현들을 번갈아 사용하지만 결국 하나를 가리키는 다양한 표현들입니다. 그리고 그러한 대립을 포괄하고 있는 것이 정신으로서의 '자기Selbst'입니다.

하지만 그렇듯 내적으로 분열된 자기는 아직 '진정한 자기'가 아닙니다. 육체를 지양하고 정신과 합일한 '진정한 자기'는 삶을 통해 지속적으로 실현해야 할 영원한 과정입니다. 따라서 그것은 이미 완성된 현재가 아니라 매순간 시도될 미래입니다. 최초의 인간에게 진정한 자기는 '가능성Möglichkeit' 혹은 '잠재태dynamis'로 존재할 뿐입니다. 그것이 완전히 실현된 단계, 즉 자신의 참된 본질(개념)과 실재(현실)가 완전히 통일된 상태를 철학은 가장 이상적인 단계(이념^{Idee})라는 의미에서 '현실성^{Wirklichkeit}' 혹은 '완성태^{Entelecheia}'라고 부르기도 합니다. 아직은 아니지만 언젠가는 도달해야 할 미래로서 말입니다. 그리스도교는 영육의 존재로서의 인간이 완전한 정신적 존재, 즉 신적인 주체성으로 거듭나는 것을 최고의 교리로 삼습니다. "네 아버지의 온전하심과 같이 너 또한 온전하여라."(「마태복음」5장 48절)

<table>
<tr><td rowspan="2">인간
(잠재적 정신)</td><td rowspan="2">=</td><td>영혼: 무한성-영원성-정신성-자유-긍정성</td><td rowspan="2">→</td><td rowspan="2">대립의 종합
(현실적 정신)</td></tr>
<tr><td>육체: 유한성-시간성-육체성-필연-부정성</td></tr>
</table>

그리스도교의 인간관에 따르면, 개인의 진정한 본성은 자신에게 계시되는 신의 부름에 응답하는 책임의 삶에서 실현됩니다. 신의 죽음 이후의 실존(무신론적 실존주의)을 노래한 하이데거가 '죽음의 대면'을 통한 본래적인 자기의 결단을 촉구했다면(무신론적 실존주의), 그에 앞서 키르케고르는 '신과의 독대'를 통한 진정한 자기의 구원을 촉구했던 것입니다(유신론적 실존주의). 그는 이렇게 말합니다. "(신과의 합일은) 자아가 자기 자신과 관계하고, 자기 자신이 되기를 원할 때, 즉 자기를 자기답게 만드는 힘에 오롯이 터할 때만 가능하다."[3] 그리스도교는 그렇듯 자기 완성적인 삶을 '대립(對)'

을 '끊었다(絶)'는 의미에서 '절대적인 삶(생명)', 외부에 어떠한 '한계(限)'도 없다는 '없다(無)'는 의미에서 '무한한 삶(생명)', 더 이상의 분열(시간과 거리)이 존재하지 않는다는 의미에서 '영원한 삶(생명)'이라고 부릅니다. 흔히 종교에서 '생명'과 '사랑'을 말할 때, 그것은 신과의 합일 혹은 사랑의 실천이라는 그리스도교의 이상을 표현하는 것입니다. 우리에게 주어진 타자 구원과 자기 구원의 가능성을 실현하는 신적인 삶을 말입니다.

하지만 군중에 매몰된 세속적인 인간은 자기의 진정한 본성을 상실한 채 세속적인 삶의 방식에 빠져 살아갑니다. 하이데거의 표현을 빌리자면, 공동존재Mit-Sein로 살아가는 세인Das Mann으로 말입니다. 그리스도교는 그것을 '범죄'라고 말합니다. 유한화의 방식이든 무한화의 방식이든 자기 삶의 방식을 선택할 수 있는 의지의 자유가 '원죄Original Sin'라면, 유한성을 위해 무한성을 부정하는 그러한 행위는 자기 본성을 부정한 '범죄Sin'입니다. 그리고 그러한 범죄의 상태를 '타락Decadence'이라 부릅니다. 진정한 삶이란 유한성(시간성)과 무한성(영원성)이 통일과 균형을 이루는 삶에 있습니다. 유한성과 무한성의 통일이 진정한 삶의 내적 조건이라면, 유한성과 무한성의 균형은 진정한 삶의 외적 조건입니다. 그러한 균형은 초월을 외면하고 세속에만 안주하는 것도 아니고, 세속을 외면하고 초월로만 도피하는 것도 아닙니다. 세속 안에서 초월을 살아가는 용기, 인간이 만든 윤리적 세계 안에서 신앙의 삶을 결단하는 용기가 진정한 삶의 균형입니다. 우리는 그러한 균형을 '유한 속의 초월' 혹은 '내재적 초월'이라 부릅니다. 키르케고르는 그러한 통일

과 균형을 상실한 일상적인(직접적인) 의식 혹은 자기 분열된 삶을
진정한 자기를 '망각'하거나 '포기'해 버린 '절망'이라 부릅니다.

> 절망은 자기 자신과 관계하는 종합에서 그릇된 관계를 뜻한다.
> 하지만 종합 자체가 잘못된 관계는 아니다. 그것은 다만 잘못
> 된 관계의 가능성일 뿐이다. … 절망은 인간 자신에게 있다. 만
> 일 그가 종합이 아니라면 그는 절망할 수도 없을 것이다. 더욱
> 이 만일 그 원래 상태의 절망이 하나님의 손에서부터 올바른
> 관계 안에 있지 않다면 인간은 결코 절망할 수 없을 것이다.[4]

그러한 '절망'이 그가 말하는 '죽음에 이르는 병'입니다. 신과 합
일하는 거룩한 삶이 영원한 생명이라면, 신과 분열된 절망의 삶이
'죽음에 이르는 병'입니다. 그러한 절망의 첫째 유형은 자신이 정
신이라는 사실을 망각한 채 감각적이고 동물적인 삶에 매몰된 유
형입니다. 그것은 자신의 신성을 자각하지 못한 무의식적 절망(유
한성의 절망)입니다. 둘째 유형은 자신의 신성을 알면서도 동물성의
차원에 머물고자 고집하는 유형입니다. 그것은 자신의 신성을 거
부한 의식적인 절망(무한성의 절망)입니다. 우리는 몰라서도 절망하
고 알고도 절망합니다. 자기 삶의 통치자를 동물성에 두려는 육체
적인 경향과 그것을 포기하지 못하는 아집 때문입니다. 하지만 진
정한 자기를 잃은 삶은 마치 왕 없는 나라의 시민으로 살거나 공중
에 누각을 지으려는 시도와도 같습니다.

자신의 진정한 본성 앞에서 절망하는 것, 절망에 빠져서 자신이기를 포기하는 것이 모든 절망의 공식이다. … 그는 자신의 자기를 정립한 권능(신)으로부터 벗어나고자 하는 것이다. … 그가 그렇게 존재하고 싶어 하지 않는 자기(비-본래적인 자기)로 존재하는 것, 그것이 그에게는 고뇌이며, 자신을 버릴 수 없다는 괴로움이다. … 그것이 절망의 본질, 즉 죽음에 이르는 병이다. 절망에 빠진 사람은 죽을병에 걸린 자다.[5]

어떻게 절망에서 벗어날 수 있는가?

자기 상실의 절망에 빠진 타락한 인간은 삶의 이정표를 잃어버린 방랑자와 같습니다. 키르케고르는 그것을 '어지러운 자유'라고 표현합니다. 신 없는 대지, 즉 진정한 자기를 상실한 삶은 삶의 거처를 잃어버린 방황과 불안의 연속입니다. 그리스도교 교리에 따르면, 그러한 절망의 근원은 아담의 원죄에 있습니다. 선악의 열매를 먹고 스스로 선과 악을 알게 된 아담은 신과의 직접적인 통일에서 벗어나 신보다 자신의 이성을 신뢰하는 분열과 대립의 상태로 나아갑니다. 그것은 '정신'의 불가피한 운명입니다. 그렇다면 우리는 그런 운명적인 불안에서 어떻게 벗어날 수 있을까요? 그리스도교는 그 해방의 길을 '신앙'에서 찾습니다. 신앙이란 '투명하게 신 안에 거주함Rest transparently in God', 즉 진정한 자기와 함께하는 '자기 진실한 삶' 뜻합니다.

하지만 현대인은 도리어 인간의 편에서 자기 구원을 이루고자 합니다. 우리는 세계의 의미와 삶의 방향을 설정하는 신 없이도 스스로 자기 삶의 좌표를 마련할 수 있다고 생각합니다. 그러나 인간의 인식은 유한할 수밖에 없습니다. 삶은 이성이 닿을 수 없는 미지와 신비이기 때문입니다. 하지만 인간은 그것을 자신의 관점이나 목표에 따라 손쉽게 재단합니다. 마치 위대한 예술 작품을 질량분석계나 가이거계수기로 측량해 놓고서 심오한 의미를 모두 파악했다고 자부하거나 거대한 조각 작품의 발가락만 보고서 전체를 감상했다고 착각하는 것처럼 말입니다. 하지만 그러한 인식은 실재의 왜곡일 수밖에 없습니다. 인간이 가진 체계화의 중독은 이성의 운명이기도 하지만 스스로 창조주가 되려는 이성의 월권이기도 합니다. 인간은 체계적으로 정돈되지 않거나 이성적으로 파악되지 않는 것을 견디지 못합니다. 그럴 때마다 자신의 유한함과 그로 인한 불안에 직면해야 하기 때문입니다.

> 현대는 본질적으로 열정을 결여한 감각의 시대다. 그로 인해 모순의 원리는 폐기되고 말았다. … 실존적으로 표현하자면 그것은 자기 자신과의 모순 속에 사는 것을 의미한다. 열정의 절대적인 분리에 내재된 창조적인 전능함은 개인이 단호하게 자신의 마음을 정하도록 이끄는데, 이는 신중함과 반성의 확장으로 변형된다. 결과적으로 가능한 일체를 알고, 가능한 일체가 됨으로써 사람은 자기 자신과 모순되는 존재, 즉 아무 것도 아닌 무가 된다.[6]

이성의 신화는 미지의 세계에서 방황하는 인간에게 체계의 안정감을 주기도 합니다. 그래서 이성은 어둠을 밝히는 빛이나 세계를 지배하는 힘에 비유되기도 했습니다. 신 없는 세계에 홀로 서려 했던 데카르트의 코기토Cogito 선언이나 앎을 자연지배의 힘으로 새기고자 했던 베이컨의 과학주의 선언처럼 말입니다. 그럼에도 인간은 삶의 무한한 신비 앞에서 근원적인 공허와 불안에 빠질 수밖에 없습니다. 이쯤 되면 사람들은 그나마 그리스도교인은 예외가 아니겠냐고 반문합니다. 그들은 최소한 인간의 타락, 죄의 곤경, 구원의 갈망 등을 의식하고 살아가니 말입니다. 하지만 키르케고르는 현실의 그리스도교계Christendom[7]야말로 죄인 중의 죄인이라고 말합니다. 그들은 인간 인식의 환상을 폐기하기보다 신마저도 이성 안에 두려 하기 때문입니다. 그들은 진정한 신이 아니라 자신의 믿음을 믿는 자기도취적 우상 숭배자에 불과합니다. 현실의 그리스도교계는 신을 이성적 관념이나 한갓된 도덕 교사로 단순화하는가 하면, 스스로 그리스도를 닮아가기보다 그에 대한 믿음만으로 구원을 갈구하는 값싼 은총에 빠져 살아가기 때문입니다. 그들에게 신은 만사형통을 보장하는 보험이나 세속적인 욕망을 이뤄 주는 부적에 불과합니다. 그것은 내가 신을 사는 것(유한의 무한화)이 아니라 신이 나를 살게 하는(무한의 유한화) 최악의 신성모독이 아닐 수 없습니다.

그렇다면 우리는 그러한 절망에서 어떻게 벗어날 수 있을까요? 키르케고르의 대답은 단호합니다. 군중의 삶에서 망각한 진정한 자기, 즉 자기 내면에서 울리는 신의 명령 앞에 홀로 서는 '개인(단독자)'이 되는 것입니다. 이를 위해 우리는 두 단계를 거쳐야 합니다.

첫째 단계는 우리 안의 신성을 대면하는 것입니다. 우리는 자유의 심연을 직시해야 하고, 신성의 상실을 인식해야 하며, 환상의 기만을 인정해야 합니다. 그러한 이성의 교만을 내려놓을 때라야 비로소 신은 진정한 실존의 토대를 계시하고, 진정한 자유의 길을 안내합니다. 하지만 직접성의 환상에 사로잡힌 사람들은 자신이 만든 환상 속으로 진정하고 고유한 자신의 개성을 탈색시켜 버립니다.

둘째 단계는 진정한 자기를 결단하는 것입니다. 키르케고르에 따르면, 결단이란 정답이 주어지지 않은 막연한 상황에서 한 길을 선택하는 것입니다. 객관적이고 체계적인 진리가 존재하는 직접성의 세계(군중의 세계)에서는 정답이 미리 정해져 있으므로 결단의 불안을 감당할 필요가 없습니다. 인간 이성이 제작한 보편적인 원리를 따르면 그만이기 때문입니다. 예컨대 숲속의 길림길에 있을 때, 한 길에 "위험: 입산금지"라는 표지판이 붙어 있다면, 우리는 아무런 망설임 없이 군중과 함께 다른 길로 오를 것입니다. 하지만 삶에는 그런 안내판이 없습니다. 삶은 계산할 수도, 예상할 수도 없는 미지의 영역이자 가치와 의미의 영역이기 때문입니다. 삶의 길을 안내하는 신들을 잃어버린 현대의 세속화된 세계에서 그러한 선택의 부담은 오롯이 개인의 몫입니다.

그렇다고 키르케고르가 인간 이성이 일군 과학적 지식이나 문명의 진보를 모조리 거부하는 것은 아닙니다. 우리는 여전히 그 세계에 발 딛고 살아가며, 일상의 대부분을 이성이 제작한 보편적인 원리에 따라 살아갑니다. 다만 인간의 실존적 정체성이나 진정한 본성에 견줄 때, 그것은 '우연한 인식'이나 '상대적 진리'에 불과하다는 것입니다. 예컨대 인식의 영역에서 한때 진리로 받아들여지던 과학적 지식이나 법률적 판단이 시간이 지나 거짓과 허위로 드러나는 것은 흔한 일상입니다. 그는 진정한 문명의 척도는 과학의 발전과 인식의 확장이 아니라 '개인'의 가치와 중요성을 재발견하는 데 있다고 봅니다. 과학으로 육체의 질병은 치유할 수 있겠지만 그럼에도 우리가 진정한 '나'로 존재하지 않는다면, 그것은 영혼을 잃은 시체에 불과하다는 것입니다. 과학으로 육체의 질병은 치유할 수 있지만 진정한 자기의 상실, 즉 '죽음에 이르는 병'은 결코 치유할 수 없기 때문입니다.

그것을 치유하는 유일한 길은 과학적 인식이 아니라 신앙의 결단으로 시작되며, 그러한 결단은 진정한 자기를 대면하는 용기에서 시작됩니다. 군중이 마련해 놓은 보편적이고 평탄한 삶이 '나'를 상실한 '안전한 억압(절망)'의 길이라면, 진정한 자신을 결단하는 모험의 삶은 '나'를 창조하는 '불안한 자유(치유)'의 길입니다. 그 길에 오르기 위해서는 군중과의 동맹에서 탈출하여 진정한 자기와 대면하는 실존적인 용기가 필요합니다. 키르케고르에 따르면, 인간은 신적인 본성을 실현하기 위해 창조된 홀연한 단독자이기 때문입니다. 자신의 이성을 신뢰하며 신에게서 독립하려는 사람들, 신을 세속적인 욕망의 하수인으로 고용하려는 사람들, 감각적인 쾌락에 매료되어 정신적인 만족에 안주하려는 사람들은 결코 신과 독대할 수 없습니다.

인간 실존의 세 단계: 관능적 실존, 윤리적 실존, 종교적 실존

키르케고르는 앞선 통찰을 토대로 사람들의 실존 방식을 크게 세 단계로 나눕니다. ① 관능적 실존Aesthetic Exixtence, ② 윤리적 실존Ethical Existence, ③ 종교적 실존Religious Existence이 그것입니다. 하지민 자세히는 여덟 딘계로 구분됩니다. ① 관능적 실존은 다시 Ⓐ 직접적 관능주의와 Ⓑ 매개적 관능주의로 나뉘고, ③ 종교적 실존은 다시 Ⓐ 종교성A와 Ⓑ 종교성B로 나뉘며, Ⓑ 종교성B는 또다시 ⓐ 무한한 체념의 기사와 ⓑ 신앙의 기사로 나뉘니 말입니다. 그뿐만 아니라 ① 관능적 실존과 ② 윤리적 실존 사이의 존재를 '아이러니'의 단계로, ② 윤리적 실존과 ③ 종교적 실존 사이의 존재를 '유머'의 단계로 규정하고 있으니 말입니다. 정말 복잡하지요? 하지만 인내심으로 한 단계씩 풀어가고, 끝에 가서 전체를 도식화하면 한 눈에 선명히 그려지기도 합니다. 그 과정을 실피면서 우리 각자는 지금 어디쯤 서 있는지 함께 진단해 보도록 합시다.

인간 실존의 단계		
관능적 실존	윤리적 실존	종교적 실존
개별적 감성(쾌락)	보편적 이성(윤리)	개별적 양심(신앙)

첫째 단계는 관능적 실존입니다. 흔히 'Aesthetic'이라는 형용사

를 '심미적' 혹은 '미학적'이라고 옮기지만 그 단어의 원래 의미는 '감성적'이라는 뜻을 담고 있습니다. 그리고 감성적인 실존은 감각적인 쾌락을 삶의 유일한 목적으로 삼는 태도를 의미하므로 '관능적' 실존으로 옮기는 것이 더 적절할 것입니다. 이 단계의 사람들은 모차르트의 오페라 〈돈 조반니Don Giovanni〉(1787)의 주인공 돈 후안Don Juan처럼 매일을 유흥이나 도박과 같은 향락으로 채워가는 순전한 쾌락주의자들입니다. 이들은 자기 삶을 구속하는 내적인 제약 없이 감각의 인도에 따르는 즉흥적이고 우연적인 삶을 사랑합니다. 하지만 향락에 빠져든 관능적 실존은 직접적(감각적) 관능주의건 매개적(반성적) 관능주의건 결국 무의미의 권태와 공허함의 불안에 빠지고 맙니다.[8] 스스로 만족할 줄 모르는 감성은 자신의 쾌락을 외부의 대상에 의존할 수밖에 없고, 따라서 새로운 대상을 물색하는 무의미한 노력을 무한히 반복해야 하기 때문입니다. 타인들의 윤리적 비난까지 쾌락의 대가로 떠안으며 말입니다. 하지만 키르케고르는 그러한 절망적인 자기부정이야말로 구원을 위한 자기 고양의 쓴잔이라고 말합니다. 그는 관능적 실존과 윤리적 실존 사이에서 갈등하는 그러한 존재를 '아이러니'의 단계로 규정합니다.

둘째 단계는 '윤리적 실존'입니다. 윤리적 실존은 관능적인 삶을 부정하고 도덕적인 자아가 중심이 되는 윤리적인 삶을 의미합니다. 개별적인 욕구를 억제하고 보편적인 도덕법칙을 의욕하는 칸트 식의 자아나 동물적인 본능을 통제하고 도덕적인 초자아를 추구하는 프로이트식의 자아가 그것입니다. 이 단계의 사람들은 개별적인 쾌락보다 보편적인 윤리의 체계를 준수하며 살아가고자 합니다. 결혼 제도를 예로 들면, 관능적 실존은 그것을 쾌락의 무덤으로 여기고 도망치려 하지만 윤리적 실존은 그것을 만인의 행복을 위한 거룩한 제도로 여기고 순종하려 합니다. 하지만 육체를 가지고 살아가는 한 감성(관능적 실존)과 이성(윤리적 실존)의 갈등은 끝나지 않습니다. 이성을 통한 감성의 지배를 꿈꿀수록 우리는 이성의 패배와 파산을 통감할 뿐입니다. 윤리적 이상이 높을수록 참회의 골도 그만큼 깊어지는 것처럼 말입니다. 그러한 의미에서 윤리적 실존의 최종적인 모습은 '참회'의 실존입니다. 키르케고르는 그러한 참회를 자기모순 속에서 허탈하고 씁쓸하게 웃을 수밖에 없는 '유머'의 단계로 규정합니다. 이상과 현실의 간격에서 발생하는 '고통스러운 냉소'라고 말입니다. 이는 양심을 구현하고 있다고 확신하면서도 죄의 운명에 좌절하고 마는 '아름다운 영혼의 불행'[9]을 닮았습니다.

셋째 단계는 종교적 실존입니다. 키르케고르는 종교적 실존을 다시 종교성A와 종교성B로 구분합니다. 먼저 종교성A는 윤리적 실존의 완성 단계라 할 수 있습니다. 감성과 이성의 싸움에서 이성이 좌절하는 단계가 유머라면, 이성이 승리하는 단계가 종교성A입니다. 철학에서는 그 단계를 보편성을 구현한 개별성의 단계라 부릅니다. 헤겔이 말한 신적인 주체성으로서의 '정신Geist' 혹은 '인륜성Sittlichkeit'의 단계가 바로 그것입니다. 그 단계에 이르기 위해 개인은 자기부정의 고통을 감내해야 합니다. 그러한 자기부정은 내면에서 일어나는 욕망과 신성의 대립과 투쟁에서 시작됩니다(내재성의 종교). 그러한 분열에 대한 처절한 통감이 '죄책'이라면, 죄책에 대한 종교적 태도는 '고난'입니다.

종교성A가 헤겔이 말하는 자기 내면의 신성과 화해하는 단계라면(내재성의 종교), 키르케고르는 거기서 한 걸음 더 나아갑니다. 그것이 종교성B입니다. 종교성B는 종교성A의 토대인 내재성과 단절하는 단계입니다(초월성의 종교). 종교성B는 영원한 진리인 신(그리스도)이 인간 역사의 특정한 시공간에 인간의 모습으로 나타났다는 역설적인 사실에서 출발합니다(영원성과 시간성의 역설적인 종합). 그 신은 더 이상 인간의 내면이 아니라 외면에 존재하는 진리이며, 더 이상 이성으로 헤아릴 수 없는 부조리한 대상, 그러므로 그저 믿을 수밖에 없는 신앙의 대상입니다. 종교성A가 "주체성이 진리다"라는 입장이라면(보편적 구원관), 종교성B는 "주체성은 비-진리다"라는 입장입니다(특수한 구원관). 또한 종교성A가 "이해하기 위해 믿노라"는 안셀무스Anselmus의 선언을 대변한다면, 종교성B는 "부조리하기 때문에 믿노라"는 테르툴리아누스Tertullianus의 선언을 대

인간 실존의 단계				
관능적 실존	아이러니	윤리적 실존	유머	종교적 실존
개별적 감성 (쾌락)		보편적 이성 (윤리)		개별적 양심 (신앙)
직접적 관능 매개적 관능		윤리적 자아		종교성 A 종교성 B

변한다고도 하겠습니다. 진정한 신앙에 이르기 위해서는 이성을 십자가에 못 박고 오로지 그리스도(의로움Righteousness)를 향한 신앙의 순교Martyrdom of the Faith를 결단해야 하는 것입니다. 그래야만 감성과 이성의 교만에서 벗어나 신, 즉 진정한 자기와의 화해가 가능하기 때문입니다.

종교적 실존의 세 단계:
비극적 영웅, 무한한 체념의 기사, 신앙의 기사

> 하나님이 아브라함을 시험하시려고 그를 부르시되 … 네가 사랑하는 외아들 이사악을 데리고 모리야 땅으로 가서 내가 네게 일러준 산에서 그를 번제로 드리라. … 아브라함이 그 곳에 제단을 쌓고 나무를 벌여 놓은 후 그의 외아늘 이사악을 결박하여 잡으려 하니 여호와의 사자가 그를 불러 이르시되 … 그 아이에게 네 손을 대지 말라. … 네가 네 아들 네 독자까지도 내게 아끼지 아니하였으니 내가 이제야 네가 하나님을 경외하는 줄을 아노라. … 내가 네게 큰 복을 주고 네 씨가 크게 번성하여 하늘의 별과 같고 바닷가의 모래와 같게 하리니 네 씨가 그 대적의 성문을 차지하리라. 「창세기」 22:1-18

『성서』의 등장인물 가운데 아브라함만큼 파격적인 인물도 드뭅니다. 하지만 그리스도교는 그를 신앙의 아버지로 추앙합니다. 아브라함은 신의 명령을 따르기 위해 인간 이성의 윤리로는 도저히 용납할 수 없는 살인미수자, 그것도 자신의 순진한 외아들 이사악을 죽이려 한 비속살해 미수자인데 말입니다. 이사악은 아브라함이 백 년이 넘도록 소원한(그는 자녀를 얻기 위해 하녀와 동침하기까지 했다) 자식이었으며, 세상의 무엇과도 바꿀 수 없는 고귀한 선물이었습니다. 그런데 아브라함은 어떻게 이사악을 신의 명령을 위해 과감히 포기할 수 있었을까요? 거기에는 수많은 비밀이 숨겨져 있습니다. 신-아브라함-이사악의 삼각구도 안에서 일어나는 신앙의 진리는 무엇일까요? 「창세기」에 나오는 그 사건은 '결박'을 뜻하는 '아케다Akedah' 이야기로 알려져 있습니다.

『성서』의 모든 내용이 신의 영감으로 기록되었다는 '축자영감설 Literal Inspiration', 그래서 거기에는 어떠한 오류도 없다는 '성서무오성Biblical Inerrancy'을 주장하는 맹목적인 신학자들, 그리고 『성서』의 이야기를 비유나 상징이 아닌 사실의 역사로 믿는 문자적인 신앙인들은 아브라함의 행위를 어떻게 변호할까요? 심지어 종교를 혐오하는 반종교인이나 무종교인에게 그 이야기는 어떻게 비춰질까요? 그들은 묻습니다. "사랑과 정의의 신은 왜 아브라함에게 반인륜적인 비속살해를 명령한 것일까요?" "아브라함은 그토록 잔인한 신의 명령을 왜 의심 없이 수행한 것일까요?" "그토록 부조리한 신을 우리가 어떻게 신뢰할 수 있을까요?" "그리스도교는 그렇게 맹신적이고 광신적인 아브라함을 왜 신앙의 아버지로 추앙하는 것일까요?" "그리스도교가 엉터리가 아니라면 아브라함이 신의 명령을 오해한 것은 아닐까요?" "신과 아브라함의 관계에서 무고한 이

사악은 왜 희생양이 되어야 하나요?" 인간의 이성과 윤리로는 도무지 이해되지 않는 그 이야기는 신앙을 촉진하기는커녕 종교를 혐오하게 만든 주역이기도 합니다. 하지만 키르케고르는 아브라함의 윤리적 파기에 분노하는 그런 물음들 자체가 신앙을 이성의 재판장에 불러들여 기각하는 이성의 월권이라 비판합니다. 이성의 범위에 들지 않는 부조리를 불합리로 폐기하거나 그것마저 환영의 체계로 환원하려는 태도가 그것입니다.

윤리학 역시 인간 이성의 산물입니다. 그것은 인간의 행위를 이해하고 통제하는 철통의 규준입니다. 동기에 주목하는 의무론적 윤리학이든 결과에 주목하는 목적론적 윤리학이든 모든 윤리학은 이성이 구축한 행동 강령입니다. 절대적인 진리(신)가 사라진 공허의 불안을 지탱하려면 삶의 준거가 되는 윤리적 체계를 인간 스스로 마련해야 합니다. 하지만 그러한 윤리학의 시도들은 두 문제를 초래합니다. 첫째로 보편적인 행위 규준인 윤리학은 개인의 고유한 개별성, 즉 진정한 자기(신)를 폐기합니다(무의식적 절망). 둘째로 윤리학은 진정한 자기와의 만남, 즉 진정한 자기(신)와의 관계를 파기합니다(의식적 절망). 자신의 고유한 신념을 망각하고, 주어진 규칙들에 자신을 내맡기면 그만이기 때문입니다. 키르케고르는 그 두 문제를 초월하는 방법은 윤리적 체계를 교정하는 것이 아니라 신앙을 위해 윤리적인 것을 단념하는 '신앙의 비약'에 있다고 말합니다(윤리적인 것의 목적론적 정지).

그렇다면 윤리적 체계를 초월하는 진정한 신앙이란 무엇일까요? 키르케고르는 그것을 설명하기 위해 종교적 실존을 다시 세 단계로 나눕니다. '비극적 영웅Tragic Hero', '무한한 체념의 기사Knight of Infinite Resignation', '신앙의 기사Knight of Faith'가 그것입니다.

종교적 실존의 세 단계		
종교성A	종교성B	
비극적 영웅	무한한 체념의 기사	신앙의 기사
개별성의 지양	보편성의 단념	개별성의 추구
보편적 자기의식	일반적 신앙	진정한 신앙

먼저 비극적 영웅은 공동체 혹은 국가를 위하여 사적인 이익이나 가치를 희생하는 보편적인 개인(보편의지 혹은 보편적 자기의식)을 의미합니다. 키르케고르는 『성서』의 「사사기」 11장에 나오는 입다Jephthah와 호메로스의 『일리아스』에 나오는 아가멤논Agamemnon 그리고 로마 공화정의 아버지 브루투스Lucius Junius Brutus를 그 사례로 듭니다. 입다는 전쟁의 승리를 위해 딸 셀리아Selia를 제물로 바치고, 아가멤논은 트로이로의 진격을 위해 딸 이피게네이아Iphigeneia를 제물로 바치며, 브루투스는 군주제의 복원을 음모한 자신의 아들들을 주저 없이 사형시킵니다. 공적인 윤리와 사적인 윤리 사이에서 그들은 언제나 보편자(공적인 윤리)의 편에 섭니다. 따라서 공적으로는 영웅이지만 사적으로는 비극입니다. 그래서 '비극적 영

웅'이지요. 하지만 그들의 행위는 동의의 여부를 떠나 이성적으로 설명할 수 있습니다. 왜냐하면 그들은 인간 이성이 구축한 윤리의 체계에 따라 행동한 인물들이기 때문입니다. 하지만 아브라함의 살인미수는 그런 이성적 이해를 초월합니다. 그를 신 앞에 단독자로 세운 것은 신앙, 즉 부조리한 명령에 대한 전적인 믿음이었기 때문입니다. 윤리는 이성적 동의를 요청하지만 신앙은 전직인 믿음을 요청합니다. 그것이 윤리와 신앙의 절대적인 차이입니다.

> 아브라함이 보편적인 것을 밟고 넘어선 것은 민족을 구하기 위해서도 아니고, 국가의 이념을 주장하기 위해서도 아니고, 또 분노한 신을 달래기 위해서도 아니다. … 아브라함의 모든 행위는 보편적인 것과는 아무런 관계가 없고, 순전히 개인적인 일이다. 그렇다면 비극적 영웅은 그의 인류적인 덕 때문에 위대하지만 아브라함은 순전히 개인적인 덕 때문에 위대하다는 결론이 나온다.[10]

　다음으로 무한한 체념의 기사는 윤리(보편적 이성)와 신앙(개별적 신앙)의 모순 속에서 자신의 이성을 체념하고 신앙을 결단하는 실존을 의미합니다. 만일 아브라함이 신의 명령을 따르기 위해 윤리적 거부감에도 불구하고 "어쩔 수 없이" 신앙을 결단했다면, 그것은 무한한 체념의 단계입니다. 그도 겉으로는 세계와 영원히 분리된 사람처럼, 자신의 최종적인 거처로 귀향하는 사람처럼 행동합니다. 그럼에도 그 단계는 아직 완전한 신앙이 아니라고 키르케고르는 말합니다. 외면적으로는 신의 명령을 거부하지 않았지만 내면적으로는 여전히 이성적이고 윤리적인 환영 속에서 신음하기 때문입니다. 그 단계는 신의 두 약속, 이사악은 신의 선물이라는 약속과 이사악을 번제물로 바치라는 명령을 하나로 통합하지 못합니다. 그래서 의심과 불신도 해소되지 못합니다. 이해되지 않음에도 복종해야 하는 강압적인 상황에서 신은 한 입으로 두말하는 허풍쟁이처럼 보입니다. 그러한 의미에서 그 단계는 신의 명령에 순종해야 한다는 이성적인 의무에 따른 '순수한 철학적 운동'일 뿐 아직 진정한 신앙의 단계가 아닙니다.

마지막이자 궁극적인 단계인 신앙의 기사는 이성과 윤리를 초월하여 신의 부조리한 명령조차 확고하게 신뢰하는 실존을 의미합니다. 앞선 무한한 체념의 기사가 신의 부조리한 명령을 수용하는 방식은 신의 명령과 자신의 이성을 견주며 자신의 한계를 인정하는 방식입니다. 하지만 신앙의 기사는 신에게는 그러한 부조리조차 통합하는 역설적인 지혜가 있다는 무한한 믿음으로 나아갑니다. 그에게는 신에 대한 절대적인 믿음이 있으므로 이성과 신앙의 모순도 성립하지 않습니다. 신앙은 인식의 문제가 아니라 믿음의 문제입니다. 개별적인 신앙이 보편적인 윤리에 선행한다는 '신앙의 역설Paradox of Faith'과 그러한 역설을 절대적으로 신뢰하는 '신앙의 비약Leap of Faith'이 그것입니다. 그래야만 우리는 윤리적 환영이나 이성의 우상에서 벗어나 진정한 신을 만날 수 있습니다. 그렇다면 아브라함은 무한한 체념의 기사였을까요? 신앙의 기사였을까요? 그의 행위만으로는 그것을 판별할 수 없습니다. 중요한 것은 그가 '무엇을' 행했는가가 아니라 '어떻게' 행했는가라는 내면의 문제이기 때문입니다.

이상의 복잡한 과정을 종합하면 인간 실존의 전 단계는 아래처럼 여덟 단계로 그려질 수 있습니다.

인간 실존의 단계					
관능적 실존		윤리적 실존		종교적 실존	
개별적 감성 (쾌락)		보편적 이성 (윤리)		개별적 양심 (신앙)	
	아이 러니		유머	종교성A	종교성B
직접적 관능 / 매개적 관능		윤리적 자아		비극적 영웅	체념의 기사 / 신앙의 기사
				보편적 자기의식	보편성의 단념 / 개별성의 결단

불안과 확신 사이에서

아브라함은 신앙의 비약 속에서 '윤리적인 것의 목적론적 정지 Teleological suspension of the Ethical'를 수행합니다. 그것은 신앙(신의 명령)과 이성(보편적 윤리)가 충돌할 때, 신앙을 위해 이성을 잠시 유보하는 것을 의미합니다. 윤리학의 역사에서 보편은 언제나 개별보다 우월한 지위를 누렸습니다. 하지만 키르케고르는 역설적으로 개인의 차원에서 만나는 신의 명령을 보편적인 윤리를 능가하는 절대적인 진리로 여깁니다. 그것이 개별이 보편에 앞선다는 '신앙의 역설'입니다. 이때의 개별성은 욕구와 충동에 사로잡힌 감성적인 개별성 혹은 비윤리적 육체성을 의미하지 않습니다. 그것은 보편적 윤리와의 대립에서 지양되어야 할 개별성입니다. 지금의 개별성은 보편적 윤리보다 상위의 신앙적 개별성을 의미합니다. 그 둘을 구분하기 위해 최초의 감성적인 개별성을 개별성A라 부르고, 신앙적인 개별성을 개별성B라 부를 수 있습니다. 신앙(개별성B)은 개별적인 것이지만 보편성을 매개하고 초월한 최고 단계의 개별성입니다.

> 신앙이란 개별자가 보편자보다 고귀하다는 역설이다. 그러나 주의해야 할 점은 이 운동은 개별자가 처음에 보편적인 것 안에 있다가 이후에는 보편적인 것보다 높은 곳에 있는 개별자로 고립된다고 하는 역설이다. ⋯ 믿음이란 개별자가 보편적인 것보다 높고, 보편적인 것을 거스를 권리가 있고, 그 밑에 종속되는 것이 아니라 그것을 군림한다는 역설이다. ⋯ 개별자가 개별자로서 절대자에 대하여 절대적인 관계에 선다는 역설이다. 이 입장은 매개되지 않는다. 왜냐하면 모든 매개는 바로 보편적인 것의 힘을 빌려서 이루어지는 것이기 때문이다.[11]

그럼에도 아브라함은 여전히 윤리적인 세계 속에 살아갑니다. 이사악의 아버지, 사라의 남편, 노예와 하인의 주인으로 말입니다.

그는 윤리와 신앙이 충돌할 때 세속적인 안녕이나 이성적인 계산 없이 직접적으로 신앙의 비약을 결단합니다. 마치 절대적인 '정의'를 위해 불의한 법률에 저항하는 시민불복종 운동이나 집단의 불의에 복종하지 않는 공익 제보자처럼 말입니다. 그들은 그 결단이 자신에게 줄 이익이나 결과를 고려하지 않습니다. 다만 그것이 신의 명령(의로움)이라는 믿음만을 신뢰합니다. 하지만 그것은 윤리적 세계를 폐기하기보다 도리어 구원합니다. 마치 시민불복종 운동이 민주 입법 절차의 결정적인 한계인 다수결의 결함, 즉 다수의 결정이라고 해도 그것이 정의와 진리에 어긋날 가능성을 보완함으로써 그 절차의 결함을 보완하듯이 말입니다.

아브라함은 매 순간 새롭게 다가오는 신과 독대하며 살았습니다. 그는 자신의 이성으로 신의 명령을 속단하거나 예단하지 않았습니다. 신앙인이라면 누구든 아브라함의 신앙을 닮고 싶어 합니다. 하지만 그들은 불확실한 미래를 결단해야 하는 '공포와 전율'의 무게를 견디지 못합니다. 그래서 의식적으로든 무의식적으로든 신의 명령을 이성적인 설명이나 보편적인 윤리로 환원하려는 유혹에 빠집니다. 마치 예고 없는 삶의 고통 속에서 그것의 '이유(때문에)'나 '목적(위하여)'을 상상하며 마음의 위안을 구하듯 말입니다. 하지만 그것은 매 순간 새롭게 다가오는 신(동사로서의 신)을 한낱 이성의 환영으로 박제시켜 버리는 것(명사로서의 신)과 같습니다. 진정한 신앙은 과거의 경험으로 현재의 신을 속단하거나 현재의 경험으로 미래의 신을 예단하지 않습니다. 진정한 신앙은 빈 마음으로 신의 명령을 경청하며, 쉼 없는 '공포와 전율' 속에서 자신의 순수한 용기를 시험합니다. 사도 바울도 그 점을 강조합니다. "나의 사랑하는 자들아, 너희가 나 있을 때뿐만 아니라 더욱 지금 나 없을 때에도 언제나 공포와 전율로 너희 구원을 이루어라!(「빌립보서」 2:12)"

하지만 종교적 광신주의자나 극단주의자, 심지어 자살테러범도 그와 동일한 방식으로 행동합니다. 그렇다면 우리는 '신앙의 기사'와 '종교적 광신자'를 어떻게 구분할 수 있을까요? 『성서』는 아브라함의 순종이 갖는 내면의 상태를 자세히 설명하지 않습니다. 키르케고르는 "공포와 전율 속에서"라는 구절을 '신앙'과 '광신'의 척도로 삼습니다. 종교적 광신자들은 자신의 사적인 욕망을 신의 명령이나 신앙의 결단으로 포장합니다. 앞서 규정한 개별성A와 개별성B를 혼동하는 것입니다. 그들은 공포와 전율 혹은 불안과 확신 사이에서 고뇌하지 않습니다. 단지 직접적이고 맹목적인 자기 확신에 따라 다만 윤리적 세계를 파괴할 뿐입니다. 그에 반해 진정한 신앙(신앙의 기사)은 자신의 행위가 보편적인 윤리에 어긋난다는 것을 명백하게 인식하는 '불안'과 신의 명령에 대한 절대적인 '확신' 사이에서 '진정한 자기(신의 명령에 대한 결단)'를 결단합니다.

우리는 나치의 폭정에 저항했던 고백교회 목사 본회퍼Dietrich Bonhoeffer의 사례에서 그러한 신앙과 광신의 차이를 직관할 수 있습니다.[12] 그는 키르케고르의 『공포와 전율』을 마음 깊이 수용했고, 그 영향 아래 2차 세계대전 당시 히틀러 암살 계획에 가담한 개신교 신학자입니다. 그는 자신의 계획이 윤리적으로 최악의 범죄임을 알면서도 그것을 신의 명령으로 확신했습니다. 그것은 목사이자 평화주의 신학자라는 자신의 윤리적 정체성을 송두리째 부정하는 결단이었고, 그로 인해 세상의 모든 것을 잃을 수 있음도 알고 있었습니다. 실제로 그는 사전에 발각되어 1945년에 사형을 당했습니다. 하지만 그는 아브라함이 이사악을 번제물로 바치듯이, 내면으로 전해 오는 신의 명령에 자신의 모든 것을 걸었습니다. 세속적인 명예와 안위를 위해 극악한 현실에 눈을 감을 수도, 달아날 수도 없었기 때문입니다. 그는 '공포와 전율' 속에서 신앙을 위해 윤리를 유보하는 '윤리적인 것의 목적론적 정지'를 수행하고, 오로지 신 앞에 선 단독자로서 '신앙의 비약'을 결단했던 것입니다.

한국의 근현대사에도 자기 내면으로 전해오는 신의 명령을 경청하며 세상의 모든 것을 걸었던 수많은 '신앙의 기사'가 존재했습니다. 일제강점기에는 해방과 독립을 위해 자신의 모든 것을 걸었던 수많은 의사와 열사가 있었고, 해방 이후의 민주화 과정에서도 시민이기 이전에 진정한 자기이기를 바랐던 수많은 투사와 열사가 있었습니다. 그들은 신의 명령을 위해 '어쩔 수 없이' 자신을 부정한 '무한한 체념의 기사'가 아닙니다. 도리어 자신을 죽여야 진정한 자기로 거듭난다는 부조리한 믿음, 자기를 버려야 온 세상을 얻는다는 순수한 믿음 앞에 '주체적으로' 홀로 선 '신앙의 기사'였습니다. 키르케고르는 그러한 신앙의 정열에서 인간성의 완성을 목도합니다. 그것이야말로 인간이 지닌 최고의 정열이라고 말입니다. 그는 그것을 고귀한 개인이 지닌 자기 초월의 진지함이자 드물도록 아름다운 무한한 동경으로 표현합니다. 신앙의 기사는 그런

고난의 험지에서 삶의 의미와 보람을 캐는 사람입니다.

현대인에게 필요한 것은 두려움 없이 청렴하게 자기의 사명을 알리는 정직한 진지함이 아닐까? 자기의 사명을 애정으로 간직하는 진지함, 최고의 것을 성급하게 파악하여 사람들을 불안에 몰아넣지 않으며, 자기의 사명을 싱싱하고 아름답고 고상하게 간직하여, 만인의 마음을 끌면서도 도무지 어려운 것이어서 고귀한 사람들만을 감격하게 만드는 그런 정직한 진지함이 아닐까? 무릇 고귀한 마음의 소유자는 어려운 일에만 감격하는 법이다.[13]

광주 민주화운동의 처절했던 상황을 그린 영화 〈택시운전사〉(2017)나 군부독재의 폭압적 상황을 그린 영화 〈1987〉(2017)은 키르케고르가 말한 신앙의 역설과 신앙의 비약이 협력하여 이루는 기적의 약속(선의 승리)을 생생하게 보여 줍니다. 당시의 언론인, 법조인, 성직자, 지도자, 수많은 민중, 그리고 주인공 이한열 열사와 택시운전사 김만복(본명 김사복)은 각자의 자리에 개별적으로 주어진 신의 명령 앞에서 진정한 자기를 결단한 정의의 사도들입니다. 두 영화에는 공통적으로 이런 대사가 나옵니다. "당신이 그런다고 세상이 바뀝니까?" 이성에게 신의 명령과 약속은 부조리하고, 그래서 신앙의 결단은 무모해 보이기만 합니다. 하지만 기적은 이성적으로 예측할 수 없는 복권의 당첨처럼 실현됩니다. 우리는 그러한 부조리한 약속의 실현을 기적이라 부릅니다. 하지만 그것이 진리인 것을 우리의 삶은 여실히 증명하고 있습니다. 세계사의 모든 빛나는 순간이 바로 그러한 신앙의 결단으로 이뤄진 기적의 역사인 것처럼 말입니다.

> 결과는 뜻하지 않게 어이없이 복권에 당첨되듯이 온다. 그리고 결과를 알고 나면 사람들은 감동해 버리고 만다.[14] … 믿음은 기적이다. 그렇지만 어느 누구도 믿음에서 배제되어 있지는 않다. 왜냐하면 모든 인간 생활을 하나로 묶는 것이 정열인데, 믿음이 바로 이런 정열이기 때문이다.[15]

다시 처음 질문으로 돌아가 봅시다. "당신은 누구입니까?" 이 질문은 우리에게 "무엇을 위해 어떻게 살아갈 것인가?"를 되묻습니다. 삶이란 미지의 미래를 향해 현재를 결단하는 '순간'의 연속입니다. 삶은 불안과 방황입니다. 하지만 그것이야말로 실존적 자유의 조건입니다. 앞서도 말했듯이 불안은 안정적 도피가 아니라 자유의 결단을 통해서만 해소됩니다. 그것이 '불안과 자유의 역설'입니다. 키르케고르는 자유와 책임의 무게를 견디지 못하고, 생존을 위해 진정한 자기를 버리는 안정의 욕구야말로 작은 불안을 더 큰 불안과 교환하는 부조리라고 말합니다. 모든 것이 미리 결정된 운명적인 세상에는 실존적인 자유가 존재하지 않습니다. 따라서 불안도 절망도 존재하지 않습니다. 하지만 거기에는 진정한 자기도 존재하지 않습니다. 전통과 관습이 지배하는 신분제 사회를 상상해 보는 것만으로도 더한 설명은 필요치 않을 것입니다.

우리는 진정한 '나'가 누구인지 몰라서 절망하기도 하지만 알면서 절망하기도 합니다. 진정한 '나'를 결단하다 잃게 될 것들에 대한 계산적 이성의 불안 때문입니다. 그래서 신은 아브라함을 시험합니다. 신의 명령을 위해 세상의 모든 고귀한 것(이사악)을 계산 없이 등질 수 있는 자유의 용기를 가졌는지 말입니다. 「누가복음」 14장26절도 그 점을 강조합니다. "누구든지 내게 오는 사람은 자기 아버지나 어머니나 형제나 자매를 버려야 한다. 또 자기 목숨까지라도 버리지 않으면 내 제자가 될 수 없다." 그 시험은 우리에게도 예외 없이 적용됩니다. 그러한 '공포와 전율'을 견디지 못해 우리는 가장 중요한 '나'를 버리고 살아갑니다. 모든 것을 이성으로 환원하는 현대의 삶은 진정한 '나'에 대한 결단의 가능성을 절멸시켰습니다. 그러한 의미에서 미지를 미지로 남겨 두지 못하는 앎의 욕망이야말로 진정한 불안과 절망의 근원이라 할 수 있습니다. 그는 이렇게 말합니다. "그러한 용기의 결핍을 겸허라고 해석해서는 안 된다. 반대로 그것은 오만이기 때문이다. 신앙의 용기야말로 유일하게 겸허한 용기인 것이다."[16]

거듭 말하지만 삶은 이성의 한계를 넘어선 신의 비밀입니다. 따라서 삶은 결단의 불안을 동반하는 모험입니다. 하지만 그러한 결단의 용기야말로 불안을 이기는 역설적인 힘입니다. 안정 속에 진정한 불안이 있고, 불안 속에 도리어 진정한 자유가 있다는 역설이 그것입니다. 키르케고르가 말하는 '종교적 실존'을 위한 '신앙의 비약'은 비단 신앙인들에게만 국한된 선언이 아닙니다. 모든 인간에게는 창조주인 신과 독대할 수 있는 능력이 있으니 말입니다. 그렇다면 신은 우리에게 무엇을 명령할까요? 그것은 사랑, 보다 구체적으로 자기중심적인 에로스의 사랑^{erotic love}과 대립하는 타자중심적인 아가페의 사랑^{Agape love}입니다. 그리스도교가 핵심 교리인 '이웃 사랑'은 그저 옆집 사람이나 주변 사람에 대한 사랑을 뜻하지 않습니다. '이웃'은 '우리'를 상징하는 '가족'의 울타리 바깥의 버림받은 타자를 의미합니다. 그들에 대한 조건 없는 헌신이야말로 세상과 자기를 구원하는 기적의 원천이라는 것이 그리스도교의 정신입니다. 그렇다면 여러분은 자기 삶의 가치와 의미를 어디에 두고 살아가고 있습니까? 관능적 쾌락입니까? 윤리적 의무입니까? 신앙의 결단입니까? 그것이 당신이 진정으로 누구인지를 밝히는 대답의 원천이 될 것입니다.

함께 볼 만한 도서

고든 마리노, 『키르케고르, 나로 존재하는 용기』, 강주헌 옮김, 김영사, 2019.

매튜 D. 커크패트릭, 『쇠렌 키르케고르: 불안과 확신 사이에서』, 정진우 옮김, 비아, 2016.

매튜 D. 커크패트릭, 『디트리히 본회퍼: 평화주의자와 암살자 사이에서』, 김영수 옮김, 비아, 2015.

박찬국, 『키르케고르의 『죽음에 이르는 병』 읽기』, 세창미디어, 2024.

쇠렌 키르케고르, 『주체적으로 되는 것』, 임규정, 송은채 옮김, 지만지, 2012.

쇠렌 키르케고르, 『공포와 전율』 임춘갑 옮김, 치우, 2011.

쇠렌 키르케고르, 『죽음에 이르는 병』, 임규정 옮김, 한길사, 2007.

쇠렌 키르케고르, 『불안의 개념』, 임규정 옮김, 한길사, 2005.

이명곤, 『키르케고르의 『이것이냐 저것이냐』 읽기, 세창미디어, 2017.

이명곤, 『키르케고르 읽기』, 세창미디어, 2014.

클레어 칼라일, 『키르케고르의 『공포와 전율』 입문』, 임규정 옮김, 서광사, 2015.

주

1   Søren Kierkegaard, *Two Ages: The Age of Revolution and The Resent Age, A Literary Review*, trans & ed. Howard V. Hong and Edna H. Hong, Princeton: Princeton University, 1978, 86(이하 'TA'로 표기함).

2   Søren Kierkegaard, *The Sickness unto Death: A Christian Psychological Exposition for Upbuilding and Awakening*, trans & ed. Howard V. Hong and Edna H. Hong, Princeton: Princeton University, 1980, 13(이하 'SD'로 표기함).

3   SD, 16.

4   SD, 15-16.

5   SD, 20-21.

6   TA, 97.

7   키르케고르는 '그리스도교의 이념(Christianity)'과 '현실의 그리스도교계(Christendom)'를 구분한다. 거기서 그는 그 둘의 모순을 일목요연하게 비판하면서 '현실의 그리스도교계'는 '그리스도교의 이념'을 위소한 범죄라고 비판한다. 이와 관련해서는 Søren Kierkegaard, *Attack Upon "Christendom"(1854-1855)*, trans. Walter Lowrie, Princeton: Princeton University Press, 1968 및 매튜 D. 커크패트릭, 『쇠렌 키르케고르』, 정진우 옮김, 비아, 2016, 16-23을 참고하라.

8   이와 관련해서는 쇠렌 키르케고르, 『이것이냐 저것이냐 1』, 임춘갑 옮김, 종로서적, 1981, 128-129 및 『죽음에 이르는 병』, 임규정 옮김, 서광사, 2007, 22-27을 참고하라.

9   이와 관련해서는 "5강 절망과 회복의 역설: 아름다운 영혼은 아름답지 않다"의 '아름다운 영혼과 죄의 필연성' 부분을 참고하라.

10   Søren Kierkegaard, *Fear and Trembling, Repetition*, trans & ed. Howard V. Hong and Edna H. Hong, Princeton: Princeton University, 1983, 59(이하

‘FT’로 표기함).

11   FT, 55-56.

12   이와 관련해서는 매튜 D. 커크패트릭, 『디트리히 본회퍼: 평화주의자와
      암살자 사이에서』, 김영수 옮김, 비아, 2015를 참고하라.

13   FT, 121.

14   FT, 63.

15   FT, 67.

16   FT, 73.

3강

현존재는 죽음을 미리 내다봄으로써
'그들'에게 박탈당한 자신의 모습을 깨닫고
진정한 자신이 될 가능성을 발견한다.

마르틴 하이데거, 『존재와 시간』

유한과 무한의 역설
삶이 죽이고, 죽음이 살린다!

도대체 왜 없지 않고 있는가?

왜 없지 않고 있는가? 우리는 '없었던 있음'이나 '없어질 있음'을 '그저 있음'으로 보아 왔다. '없었던'과 '없어질'을 잊어버렸나. '잠시 있음'을 뿐인데 '있음이기만 한 있음'으로 착각했으니 시간을 망각할 수밖에 없었다. '그냥 있음'이 아니라 '아직도 있음'이라는 관점으로 자신의 삶을 보게 된 사람은 이제 스스로 '없어질 있음'의 눈으로 '있음'을 다시 새기고자 한다.[1]

"도대체 왜 없지 않고 있는가?" 무척 철학적이고 종교적인 물음입니다. 보다 구체적으로는 그것들의 뿌리인 형이상학(존재론)의 출발 물음이지요. 우리는 눈앞의 목적을 쫓는 분주한 일상에서 자신의 존재에 대한 궁극적인 관심Ultimate Concern과 물음을 잊고 살아갑니다. 마치 영원히 살 것처럼 무의미한 일상을 반복하며 말입니다. 죽음을 잊은 삶입니다. 사춘기가 되면 누구나 "나는 누구인가?"를 진지하게 묻는다고들 하지만 그것은 교과서의 빈말에 불과합니다. 나면서는 미리 정해진 전통과 관습을 배워 가느라 자신의 길을 따로 물을 여유가 없었습니다. 자라서는 삶의 길을 대신 결정해 주는 대학 입시 배치표가 있으니 자신의 길을 따로 물을 필요가 없었습니다. 나이가 들어서는 가족을 부양하는 일상의 염려 속에서 자신의 길을 따로 물을 용기도 없었습니다. 나 대신 나를 살아주는 무언가가 우리를 끌어가는 것입니다. 세속의 일상적인 삶은 그렇게 흘러가고 거듭되다 종치고 막을 내립니다. 그렇듯 우리는 자신의 본래성을 상실한 채 허무와 우울의 봇짐을 지고 무의미한 사막을 걷는 낙타처럼 살아갑니다. 하지만 별안간 죽음의 공포가 엄습할 때, 우리는 무의미한 삶의 불안에 현기증을 느낍니다. 그때 삶은 우리에게 묻습니다. "당신은 누구인가?" "유일하고 유한한 삶, 당신은 무엇을 위해 어떻게 살아갈 것인가?"

우주의 나이는 고사하고 지구의 나이만 보더라도 46억 년이라는 긴 시간의 좌표에서 우리는 지금껏 '없었던 있음'이었고 또다시 '없어질 있음'입니다. 무한한 없음 가운데 '잠시 있음'이 만물의 영장이라는 인간의 가련한 실존입니다. 있음이 아니라 없음이 우리의 본질인 듯이 말입니다. 그럼에도 굳이 없지 않고 있다는 사실을 떠올리면, 티끌보다 못한 '있음'조차 신비한 기적이나 과분한 선물처럼 느껴지기도 합니다. 있음을 생각하면 생각할수록Denken 있음에 감사하게 된다Danken는 말도 그런 뜻인가 봅니다. '그저 있음'이 아

니라 '굳이 있음'이라는 생각은 운명론적인 믿음이나 종교적인 상
상력의 뿌리가 되기도 합니다. 하지만 내 삶의 숨겨진 고유한 운
명과 섭리는 과학의 지성으로는 도무지 풀 수 없는 무한한 신비입
니다.

그렇다면 우리는 '있음'의 의미를 어디서 구할 수 있을까요? 역
설적이게도 그 대답은 '없어질 있음'의 눈으로 자신의 '있음'을 다
시 새기는 일, 즉 '죽음을 미리 내다봄vorlaufen in den Tod'에 있습니다.
죽음은 인간의 유한성과 부정성의 절정입니다. 하지만 죽음 자체
보다 더 두려운 것은 죽음 앞에서 지난 삶을 한탄하고 통곡하는 순
간이 아닐까 합니다. 톨스토이의 단편소설 『이반 일리치의 죽음』
은 죽음을 앞둔 인간의 내면적 통한을 생생히 보여 줍니다. 침상에
서 죽음을 기다리는 이반 일리치는 그제야 자기 삶의 진정한 의미
를 투명하게 대면합니다. 삶에서 자신을 만족시켰던 모든 것이 죽
음 앞에서는 무의미의 심연으로 가라앉고, 지극히 사소한 것으로
외면하고 심지어 증오했던 것들이 삶의 중심으로 떠오르는 존재
론적 전복의 사건, 하지만 되돌리기에 너무 늦었다는 사실이 그에
게는 죽음보다 더 큰 고통이었습니다. "내게 부여된 모든 것이 망
가졌는데도 그것을 회복할 수 없음을 깨닫고 세상을 떠난다는 것
은 얼마나 비극적인 일인가?" 굳이 애써 묻지 않더라도 죽음은 우
리에게 무엇이 진정한 삶의 의미인지를 스스로 열어 밝혀 줍니다.

우리는 삶뿐만 아니라 죽음도 함께 살아갑니다. '삶'과 '죽음'을
명사로 보면 그 둘은 모순Contradiction처럼 보입니다. 아름다운 삶의
끝이 부패하는 죽음인 것처럼 말입니다. 우리가 삶에서 죽음을 망

각하려 애쓰는 이유도 그런 부패의 끔찍함 때문입니다. 하지만 그것을 동사로 보면 '살아가는 것'과 '죽어 가는 것'은 대립이 한데 얽힌 역설처럼 보입니다. 삶의 끝이 죽음이 아니라 삶의 과정이 곧 죽음의 과정인 것처럼 말입니다. 그러니 한 발은 삶에, 한 발은 죽음에 담그고 사는 것이 우리의 인생입니다. "메멘토 모리(죽음을 기억하라)"[2]라는 고대의 격언도 바로 그런 삶과 죽음의 역설을 가르칩니다. 죽음은 아직 겪지 못한 미래의 사건인데, 이미 겪은 과거의 사건처럼 "기억하라"고 명령하니 말입니다. 우리는 매 순간 죽어가고 있으니 '없어질 있음'의 눈으로 지금의 '있음'을 되새기라는 뜻이겠지요. 그래서 그것은 자연스레 현재의 충일을 위한 "카르페 디엠(오늘을 붙잡아라)"[3]의 지혜로 이어집니다. 현재야말로 과거의 기억과 미래의 기대가 복합적으로 뒤얽힌 실존적인 '시간'이니 현재의 깊이를 사는 것이야말로 무한한 삶의 유일한 길이라는 뜻에서 말입니다.

죽음은 유한성과 초월성을 역설적으로 포괄하는 존재론적 사건입니다. 물론 죽음의 대면은 막연한 촉박함과 불안감을 주기도 합니다. 얼빠진 삶을 대면케 하니 말입니다. 하지만 그것은 진정한 삶의 의미가 계시되는 자유와 초월의 순간이기도 합니다. 횔덜린 Friedrich Hölderlin의 시 「파트모스Patmos」의 한 구절처럼 말입니다. "고난이 있는 곳에 구원 또한 있으니라." 죽음은 우리에게 주어진, 그러나 망각된 삶의 본래적인 의미를 계시합니다. 억지로 묻지 않아도 저절로 알려지니 계시입니다. 마치 복수의 상황에 놓인 햄릿에게 주어진 실존적인 고뇌처럼 말입니다. 그는 무의미한 삶과 의미

있는 죽음 사이에서 갈등합니다. "사느냐 죽느냐, 그것이 문제로다. 포악한 운명의 화살이 꽂혀도 죽은 듯 참는 것이 장한 것인가? 아니면 창칼을 들고 노도처럼 밀려드는 재앙과 싸워 물리치는 것이 옳은 일인가?"[4] 죽음은 그렇듯 일상의 무의미를 절멸하는 가운데 그 공허를 진정한 의미로 충만케 하는 역설적인 초월의 사건입니다.

죽음은 한계 중의 한계다. 늘 더 멀리 밀어내고 싶은 한계다. 그러나 문득 한계라는 것에 주목하면 새삼스러워진다. 그 때 한계 저편으로 내뻗는 몸부림이 일어난다. 초월이다. 유한하지만 그것이 전부가 아니라는 것을 보게 된다. 사수했던 것이 사소하게 보인다. 죽음이 인간을 유한하게 하면서 동시에 초월하게 한다. 그래서 '유한한 초월'이다. 죽음이 반대를 하나로 엮어 낸다. 이미 삶과 그렇게 얽혀 왔었기 때문이다.[5]

그래서 옛 성현들은 삶의 의미를 되묻는 철학을 '죽음의 수련 Melete Thanatou'이라고도 불렀습니다. 진정한 자신을 실현하는 창조적인 삶이야말로 후회 없는 죽음을 예비하는 과정이라고 말입니다. 하지만 비가역적인 시간의 흐름은 어떠한 경험적 지혜도 허락지 않습니다. 그래서 옛 성현들의 지혜 속에서 삶의 참뜻을 구해보려는 철학적 시도들도 생겨납니다. 마치 삶의 교본이라도 들춰보듯이 말입니다. 하지만 그 역시 누군가의 삶이자 누군가의 죽음일 따름입니다. 삶은 누구에게나 보편타당한 진리의 영역이 아니라 개별적인 의미의 영역이기 때문입니다. 그것은 오로지 자신의 죽음 앞에서만 그 뜻을 온전히 드러냅니다. 그럼에도 우리의 일상적인 죽음 이해는 논리학의 삼단논법 같은 무미건조한 산문의 형식을 벗어나지 못합니다. "모든 사람은 죽는다. 나는 사람이다. 따라서 나는 죽는다." 하지만 그때의 '나'는 고유명사가 아니라 일반명사이고, 구체적인 '나'가 아니라 추상적인 '인간'이며, 일인칭이 아니라 삼인칭의 죽음일 따름입니다. 그것은 만인의 죽음으로 자신의 죽음을 은폐하는 망각의 기술에 불과합니다. 하지만 죽음을 외면하면 할수록 진정한 삶의 의미도 그만큼 은폐된다는 것이 우리 삶의 지독한 자기모순입니다.

"사람은 죽는다"는 말은 죽음이 [내가 아니라] '그들'의 것이라는 편견을 낳는다. … 모두 다 죽지만 나는 아니다. 왜냐하면 여기서 '그들'이란 결국 아무도 아니기 때문이다. 그럼으로써 '죽음'은 아무 것도 아닌 것이 되어 버린다. … '그들'은 죽음을 향한 가장 고유한 존재를 은폐하고 그러한 은폐의 유혹을 고조시킨다.[6]

내 앞에 죽음의 예정자들이 줄을 서 대기하고 있으면, 죽음은 더 막역하게 느껴집니다. "누구나 죽지만 나는 아니다. 그것이 나라고 해도 아직은 아니다." 오는 데는 순서 있어도 가는 데는 순서 없다는 말만 제하면 말입니다. 우리의 존재 전체를 몰락시키는 부정성의 체험(죽음)은 내 앞의 예정자들이 더는 없을 때, 즉 부모와 형제 그리고 친구의 죽음을 목도하는 순간일 것입니다. 하지만 현실의 죽음은 언제나 우리의 예상과 기대를 빗겨 갑니다. 죽음은 선착순이 아닙니다. 그러니 "60대가 되어서는 공직에서 물러나 참된 나를 살겠노라"는 약속은 '없었던 있음'와 '없어질 있음' 사이에서 벌이는 살벌한 도박판과 같습니다. 그때는 오지 않을 수도 있고, 온다 해도 너무 늦거나 짧은 시간일지 모릅니다. 그래서 「전도서」 7장 2절은 이렇게 가르칩니다. "초상집에 가는 것이 잔칫집에 가는 것보다 나으니 모든 사람의 끝이 이와 같이 됨이라. 산 자는 이것을 그의 마음에 둘지어다." 잔칫집이 세속적인 성공에 빠져드는 공간이라면, 초상집은 초월적인 삶을 묵상하는 공간입니다. 하지만 이반 일리치가 고백하듯이 "가까운 친구의 죽음은 부고를 접한 모든 사람에게 내가 아니라 다행이라는 야릇한 기쁨"[7]마저 주는 것이 죽음을 외면하고픈 우리의 솔직한 마음입니다. 그러한 의미에서 하이데거는 이렇게 말합니다.

죽음을 은폐하며 회피하는 태도가 워낙 질기게 일상성을 지배하고 있어서, 서로 함께 있으면서 '가장 가까운 사람들'이 '죽어 가고 있는 사람'에게 종종 이렇게 꾸며 댄다. 당신은 이제 금세 괜찮아져 다시 당신의 잘 배려된 세계의 안정된 일상으로 되돌아갈 것이다. 그렇게 말함으로써 '죽어 가고 있는 사람'을 '위로한다'고 생각한다. '그들'은 이런 식으로 죽음에 대한 부단한 안정감을 배려해 준다. 그러나 이 안정감은 근본적으로는 '죽어가고 있는 사람'에게만 해당하는 것이 아니라 '위로하는 사람'에

게도 똑같이 해당한다.[8]

　친한 사람의 죽음은 우리 삶의 부조리, 즉 무의미한 삶의 고통스러운 반복에 제동을 걸고, 그럼에도 살아야 할 반항의 이유를 찾게 합니다. 하지만 초상집을 나서는 순간 우리는 또다시 부동산과 주식거래, 자녀의 교육과 진학, 취업과 승진, 퇴직과 노후 대비와 같은 눈앞의 걱정거리에 빠져듭니다. 그뿐만 아니라 타인의 죽음이 주는 타격감이란 바람 앞의 촛불처럼 비실합니다. 심지어 모든 것이 상업화된 거래의 세계에서 초상집은 죽음을 묵상하는 공간이 아니라 유가족에 대한 채무 의식이나 몰염치의 면책 수단으로 전락해 버렸습니다. 타인의 죽음은 여전히 나의 죽음이 아닙니다. 그럼에도 우리는 타인의 죽음을 통해 나의 죽음을 내다볼 뿐입니다. 자신의 죽음은 경험의 대상이 아니라 종말의 사건이니 말입니다.

　　누구도 타인에게서 그의 죽음을 빼앗을 수는 없다. … 모든 현존재는 각기 죽음을 그때마다 자신의 것으로 받아들이지 않으면 안 된다. 죽음은 본질적으로 각기 그때마다 나의 죽음이다. 그리고 죽음은 각기 자신의 고유한 현존재의 존재가 문제가 되고 있는 그런 독특한 존재가능성을 의미한다.[9]

　그래서 우리의 죽음 이해는 흐릿합니다. 게다가 단편적이고 순간적일 뿐입니다. 죽음 앞에서 우리는 항상 깨어 있지 못하고, 마치 갓난아기처럼 어쩌다 눈을 떴다가도 다시 잠들어 버리기 일쑤입니다. 그래서 죽음의 불안은 우리 삶 깊숙이 스며 있으면서도 대면할 때마다 경악하게 합니다. 당연히 알지만 언제나 낯선 것이 죽음입니다. 그렇다면 죽음으로 대표되는 그러한 부정성의 체험과 그로 인한 공허함의 대면은 우리에게 어떤 존재론적 변화와 진정한 존재 가능성을 열어 주는 것일까요? 유일회적인 삶, 우리는 어떻게 무한한 깊이로 초월할 수 있을까요? 오늘은 그 대답을 우리의 실제적인 삶을 있는 그대로 직시하고, 그 속에서 진정한 자유의 가능성을 설파한 20세기 최고의 실존주의 철학자 하이데거의 『존재와 시간』에서 들어 보고자 합니다.

왜 '존재'와 '시간'인가?

1927년에 출간된 『존재와 시간』은 하이데거를 일약 세계적인 철학자로 부상시킨 그의 대표작입니다. 제목부터 철학서의 느낌이 물씬 납니다. 『존재와 시간』은 '존재'를 중심에 둔 고-중세 형이상학적 전통과 '주체'를 중심에 둔 근대 인식론적 전통을 넘어 '세계'와 '현존'의 '관계'를 중심에 둔 현대의 해석학적 전통을 탄생시킨 철학사적 이정표입니다. 그러한 평가는 이후 현대 철학자들의 증언에서도 줄곧 반복됩니다. 프랑스의 현대철학을 주도한 레비나스Emmanuel Levinas는 이렇게 말합니다. "내게 하이데거는 20세기의 가장 위대한 철학자다. 아마도 천 년에 한 번 나올까 말까한 위대한 철학자 중 한 명일 것이다. 하이데거라는 거대한 강을 건너지 않고서는 현대철학에 한 발도 들여놓을 수 없다." 이는 철학자들만의 자축은 아니었습니다. 하이데거의 강의를 청강한 물리학자 바이체커Carl Friedrich Weizsäcker는 당시의 충격을 이렇게 묘사합니다. "바로 이것이 철학이다. 나는 그의 말을 한마디도 이해하지 못한다. 그럼에도 이것이야말로 철학이다."[10]

그렇다면 『존재와 시간』은 어떤 점에서 현대를 대표하는 정신이 되었을까요? 『존재와 시간』에 들어가기 전에 먼저 '존재Sein'와 '시간Zeit'이라는 용어부터 설명해야겠습니다. 철학에서 '존재'나 '시간'이라는 용어는 일상적인 의미와는 전혀 다른 뜻으로 쓰이기 때문입니다. 철학에서 '존재'는 그저 눈앞에 있는 사물들의 '있음'(연필이 있다)이나 그것들의 속성인 '이다'(연필은 빨간색이다)를 의미하지 않습니다. 그리고 '시간'도 그저 시계가 알려 주는 표준화된 '시각'(지금은 12시다)이나 과학이 말하는 사물들 사이의 물리적 '거리'(지하철은 도보로 15분 거리에 있다)를 의미하지 않습니다. 따라서 『존재와 시간』을 그런 일상적인 의미로 읽으면, 그 깊이를 제대로 이해할 수 없을 뿐만 아니라 그 제목의 혁명적인 선언도 제대로 가늠하기 어렵습니다.

그렇다면 철학에서 말하는 '존재'란 무엇이고, '시간'이란 무엇일까요? 전통적으로 '존재'라는 말은 모든 있는 것들을 있게 하는 근원으로서의 참으로 있음, 즉 만물의 근원(때문에/원인/시작)과 목적(위하여/목적/끝)을 의미합니다. 그래서 철학자나 신학자는 '존재'를 시작이자 끝이요, 알파요 오메가라 부르기도 했답니다, 모든 것이 거기로부터 나와서 거기로 향해 간다는 의미에서 말입니다. 애초에 철학은 세상의 만물을 존재케 하는 그러한 근원(만물의 존재근거)을 진리로 삼고 탐구했습니다. 전통 철학의 패러다임을 정초한 플라톤은 그것을 '이데아Idea'라고 불렀고, 그의 제자 아리스토텔레스는 그것을 '부동의 원동자Unmoved Mover'라고 불렀습니다. 자신은 다른 어떤 것으로부터 생겨난 것이 아니면서 만물을 생겨나게 하는 근원이라는 뜻에서 말입니다. 그것은 개별적인 사물들을 존재하게 하는 이상형 혹은 보편자를 의미합니다. 예를 들어 세상에 존재하는 모든 개별 국가가 '존재자seiende'라면, 그것들이 보편적으로 공유하고 있는 국가의 이상이 '존재sein'입니다. 모든 국가는 우리의 관념 속에 있는 국가의 이상에서 생겨난 것이고(원인), 국가의 이상을 실현하기 위하여(목적) 존재한다는 점에서 그러한 이상(보편자)은 모든 개별 국가(개별자)의 원인과 목적입니다. 하이데거의 표현을 빌리자면, 한마디로 '존재'는 '존재자들의 존재근거'입니다.

플라톤 이후의 전통 철학은 그러한 존재의 영역을 영원불변한 진리의 세계로, 시간의 영역을 시끌벅적한 가상의 세계로 여겨 왔습니다. '시간'의 세계를 '존재'의 세계에서 유래한 모조품이나 위조품처럼 업신여기고서 말입니다. 그들에게 '존재'의 영역은 '창조자-보편자-본질-진리'의 세계이고, '시간'의 영역은 '피조물-특수자-가상-허위'의 세계였던 것입니다. 두 세계는 서로 대비될 뿐만 아니라 위계적으로도 수직적인 차별구조를 띠고 있습니다. 고귀한 세계와 저속한 세계로 말입니다. 그것은 철저히 '존재' 중심의 세계관입니다. 물론 신화적인 세계에서 벗어나 인간 삶의 원리를 스스로 구해야 했던 불안한 인간에게는 그런 철통같은 보편적 규범이 무엇보다 절실했을 것입니다. 예측 불가능한 세계의 공포에서 벗어나려면 그것들을 틀 짓고 정돈할 견고한 표본이 필요할 테니 말입니다. 마치 술에 취해 비틀거리는 사람이 튼튼한 난간에 몸을 의지하듯이 '존재'도 불안한 인간에게는 그런 난간의 역할을 해 왔습니다.

하지만 구체적인 세계(시간)와 분리된 추상적인 진리(존재)는 제각기 다른 세계를 사는 개인들에게는 맞지 않는 획일적인 기성품과도 같습니다. 삶의 진리란 자신이 처한 세계 속에서 독자적으로 밝혀지며, 그러한 세계도 시간에 따라 변화하니 말입니다. 그래서 너의 진리가 나의 진리는 아닐 수 있고, 어제의 진리가 오늘의 진리는 아닐 수 있습니다. 그러니 삶의 의미는 정답 없는 물음의 연속일 수밖에 없습니다. 따라서 언제 어디서나 그리고 누구에게나 보편타당한 불변의 진리, 즉 '존재'는 다양한 개인을 억압적으로 통제하는 전체주의 혹은 독재자의 횡포를 닮았습니다. 하이데거는 그러한 '존재' 우위의 수직적인 위계구조를 해체하고, '존재'와 '시간'을 수평적인 상관구조로 재편합니다. 하이데거 이후의 현대 철학은 고중세의 철학처럼 개인들의 삶과 분리된 보편적인 '존재'만을 좇을 수도 없었고, 근대의 철학처럼 세계와 분리된 추상적인 '주체'에만 머물 수도 없었습니다. 하이데거에게 있어서 '존재'와 '시간'은 서로 대립하는 것이고 아니고, 일방적인 위계구조를 갖는 것도 아닙니다. 이제 그 둘은 서로 대등한 지위에서 서로가 서로를 구성하는 상호공속적인 관계로 대체됩니다. 그러한 의미에서 그는 '시간'의 영역을 배제한 채 존재의 영역만을 헤맸던 플라톤 이후의 형이상학적 전통을 진정한 존재 이해를 결여한 '존재 망각 Seinsvergessenheit'의 역사라고 비판합니다.

고중세의 철학(존재론ontology)이 "진리란 무엇인가?"라는 본질물음 What이었고, 근대의 철학(인식론Epistemology)이 "어떻게 진리를 인식할 수 있는가?"라는 방법물음How이었다면, 현대의 하이데거는 "왜 진리인가?"라는 근거물음Why으로 나아갑니다. 하이데거에게 있어서 진리는 모든 개인의 삶을 통제하는 보편적인 진리(존재론/인식론)가 아니라 구체적인 개인에게 발생하는 개별적인 의미입니다. 그리고 진리가 아니라 의미를 헤아리니 그의 철학을 해석학이라 부릅니다. 엄밀한 의미에서 '삶의 해석학'이지요. 그러한 삶의 의미를 해석하기 위해서는 이제 구체적인 '누가Who'가 철학의 중심 대상이 될 수밖에 없고, '누가'를 이해하기 위해서는 그가 속한 세계, 즉 '언제When'와 '어디서Where'라는 시간성Zeitlichkeit과 세계성Weltlichkeit을 입체적으로 들여다볼 수밖에 없습니다. 마치 정신분석학자가 누군가의 신경증을 분석하기 위해 그가 살아온 역사와 세계를 꼼꼼히 들여다보듯이 말입니다. 전통 철학이 인간을 세계와 분리된 '추상적 본질'로, 세계를 인간과 분리된 '순수한 객체'로 박제시켰다면, 하이데거는 인간을 그가 속한 세계와 관계하는 '현존'으로 이해합니다. 현존은 마치 풍경화 속의 개인과 같습니다. 풍경화에서는 배경과 개인이 유기적으로 서로의 의미를 규정하는 관계이자 전체이니 말입니다. 그러한 의미에서 『존재와 시간』은 '현존과 세계'로도 바꿔 쓸 수 있습니다. 현존의 진리는 자신이 속한 세계와의 관계 속에서 결정되며, 그 진리가 발생하는 곳은 세계가 아니라 현

존의 내면이니 존재는 현존으로 시간은 세계로 대체될 수 있는 것
입니다.

고-중세	근대	현대(하이데거)		
존재론	인식론	해석학		
본질물음	방법물음	근거물음		
존재중심	주체중심	관계중심		
What	How	Why		
		Who	When	Where

　이것이 존재와 시간을 '대립'에서 '역설'로 엮어 내는 하이데거 사
유의 전체 얼개입니다. 흔히 'A와 B'라고 하면, 최소한 그 둘의 위
상이나 종류가 대등해야 합니다. 분류체계상 '동물과 코끼리'보다
는 '동물과 식물'이 대등하게 어울리듯이 말입니다. 그래서 전통
철학의 관점에서는 '존재'와 '시간'의 이음이 낯설기만 합니다. 만
물의 근원이자 신적인 지위를 갖는 고정불변한 '존재'의 세계와 그
것의 아류나 모방에 불과한 변화무쌍한 '시간'의 세계를 겁 없이 한
데 나란히 세워 두었으니 말입니다. '존재'를 신적인 것으로 추앙
했던 과거의 역사에 비추어 보면, 그것은 신에 대한 대역죄나 불경
죄라 해도 과언이 아닙니다. 하지만 그러한 도발이야말로 하이데
거의 혁명적인 선언이자 현대적인 사유의 출발입니다. 이로써 '존

재'의 일방적인 통치는 해체되고, '시간'과 상호작용하는 '관계'가 철학사의 전면에 등장하게 된 것입니다. 지금까지 낯설고 난해한 개념들의 폭주에 어지러웠을 줄로 압니다. 하지만 쉽기만 한 것은 배울 필요가 없고, 배워 봐야 쓸 데도 없는 법입니다. 위로가 되셨다면 이제 그것들을 하나씩 풀어가 보도록 합시다.

존재와 시간의 공속으로

우리는 아무런 예고나 청탁 없이 어느 날 갑자기 이 세계에 내동댕이쳐진 가련한 존재입니다. 하이데거는 그러한 인간의 실존적 상황을 '내던져져 있음(피투성 Gerworfenheit)'이라고 표현합니다. 눈을 뜨는 순간 나를 둘러싼 세계(역사, 전통, 관습, 상황, 관계 등)가 이미 나의 실존을 결정하고 있습니다. 내가 속한 세계는 내 의시와는 무관하게 주어진 원초적인 운명입니다. 우리가 원해서 던져진 것도 아니고, 우리가 원한 곳에 던져진 것은 더더욱 아닙니다. 그렇다면 누가 나를 이곳에 던져 놓은 것일까요? 하지만 그것은 중요하지 않은 물음이며, 철학은 중요하지 않은 물음을 탐구하지 않습니다. 신을 탓하거나 조상을 원망한다고 나의 세계가 달라지거나 삶이 나아지는 것은 아니니 말입니다. 중요한 것은 자신이 이미 던져진 그 세계를 용기 있게 인수하고, 그 속에서 어떻게 살 것인가를 책임 있게 결단하는 '존재방식'의 문제일 테니 말입니다. 그리고 그것이 인간의 소박하지만 실존적인 자유입니다.

그러한 의미에서 하이데거는 인간을 '세계-내-존재In-der-welt-sein'로 규정합니다. 이때의 '세계'는 누구에게나 공통적으로 주어진 물리적인 자연세계나 지구라는 땅덩어리를 의미하지 않습니다. 그것은 개인을 둘러싼 특수한 상황과 관계의 총체를 의미합니다. 이를테면 크게는 21세기 저성장 시대에 접어든 척박한 한국사회라는 상황이 나의 세계이며, 작게는 중소도시에 살아가는 가난한 공장노동자의 셋째 아들이라는 관계가 나의 세계입니다. 하이데거는 그렇듯 자신만의 세계에 처해 살아가는 개별적인 인간을 '현존재'라고 부릅니다. '현존재'는 독일어 'Dasein'의 번역어입니다. 'Dasein'은 때와 장소를 뜻하는 'Da(지금-여기)'와 존재를 뜻하는 'Sein'의 합성어로 구체적인 세계When-Where를 살아가는 현실적인 개인Who을 가리키는 용어입니다. 현존재는 자신의 세계와 운명적으로 뒤얽힌 관계적 존재입니다. 개별적인 삶의 의미는 초월적인 영역에서 주어지는 종교적인 명령(추상적인 본질)도 아니고, 세계와 독립적인 주체의 윤리적인 이상(보편적인 당위)도 아닙니다. 각자에게는 자신만의 세계가 있고, 그 속에서 각자의 삶의 의미도 다채롭게 발생합니다. "실존이 본질에 선행한다!"는 실존주의의 선언도 바로 그러한 인간 이해에 기초하고 있습니다. "무엇을 위해 어떻게 살아갈 것인가?"라는 존재물음은 자신이 속한 세계와의 관계에서 생겨나는 실존의 문제이지 미리 정해진 본질의 문제가 아니라는 의미에서 말입니다.

하이데거가 사용하는 난해한 언어들의 껍데기 안에는 인간 실존의 적나라한 민낯이 담겨 있습니다. 그의 말처럼 실존Existenz이라는 말 자체도 보편성과 절대성의 신화[Ist]에서 벗어나[Ex] 있음을 뜻합니다. 그래서 어떤 철학자들은 '실존'을 '탈존'으로 번역하기도 합니다. 예를 들어 "일제강점에 투항하는 독립투사가 될 것인가? 비겁하게 굴종하는 일제신민이 될 것인가?"라는 실존적인 물음은 일제강점기라는 특정한 역사적-사회적 조건에서만 발생하는 존재물음입니다. 해방된 세계에서는 그와는 다른 존재물음과 새로운 존재의미가 발생하기 마련입니다. 존재(현존)와 시간(세계)은 그렇게 서로 뒤얽혀 있습니다. 따라서 삶의 진리는 세계의 변화와 더불어 생성 변전하는 우발적인 사건과도 같습니다. 삶의 진리는 명사가 아니라 동사이며, 명제가 아니라 행위라는 말은 바로 그런 뜻을 담고 있습니다.

현실을 살아가는 인간은 세계를 일방적으로 관찰하는 인식적 주체가 아니라 세계와 뒤얽힌 '관계' 속에서 자신의 존재 의미를 묻는 세계-내-존재입니다. 하이네서는 그러한 상황을 세계와 현존의 '상호 공속성Zusammengehörigkeit'이라고 표현합니다. 인간과 세계를 대립시켜 놓고 인간이 세계를 결정한다거나(관념론) 세계가 인간을 결정한다(유물론)는 상투적인 관점을 넘어 그 둘을 대립과 우열이 아닌 대등과 역설의 관계로 바라보는 것입니다.

현존재의 본질은 그의 실존에 있다. 따라서 이 존재자에서 끄집어낼 수 있는 성격들은 어떤 이렇게 저렇게 보이는 눈앞의 존재자의 눈앞에 있는 속성들이 아니고 오히려 그때마다 각기 그에게 가능한 존재함의 방식들이며 오직 그것일 뿐이다. 이 존재자의 모든 그리 있음은 일차적으로 존재이다. 그러기에 우리가 존재자를 지칭하고 있는 '현존재'라는 칭호는 책상, 집, 나무와 같이 그의 무엇을 표현하고 있는 것이 아니라 그의 존재를 표현하고 있다.[11]

이전의 철학은 '인간'이나 '진리'를 서로 독립적인 것으로 규정해 왔습니다. 하지만 그것은 진정한 인간 이해도, 참다운 진리 이해도 아니라고 하이데거는 비판합니다. 세계와 분리된 인간은 추상적일 수밖에 없고, 인간과 분리된 진리는 폭력적일 수밖에 없기 때문입니다. 세계는 현존의 수만큼 다양한데 그 모두에게 하나의 보편적인 정답을 강요하는 것은 모든 개인을 진리라는 감옥에 가두는 것과 다를 바 없습니다. 그래서 "인간이란 무엇인가?" "무엇이 진정한 삶인가?"라는 전통 형이상학의 물음과 대답 속에서 인간은 억압될 수밖에 없었고, 삶은 왜곡될 수밖에 없었습니다. 전쟁에 참여하는 군인과 부모에게 버려진 고아와 질병으로 고통받는 환자는 서로 다른 세계를 사는 서로 다른 현존이며, 따라서 각자의 삶의 궁극적인 관심도 다를 수밖에 없습니다. 보편성의 폭력은 조금의 다름도 용납지 않는 '아우슈비츠 수용소'를 닮았습니다.

그래서 하이데거는 근대적 의미의 주체를 '현존'으로 객체를 '세계'로 대체합니다. 주체-객체 구도에서는 인식하는 주체가 객체에 대한 주도권을 갖지만 현존-세계 구도에서는 서로가 서로를 구성하는 상호관계로 이해됩니다. 현존재는 세계와 독립되어 존재하는 '생각하는 주체'가 아니라 세계와의 관계 속에서 자신의 존재를 묻고 밝히는 존재, 더 나아가 진리(존재)가 밝혀지는 장소기도 합니다. 하지만 개인이 속한 세계는 타인의 세계와 다를 뿐만 아니라 개인의 세계마저도 시간의 흐름에 따라 끊임없이 변화합니다. 한 신념으로 평생을 살 수 없는 것도, 변화하는 신념을 나무랄 수 없는 것도 그 때문입니다. 그래서 삶은 대답 없는 물음의 연속이자 탐구가 아니라 탐색의 과정입니다. 그러한 의미에서 삶의 의미를 캐묻는 실존철학은 보편적인 진리를 탐구하는 존재론Ontology이나 객관적인 진리를 추구하는 인식론Epistemology이 아니라 개별적이고 주관적인 의미를 이해하는 해석학Hermeneutics이라 불립니다.

도구세계와 현존: 망각된 진리의 탈은폐

히이데기는 자신의 세계와 관계 맺고 살아가는 현존재에 대한 분석으로 『존재와 시간』을 시작했습니다. 앞서 그는 현존재를 '세계-내-존재'로 규정했었지요. 하이데거의 사유 속에서 세계와 현존은 무엇이 먼저랄 것 없이 처음부터 서로 영향을 주고받는 동근원적인 '관계'로 존재합니다. 인간은 애초에 세계 속의 인간이고, 세계도 애초에 인간의 세계입니다. 세계가 인간을 구성하고, 인간이 세계를 구성합니다. 예로 한국 근현대사의 총선 결과는 태백산맥을 기준으로 왼쪽은 파란색(진보), 오른쪽은 빨간색(보수)의 "일반적인" 경향을 띱니다. 모든 개인은 독자적으로 자유롭게 판단했다 생각하지만 사실 그러한 판단도 자기가 속한 세계의 역사, 전통,

관습, 관계와 무관하지 않음을 증명합니다. 하지만 인간은 자신이 속한 세계에 일방적으로 적응하는 동물들과 달리 변화하는 상황에 따라 자신의 세계를 변혁하기도 합니다. 인간은 자신이 속한 세계 속의 다양한 관계들, 이를테면 전통적 관습, 역사적 사명, 사회적 관계, 시민의 의무 등과 씨름하는 가운데 서로가 서로를 형성해 갑니다. 따라서 세계를 이해하지 않고서는 그 속의 인간을 이해할 수 없고, 인간을 이해하지 않고서는 그가 속한 세계도 이해할 수 없습니다. 하이데거는 바로 그러한 세계-내-존재로서의 현존재가 실제로 살아가는 일상의 삶을 분석합니다. '이상적인 삶(당위)'이 아니라 '실제적인 삶(사실)'에서 출발하니 그의 철학방법은 '현상학Phänomenologie'입니다.

현존재로서의 인간은 세계 속에서 ① 도구를 사용하고(도구적 세계), ② 타인과 관계하며(인간적 세계) 살아갑니다. 하이데거는 먼저 도구적 세계와 관계하는 인간을 분석합니다. 인간은 세계를 두 관점으로 대합니다. 첫째는 용도의 관점이며, 둘째는 인식의 관점입니다. 용도의 관점이란 세계를 실용적인 관점으로 만나는 것을 의미하고, 인식의 관점이란 세계를 이론적인 관점으로 만나는 것을 의미합니다. 하이데거는 용도의 관점으로서의 세계를 '손안의 존재Zuhandensein'라고 부르고, 인식의 관점으로서의 세계를 '눈앞의 존재Vorhandensein'라고 부릅니다. 손안의 존재란 아무런 낯섦이나 거리낌 없이 이미 자연스럽게 사용하고 누리는 밀착된 존재를 의미합니다. 우리에게는 "손에 익은 존재"라고 부르는 것이 더 자연스러울까요? 손에 익은 도구는 우리와 한 몸처럼 사용되고 있으니 말입니다. 반면에 눈앞의 존재란 거리를 두고 낯설게 관찰하는 대상적 존재를 의미합니다. 우리가 무언가를 인식하기 위해서는 그것을 손에서 내려놓고 한발 물러나(거리낌) 관찰해야 하듯이 말입니다. 예컨대 컴퓨터를 원활하게 사용하고 있는 단계가 손안에 있는 상태라면, 고장이 나서 그것의 작동원리를 이론적으로 탐구하는 단계가 눈앞에 두는 상태입니다.[12]

인간이 세계와 관계 맺는 직접적인 방식은 그 가운데 '용도 Bewandnis'의 관점입니다. 어린아이들이 보는 것마다 "이게 뭐야?"라고 묻는 것은 그것의 본질이 아니라 용도를 묻는 것입니다. 용도에 대한 관심은 생존을 위한 최소한의 조건입니다. 하지만 우리는 도구를 사용하면서도 도구의 세계(지시연관)나 도구의 진리(가치와 의미)를 망각하고 살아갑니다. 모르는 것이 아니라 안다는 것조차 모르고 사용하니 무지가 아니라 망각입니다. 그렇듯 너무나 익숙하여 안다는 깃조차 모르는 흐릿한 앎을 하이데거는 '선이해 Vorverstehen'라고 부릅니다. 예를 들어 연필(도구)은 필기를 위해서, 필기는 공부를 위해서, 공부는 학위를 위해서, 학위는 취업을 위해서, 취업은 소득을 위해서, 소득은 행복을 위해서 존재합니다. 하이데거는 그러한 '위해서(지시성)'의 전체연관, '필기 → 공부 → 학위 → 취업 → 수입 → 행복'을 '연필(도구)의 세계'라고 부릅니다. 그것이 연필을 존재하게 하는 근원이며, 그것의 궁극 목적은 인간의 행복입니다. 도구는 인간의 세계에서 생겨나 인간의 행복을 위해 봉사합니다. 하지만 일상에서는 그러한 도구의 세계가 은폐되어 있습니다. 우리는 연필이 왜 존재하는지 묻지 않은 채 다만 눈앞의 목적인 필기에만 빠져듭니다. 그러니 연필이 궁극적으로 왜 존재하는지, 그것이 나의 행복에 어떻게 기여하는지 깨닫지 못합니다. 도구가 원활하게 기능하면 할수록 더욱 그렇습니다. 그래서 하이데거는 일상에서 가장 친숙한 것이 실제로는 가장 소원한 것이라고 말합니다.

> 주위세계의 손안의 것은 실로 현존재 밖의 어떤 영원한 관찰자의 눈앞에 있는 것이 아니라 현존재의 일상성 속에서 만나게 되는 것이다. … 우리는 거리상으로 '가장 가까운 것'을 유심히 보고 듣지 않는다. … 봄과 들음은 먼 곳의 것을 인지하는 감관인데, 그것은 사정거리에 근거해서 그런 것이 아니라 오히려 현존재가 거리낌 없이 그것들 안에 주로 머물고 있기 때문이다. 예를 들어 안경을 끼고 있는 사람에게 안경은 거리상으로 그의 '코 위에 놓여' 있을 정도로 가깝지만 그 도구는 주위세계적으로는 맞은편 벽에 걸린 그림보다 훨씬 멀리 떨어져 있는 셈이다.[13]

그렇다면 도구의 세계와 진리는 언제 어떻게 드러나는 것일까요? 그것은 역설적으로 도구의 용도가 결여되거나 부정될 때입니다. 우리는 시계를 보면서도 그것이 지시하는 시간(눈앞의 목적)에만 관심을 기울이고, 망치를 두드리면서도 그것이 지시하는 못질(눈앞의 목적)에만 관심을 기울입니다. 정작 도구의 세계나 그것의 의미를 망각하고 살아가는 것입니다. 우리가 도구 자체의 실존적인 의미를 만나게 되는 것은 역설적이게도 그것이 제대로 기능하지 않을 때입니다(용도의 결여). 도구의 용도가 결여되면, 도구의 세계에 균열이 발생하고, 도구의 세계가 균열되면 인간의 행복에 장애가 발생합니다. 그제야 원활한 일상에서 망각되었던 도구의 진리가 드러납니다. 도구의 진리는 그렇듯 자신이 귀속된 세계가 밝혀져야만 그 속에서 반사적인 빛을 발하게 됩니다. 하지만 이때의 진리는 '망치의 무게는 2kg이다'라거나 '망치의 길이는 30cm이다'와 같은 과학적 진리가 아닙니다. 오히려 그것이 우리 삶에 주는 가치나 의미와 같은 실존적 진리입니다. 마치 시계가 고장이 나고 망치가 부러졌을 때 비로소 그것들의 의미와 가치가 뒤늦게 밝혀지듯이 말입니다. 몰랐던 것이 아니라 잊었던 진리가 드러난다는 점에서 하이데거는 그것을 '탈-은폐aletheia'라고 부릅니다. 도구는 용도의 결여와 결여의 고통 속에서 자신의 진리를 탈-은폐하는 것입니다.

세계-내-존재로서의 인간은 도구뿐만 아니라 자연도 일차적으로는 용도의 관점(손안의 존재)으로 대합니다. 숲은 건축을 위한 목재이고, 산은 화력을 위한 광석이며, 바다는 영양을 위한 어항인 것처럼 말입니다. 인간의 목적을 위한 수단의 관점, 즉 모든 것이 인간의 행복을 위해 존재한다는 목적론적 세계관이 바로 그런 태도를 대변합니다. 어디 도구나 자연만 그렇겠습니까? 모든 것을 용도로 환원하는 자본주의의 세상에서는 인간도 예외가 아닙니다. 그뿐만 아니라 건강이나 직업이나 사랑이나 가족의 경우에도 '무無'가 '존재存在'를 드러낸다는 역설은 어김없이 성립합니다. 그제야 우리는 그것들과의 진정한 관계를 만나게 됩니다. 하지만 그 만

남도 오래가지는 못합니다. 일상성은 삶의 모든 진리를 은폐하는 장막과도 같습니다. 결여의 고통 속에서 우발적으로 드러나는 진리의 빛은 잠시 드러났다 곧장 사라져 버립니다. 마치 어두운 숲속에 잠시 드는 빛살처럼 말입니다.

인간세계와 현존: 익명성으로의 타락

세계-내-존재로서의 현존재는 사물이나 도구뿐만 아니라 타인과도 관계 맺고 살아갑니다. 현존재는 일상에서 자신이나 타인에 대한 진지한 관심과는 담을 쌓고 '잡담', '호기심', '애매성'에 사로잡혀 살아갑니다. '잡담'이란 일상적인 관계에서 나누는 가벼운 대화의 양식을 가리킵니다. 일상에서 우리는 자신의 고유한 삶에 대한 진지한 관심 없이 타인들에 대한 자질구레한 소문이나 뒷담을 즐기며 살아갑니다. 자신보다 타인에게 더 많은 관심을 두고 참견하면서 말입니다. 부조리한 삶에서는 그러한 재밋거리가 가벼운 위로와 활력을 주기도 합니다. 다음으로 '호기심'이란 반복되는 일상에서 벗어나 낯설고 새로운 것을 좇으며 긴장과 흥분을 즐기는 태도를 가리킵니다. 그것은 무의미한 삶에서 잠시나마 벗어나 보려는 일탈의 자유입니다. 오늘날 여행이나 모험에 대한 낭만적 경향이 그런 것입니다. 하지만 그 역시 시장의 유혹에 매료된 수동적이고 강요된 욕망일 뿐입니다. 그것은 대상에 대한 진지한 관심 없이 그저 타인에게 보이기 위해 보는 허세적 태도에 불과합니다. 낯선 오지로 여행을 떠나거나 어려운 고전을 읽는 목적이 자기 삶의 성찰이 아니라 경험을 자랑하기 위한 것이듯 말입니다. 그것은 초월이 아니라 일탈입니다. 일탈은 일상성에 더 깊이 안주하기 위한 일종의 보상이자 자기 상실에 대한 일시적 망각입니다. 그러한 잡담과 호기심으로 뒤얽힌 일상에서 우리는 '애매성'에 빠지게 됩니다. '애매성'이란 자신의 삶에서 무엇이 고유하고 본래적인 것인지, 무엇이 진정하고 의미 있는 것인지를 분별하지 못하고, 그저 일상적인 가치들에 매료되어 타인들과 경쟁하며 살아가는 맹목적인 모방의 삶을 가리킵니다.

하이데거는 우리의 일상적인 삶의 방식을 잡담, 호기심, 애매성으로 규정하고, 거기에 물들어 살아가는 존재양식을 '타락Verfallen'이라고 부릅니다. '타락'이란 개인에게 잠재된 고유성과 창의성을 망각한 비-본래적인 삶의 방식Uneigentlichkeit을 의미합니다. 세계-내-존재로서의 현존재는 일상 속에서 자신의 본래적인 존재 기능성을 망각하고, 익명의 '타인들'에 휘말려 살아갑니다. 그들의 욕망과 관심을 경쟁적으로 쫓으면서 말입니다. 타인들과의 동질적인 삶은 "나도 남들처럼 혹은 남들보다 잘 살고 있다"는 심리적인 안정감을 주기도 합니다. 하지만 우리는 그러한 가벼운 위로에 중독되어 진정한 자기를 상실하는 삶의 더 큰 불안을 떠안습니다. 하이데거는 그렇듯 자신의 본래성을 상실하고 평균적이고 수평적인 존재로 희석된 존재양식을 '그들'의 독재에 예속된 '공동존재Mitsein'로 규정합니다. 타인과 더불어 있음으로써 '그들'로 살아가는 '공동존재'는 그러한 의미에서 진정한 개인이 아니라 집단 속으로 용해

된 익명의 존재일 뿐입니다. 그것은 익명의 가면을 쓰고 타인을 살아가는 거짓 인생에 불과합니다.

> 서로 함께 있음은 고유한 현존재를 타인들의 존재 양식으로 완전히 해체해 버린다. 그로 인해 타인들과의 차별성과 두드러짐은 사라져 버린다. 그러한 눈에 안 띔과 규정할 수 없음 속에서 '그들'은 그들의 본래적인 독재를 펼친다.[14] … '그들'은 어떤 특정한 사람들이 아니고, 비록 총계로서는 아니더라도 모두인데, 이 '그들'이 일상성의 존재양식을 결정하고 있다. … 모두가 타인이며 어느 누구도 자신이 아니다. 일상적인 현존재의 주체는 누구인가 하는 물음에 대한 대답인 그들은 아무도 아니며, 이 '아무도 아닌 사람'에게 모든 현존재가 서로 섞여 있음으로써 그때마다 각기 이미 자기를 내맡겨 버린 것이다.[15]

일상에서 우리는 고유한 '자기'를 망각하고 평범한 '세인'으로 살아갑니다. 앞서 언급한 이반 일리치처럼 말입니다. 그는 자신이 속한 세계의 전통과 관습을 진리로 추종해 왔습니다. 사회적 관습에 따라 상류층 사회에 진입하고자 젊음을 바쳤고, 사회적 풍조에 따라 유쾌하고 겸손한 성품을 갖고자 개성을 바쳤으며, 사회적 전통에 따라 결혼을 하고 자녀를 거두고자 평생을 바쳤습니다. 반면 카뮈의 『이방인』에 나오는 '뫼르소'는 이반 일리치보다 한 걸음 더 나아갔습니다. 그는 타인의 독재에서 벗어난 개별적 실존을 살아갑니다. 하지만 그 역시 무엇이 진정한 삶인지는 깨닫지 못한 채 다만 일탈의 자유 속에서 범죄자로 몰락하고 맙니다. 둘 다 불완전한 삶입니다. 이반 일리치는 죽음 앞에서 본래적인 삶을 깨닫긴 했지만 더 이상 그것을 살 수 없었고, '뫼르소'는 비-본래적인 삶에서 벗어나긴 했지만 본래적인 삶이 무엇인지는 깨닫지 못했습니다. 니체의 표현을 빌리자면, 이반 일리치는 타인과 세상의 가치를 등에 업고 살아가는 '낙타'를 닮았다면, 뫼르소는 타인과 세상의 가치를 거부하는 용기 있는 '사자'를 닮았습니다. 하지만 그 둘은 자신의 본래성을 창조적으로 살아가는 '어린아이'의 단계로는 나아가지 못한 셈입니다. 그렇다면 우리는 어떻게 삶의 한가운데서 자기 삶의 진정한 의미를 회복할 수 있을까요?

양심의 부름에 응답하라

하이데거는 타인에 동화되어 살아가는 현존재의 일상적인 삶을 '비-본래적인 삶으로의 타락'으로 규정했습니다. 자신의 본래적인 삶의 가능성을 망각했다는 점에서 말입니다. 하지만 사회적 존재로서 현존재가 다양한 세대나 타인과 공존하기 위해서는 그러한 보편적인 삶의 토대도 반드시 필요합니다. 보편성 자체는 타락이면서 동시에 초월의 토대입니다. 상실하지 않고는 회복할 수도 없는 법이니 말입니다. 다만 일상적인 삶만을 전부로 여기면서 거기에만 온 관심을 집중하는 것이야말로 초월의 가능성이 마비된 진정한 의미의 타락입니다. 그러한 의미에서 하이데거는 비-본래적인 삶(타락)과 본래적인 삶(구원)은 서로 분리된 것이 아니라 한 존재가 가진 두 실존 범주라고 말합니다. 달리 말해 비-본래적인 삶 가운데 본래적인 삶의 가능성이 잠재해 있다고 말입니다.

> 자신의 본래적인 존재란 '그들'로부터 분리된 주체만의 독특한 상태가 아니다. 오히려 그것은 본질적인 실존 범주에 속하는 '그들'의 실존적인 모습 중 하나다. 본래적으로 존재하는 자기 동일성과 다양한 체험 속에서도 자신을 유지하는 자기 동일성은 존재론적으로 한 심연에서 뻗어 나온 두 줄기다.[16]

그렇다면 내던져진 존재로서의 현존재는 어떻게 스스로 내던지는 현존재로 거듭날 수 있을까요? 하이데거는 그 단초를 '죽음을 미리 내다봄Vorlaufen in den Tod'에서 찾습니다. 죽음은 우리 존재의 깊은 의미를 밝혀 줍니다. 죽음 앞에서 우리는 앞만 보며 쫓던 삶의 모든 것들이 무의미의 심연으로 침몰하는 허망함을 경험합니다. 그리고 우리의 존재 자체가 문제시되는 새로운 지평을 맞게 됩니다. 교토학파의 선불교 철학자 니시타니Keiji Nishitani의 표현을 빌리자면 실재에 대한 실재적인 자각Real self-awareness of Reality, 즉 진정한 것에 대한 참다운 자각Reality realize itself in our awareness이 일어나는 것입니다.[17] 그제야 삶의 수단만을 강구하던 우리는 삶의 궁극적인 목적과 의미를 묻게 됩니다. 맹목적인 삶에서 한발 물러나 자신의 발밑을 내다보는 '퇴보취기退步就己'의 성찰에 이르는 것입니다. 철학이나 종교가 시작되는 지점도 그곳입니다. "나는 무엇을 위해 어떻게 살아야 하는가?" "삶의 진정한 의미는 무엇인가?" "나는 어디서 와서 어디로 가는가?" 철학이나 종교, 통칭하여 인문학이 먹고 사는 데 무슨 도움이 되냐고 배짱을 부리던 사람들조차 죽음 앞에서는 예외 없이 경건해집니다. 하지만 여기서 '죽음'은 단지 생물학적인 죽음만을 의미하지는 않습니다. 죽음은 삶에서 경험하는 모든 '부정성'을 상징하는 일종의 대명사입니다. 정년퇴직을 한 회사원들, 자녀를 출가시킨 부모들, 사업에 실패한 자영업자들, 건강을 잃은 환자들은 과거의 일상과 자신의 기능이 완전히 부정되는 허무에 직면하게 됩니다. 그러한 전전인 '부정성' 혹은 '허무' 속에서도 자신의 '존재(진정한 삶의 의미)'가 드러납니다.

인간의 의식은 현재에만 머물지 않고 과거와 미래를 넘나드는 초월성을 갖고 있습니다. 인간은 과거에 대한 회상과 미래에 대한 예상을 가지고 '현재'를 살아갑니다. 그러한 의식의 초월성(시간성Zeitlichkeit)으로 인해 인간은, 오로지 인간만이 "무엇을 위해 어떻게 살아갈 것인가?"라는 존재물음을 묻습니다. '죽음'이라는 미래에 대한 예상은 자유의 결단을 위한 초월의 조건입니다. 하지만 그 외에도 자신의 자아와 세속적인 욕망을 모두 내려놓은 전적인 '공허함(空)'도 진정한 삶의 의미를 밝혀 주는 구도의 길이 될 것입니다. 당하는 부정성이 아니라 맞이하는 부정성도 말입니다. 그것이 '죽음'이 '초월'의 조건이라는 '유한과 무한의 역설'이자 '무'가 '존재'를 밝혀준다는 '없음과 있음의 역설'입니다. 그러한 의미에서 죽음과 부정성의 체험은 일상의 모든 것을 파멸시키는 재앙이면서 동시에 진정한 존재를 밝혀 주는 비희극적 사건입니다.

죽음을 미리 내다봄은 현존재에게 '그들' 자신에 상실되어 있음을 드러내 보이며 현존재를 그 자신이 될 수 있는 가능성 앞으로 데려온다. 이때의 자기 자신이란 '그들'의 환상에서부터 해방된 정열적이고 현사실적인, 자기 자신을 확신하고 불안해하는 죽음을 향한 자유 속에 있는 자신이다.[18]

현존재의 일상적인 삶은 비-본래적(타락)이며, 아직 본래적이지 않습니다(존재가능). 그러한 의미에서 본래적 삶은 이미 가지고 있던 가능성의 실현이지 외부로부터 주어지는 어떤 새로운 것이 아닙니다. 타인들에 물들어 살아가는 즉자적인 일상에서 우리는 그저 자신의 본래성을 상실하고 망각했을 따름입니다. 그러한 의미에서 인간은 비-본래성과 본래성 '사이'에 존재합니다. 본래적인 삶은 아직 오지 않은 '미래(도래)'지만, 그것은 이미 가능성으로 존재하는 '과거(기재)'이기도 하니 말입니다. 따라서 본래성의 회복은 망각된 자신으로의 귀향입니다. 하이데거는 죽음이 계시하는 그러한 본래적인 삶의 진리가 일깨워지는 사건을 '양심의 부름 Gewissensruf'이라고 말합니다. 여기서 '양심'은 우리가 흔히 이해하는 도덕적 양심이 아니라 실존적 양심입니다. 그것은 우리의 내면에 전해지는 일종의 '깨달음'을 의미합니다. 양심은 우리에게 말을 걸어오고, 본래적인 삶으로의 귀향을 호소하며, 그러한 부름을 경청하게 합니다. 그것은 내면의 목소리지만 마치 외부의 계시처럼 우리에게 전해집니다. 굳이 알려 듣지 않더라도 저절로 알려지는 진리처럼 말입니다(수동적인 앎). 그리고 양심의 부름에 용기 있게 응답하는 것이야말로 자기 삶에 대한 진정한 책임입니다.

"현존재는 부르는 자이면서 동시에 불리는 자다"라는 명제는
이제 그 형식적 공허함과 자명성을 상실했다. 양심은 곧 염려
의 부름이다. 부르는 자는 내던져진 상태에서 자신의 존재 가
능성을 불안해하는 현존재다. 불리는 자는 자신의 가장 고유한
존재 가능성을 직면하게 된 현존재다. 이처럼 양심의 부름은
현존재를 '그들'에게서 벗어나 독자적으로 머물게 한다. 그러한
양심의 존재론적 가능성은 현존재가 근본적으로 염려하는 존
재라는 사실에 터하고 있다.[19]

죽음은 삶의 유일성과 유한성을 드러냅니다. 그로 인해 일상적
인 삶의 타락이 문제시되고, 본래성의 회복을 위한 초월의 가능성
이 게시되며, 초월을 향한 자유로운 '결단Entschlossenheit'의 소건이
마련됩니다. 결단은 정해진 길도 없고, 보장된 답도 없는 미지의
미래를 선택하는 행위입니다. 그것은 되돌릴 수 없는 책임을 동반
합니다. 그래서 언제나 두렵고 망설여집니다. 자유에는 그렇듯 책
임의 무게를 떠안는 결단의 용기가 필요합니다. 결단은 양심의 '부
름'에 대한 우리의 '응답'입니다. 하이데거는 그것을 '기투'라고 부
릅니다. 기투란 자신의 본래적인 삶을 기획하고, 그것을 자기 삶의
목적으로 투사하는 것을 말합니다. 우리가 "목표를 (내 앞에) 세우
다"라고 말하듯이 하이데거는 그것을 "목표를 (내 앞에) 던지다"라고
말하는 것입니다. 그러한 의미에서 현존은 세계로 내던져진 운명

적인 존재이면서(피투), 동시에 스스로 내던지는 자유로운 존재(기
투)입니다. 현존은 '피투된 기투Geworfene Entwurf'입니다. 피투와 기
투 혹은 운명과 자유의 그러한 역설이 인간 실존의 적나라한 모습
입니다.

 결국 본래적인 삶에 이르는 자유의 길은 죽음의 불안을 대면하
고, 책임의 무게를 감수하는 용기에 있습니다. 앞서 다룬 유신론
적 실존주의자 키르케고르가 '신 앞에 선 단독자'를 말했다면, 무신
론적 실존주의자 하이데거는 '죽음 앞에 선 단독자'를 선언합니다.
굳이 신의 존재를 가정하지 않더라도 자신을 부정하는 죽음의 독
대도 진정한 삶의 의미를 회복시켜 준다고 말입니다. 다가오는 죽
음(미래/도래)은 이미 존재하던 본래적인 삶의 가능성(과거/기재)을 현
재화합니다. 죽음은 비본래성의 타락으로부터 본래성의 구원을,
익명적인 삶으로부터 고유한 삶의 회복을 독촉합니다. 하이데거
는 그러한 시간의 복합성을 '시간성Zeitlichkeit'이라 부릅니다. 시간성
은 과거-현재-미래(길이의 시간)가 순차적으로 펼쳐지는 객관적이
고 물리적인 '크로노스Chronos'의 시간을 의미하지 않습니다. 그것
은 현존재가 체험하는 주관적이고 상대적인 '카이로스Kairos'의 시
간(깊이의 시간)입니다. 현존재는 그러한 복합적이고 심층적인 시간
성 속에서 자신의 본래적인 삶, 즉 타인과의 동질화된 삶에서 탈출
하는 창조적인 삶을 결단하게 됩니다. 인간은 특정한 세계에 내던
져져 비-본래적으로 살아왔던 '과거'와 아직 결정되지 않은 삶을
자유롭게 투사하는 '미래'를 한데 끌어안고 '현재'라는 순간을 살아
가는 시간성의 존재라는 것입니다.

우리는 기재와 도래가 현재로 통합되는 현상을 '시간성'이라고
부른다. 오로지 현존재만이 시간성을 갖는다. 따라서 현존재만
이 죽음을 미리 내다보는 가운데 자유로운 결단을 통해 이미
있던 자신의 고유한 존재 가능성을 실현할 수 있다. … 여기서
'미리 내다보는'은 도래(미래)를 의미하고, '이미 있던'은 기재(과
거)를 의미하며, '실현한다'에 현재를 의미한다. … 시간성은 '이
미(과거)'와 '아직(미래)', '더 이상 아님(과거)'와 '아직 아님(미래)'의
동시성을 뜻한다.[20]

죽음은 우리를 허무와 불안의 고통으로 내몰기도 합니다. 하지
만 그러한 불안을 용기 있게 인수할 때, 그것은 본래적인 삶을 위
한 자유의 터전으로 전도됩니다. 유한성의 극단이 초월의 가능성
으로 말입니다. 따라서 죽음의 불안을 견디지 못해 세계-내-존재
(공동존재)에 인주하려는 눈 민 태도는 자기 상실이라는 더 큰 비극
과 부자유를 떠안는 자기모순에 빠져들고 맙니다. 우리 삶의 고유
하고 본래적인 의미는 누군가가 명령하거나(본질) 신이 부여하는
것(운명)이 아닙니다. 그것은 각자의 내면에서 일어나는 '양심의 부
름'입니다. 하지만 하이데거는 그 의미가 무엇인지 구체적으로 말
하지 않습니다. 왜냐하면 삶의 진리란 현존과 세계의 관계 속에서
밝혀질 철저히 개별적인 의미들이기 때문입니다.

유한 속의 초월

불안한 미래의 현기증을 버텨 낼 든든한 난간을 기대한 분들에게 하이데거의 『존재와 시간』은 아무런 안정감도 드리지 못합니다. 그는 언제 어디서나 모두가 따라야 할 보편적이고 절대적인 삶의 길을 안내하지 않으니 말입니다. 다만 개별적인 삶의 의미가 발생하는 근원을 형식적으로만 규정하고 있습니다. 죽음이 계시하는 '양심의 부름'을 경청하라는 그의 현상학적 해석학 혹은 현상학적 실존주의는 도리어 우리를 불안의 근원으로 인도합니다. 극단적인 불안으로 일상적인 작은 불안들을 해소하는 방식입니다. 앞서도 말했듯이 우리의 일상을 지배하는 불안의 감정은 죽음을 예상하는 사람들이 느끼는 무의미의 절망입니다. "이렇게 살아도 괜찮은가?" 그러한 불안은 죽음을 망각하거나 외면하는 방식으로 극복되지 않습니다. 반대로 죽음의 불안을 온몸으로 인수하는 가운데 계시되는 양심의 부름에 응답함으로써 우리는 자신의 진정한 자유에 이르게 됩니다. 그래서 '유한 속의 초월'이자 '불안 속의 자유'입니다.

멀쩡하게 살고 있는 사람에게 죽음을 소환하라니 듣는 내내 거북함과 불쾌감을 호소하는 분들도 없지 않습니다. 문명세계는 우리에게 죽음을 망각하고 삶에만 집중하기를 가르칩니다. 죽은 자를 무덤 속에 감추듯이, 죽음의 가능성도 일상에서 몰아냅니다. 죽음의 대면은 세속적인 가치들의 무의미와 허무함을 폭로하기 때문입니다. '죽음'이라는 말조차 금기시하는 엄숙한 일상의 세계,

그것이 우리를 비-본래적인 삶에 가둬 두는 세속의 논리입니다. 맹목적인 출세의 욕구와 타인과의 비교에 빠져드는 공동존재의 삶이야말로 문명세계의 불로초이니 말입니다. 하지만 그것은 개인의 의미와 자유를 망각하게 하는 일상의 장막, 그러한 의미에서 저속한 문명입니다. 진정한 문명은 개인의 본래성과 공동체의 번영을 매개하는 역설의 길을 묻습니다.

영화 〈버킷리스트The Bucket List〉(2007)에는 이런 명대사가 나옵니다. "우리가 인생에서 가장 크게 후회하는 것은 살면서 한 일들이 아니라 하지 않은 일들이다." 그 영화는 시한부 판정을 받은 두 주인공, 가난하지만 평생 가정을 위해 헌신한 자동차 정비사 '카터'와 15개의 병원을 소유한 백만장자지만 네 번의 이혼으로 가정을 잃은 사업가 '에드워드'의 만남으로 시작됩니다. 그들의 세계는 서로 달랐지만 본래적인 자기를 망각하고 살았다는 점은 같습니다. 그들은 6개월 남은 인생의 마지막 시간을 위한 버킷리스트를 쓰면서 자기 삶의 본래적인 의미를 되묻기 시작합니다. 처음에 그들은 함께 여행과 모험을 즐기며 일탈의 자유를 만끽합니다. 하지만 마지막에 가서는 서로가 상대의 고유한 삶을 회복시켜 주려는 헌신적인 우정을 보여 줍니다.

평생 가정을 위해 헌신했던 카터는 마지막을 함께 하자는 아내의 요청을 거부하고 남은 시간을 자신만의 고독한 자유로 채우고자 합니다. 희생의 숭고함이 무의미하진 않지만 그것만으로 자신의 삶을 온전히 채울 수 없다고 느낀 까닭입니다. 반면 에드워드는 평생 자신을 사로잡은 영업 이익 따위에 무료함을 느끼고 카터의 권유에 따라 결별한 딸을 찾아가 용서를 구합니다. 그곳에서 그는 처음 만난 손녀의 뺨에 입을 맞추고 "가장 아름다운 여인과 키스"라는 마지막 버킷리스트를 지웁니다. 그의 삶에서 가족이 어떤 의미였는지를 밝혀 주는 진리의 순간입니다. 그렇다면 여러분에게 살면서 한 일은 무엇이고, 하지 않은 일은 무엇입니까? 죽음 앞에서도 후회하지 않을 자기 삶의 진정한 의미, 그 버킷리스트를 바로 오늘에 살아가시길 권하면서 강의를 마치겠습니다.

김동규,『철학의 모비딕』, 문학동네, 2013.

마르틴 하이데거,『존재와 시간』, 이기상 옮김, 까치, 2025.

박찬국,『하이데거』, 서울대학교출판문화원, 2025.

박찬국,『들길의 사상가, 하이데거』, 그린비, 2020.

박찬국,『삶은 왜 짐이 되었는가』, 21세기북스, 2020.

박찬국,『하이데거의『존재와 시간』읽기』, 세창미디어, 2016.

이기상,『존재와 시간』, 살림출판사, 2008.

정재현,『통찰: 죽음과 얽힌 삶 그래서 사랑』, 동연, 2021.

정재현,『앎이 그대를 속일지라도』, 동연, 2020.

한상연,『죽음을-향한-존재와 윤리』, 세창출판사, 2022.

주

1   정재현, 『앎이 그대를 속일지라도』, 동연, 2020, 231.

2   "Memento mori. Memento te hominem esse. Respice post te, hominem te esse memento." "죽음을 기억하라. 그대는 인간이라는 사실을 기억하라. 뒤를 돌아보아라. 지금은 있지만 그대 역시 인간에 지나지 않는다는 사실을 기억하라."

3   로마 시인 호라티우스의 시 구절이다. "carpe diem, quam minimum credula postero." "오늘을 붙잡아라. 내일이라는 말은 최소한만 믿어라."

4   셰익스피어, 『햄릿』, 신정옥 옮김, 전예원, 2000, 77.

5   정재현, 『통찰: 죽음과 얽힌 삶 그래서 사랑』, 동연, 2021, 239.

6   Martin Heidegger, *Sein und Zeit*, Tübingen: Max Niemeyer Verlag, 1972, 253(이하 'SZ'로 표기함).

7   레프 니콜라예비치 톨스토이, 『이반 일리치의 죽음』, 611.

8   SZ, 253-254.

9   SZ, 240.

10   김동규, 『철학의 모비딕: 예술, 존재, 하이데거』, 문학동네, 2013, 29-30 참고.

11   SZ, 42.

12   하이데거에 앞서 헤겔은 이러한 단계를 '즉자존재'와 '대자존재'로 구분한 바 있다. 즉자존재(Ansichsein/Being in itself)는 자신과 밀착하여 거리낌 없이 혹은 의식하지 못하는 존재방식을 의미하고, 대자존재(Fürsichsein/Being for itself)는 자신과 분리시켜 거리를 두고 혹은 의식하는 존재방식을 가리킨다. 사르트르는 "사물은 즉자존재이고, 인간은 대자존재다"라고 말하지만 사실 즉자와 대자라는 표현은 인간이나 사물의 속성이 아니라 존재의 방식을 뜻하는 개념이다. 인간은 즉자적으로 존재하기도 하고, 대자적으로 존재하기도 한다. 일상에 빠져 앞만 보고 살아가는 상태가 즉자적인 단계

라면, 그러한 일상적인 자신을 돌아보는 반성하는 상태는 대자적인 단계다. 그리고 '즉자대자존재(An-und-fürsich-sein)'은 즉자적인 단계에서 대자적인 단계를 거쳐 자신을 일상을 자각하며 살아가는 상태를 의미한다.

13   SZ, 106-107.

14   SZ, 126.

15   SZ, 128.

16   SZ, 130.

17   Keiji Nishitani, *Religion and Nothingness*, trans. Jan Van Bragt, California: University of California Press, 1982, 5.

18   SZ, 266.

19   SZ, 277-278.

20   SZ, 326-327.

4강

우리는 타인들의 잣대로 우리 자신을 판단한다.
세상에는 수많은 사람들이 지옥에서 살고 있다.
우리는 타인들의 평가에 지나치게 의존하기 때문이다.
지옥, 그것은 타인이다.

장 폴 사르트르, 『출구 없는 방』

깊이와 높이의 역설
인정 욕구는 노예근성이다!

우리는 왜 지옥에 살고 있는가?

"타인은 지옥이다L'enfer, c'est les autres." 20세기 실존주의 철학자 사르트르가 사신의 희곡 『출구 없는 방Huis-Clos』(1944)에서 실토한 대사입니다.[1] 그 작품은 아무런 적개심도 없는 세 사람이 단지 한 자리에 머무는 순간부터 타인의 시선과 개성의 충돌로 고통받는 인간 실존의 절망적인 상황을 적나라하게 그리고 있습니다. 우리는 타인과 더불어 삶으로써 그들과의 수평적이고 표준화된 삶에 동화됩니다. 나와 너의 고유명사는 사라지고, 익명의 '그들'이 독재하는 보편성의 신화에 빠져드는 것입니다. 우리는 서로의 시선에 사로잡혀 자신의 본래성을 상실하고, 서로의 눈치를 살피는 자기기만적인 삶을 살아갑니다. 인간은 대상 자체를 욕구하는 것이 아니라 타자의 욕구를 욕구한다는 헤겔이나 지라르René Girard의 '욕망

이론'을 새삼 반복하지 않더라도 그러한 삶은 자연스럽게 '인정투쟁'의 삶으로 나아가게 됩니다.[2] 한정된 재화에 대한 모두의 욕구는 '경쟁'의 논리를 부추길 수밖에 없고, '경쟁'의 논리는 '인정'의 욕구를 부추길 수밖에 없으니 말입니다. 그러한 획일화된 삶 속에서 우리의 본래적인 자아는 타인의 '눈총'에 맞아 죽어 버립니다. 『출구 없는 방』의 대사를 빌리자면, 우리는 서로가 서로의 자유를 구속하는 '고문 기술자'나 서로의 본래성을 절멸하는 '사형집행인'으로 살고 있습니다.

 "인간은 타인의 욕구를 욕구한다." 인간의 욕망은 '대상 자체'를 욕구하는 것이 아니라 그것을 욕구하는 '타인의 욕구'를 욕구합니다. 우리가 '명문 대학'을 욕구하는 것은 타인들이 그것을 간절히 욕구하기 때문이며, 우리가 그들의 욕구를 욕구하는 것은 그들의 욕구를 대신 이루어 그들에게 인정받고 싶기 때문입니다. '더' 좋은 대학을 나와 '더' 높은 연봉을 받고 '더' 넓은 거실에서 '더' 화려한 삶을 살고 싶다는 비교급 '더'가 우리의 삶을 지배하고 있습니다. 좋게 말하면 '명예'의 욕구지만, 나쁘게 말하면 '지배'의 욕구입니다. 우리는 자신도 모르는 사이에 그런 '인정투쟁'의 경기장에 목숨을 건 검투사로 내던져져 있습니다. 그것이 과연 누구를 위한 싸움인지, 그리고 과연 무엇을 위한 싸움인지 묻지 않은 채 그저 싸우기 위해 싸우는 사람처럼 말입니다.

 물론 타인의 인정은 자신의 존재를 인식하는 거울이기도 합니다. 자아도취를 넘어선 객관적인 자기 인식을 위해서는 타인의 동의와 긍정이 필요하니 말입니다. 하지만 타인의 인정에 기대어 나

의 행복과 불행을 저울질하는 것은 타인의 욕구를 대신 이뤄 주는
노예의 삶을 닮았습니다. 노예는 자신의 욕구를 버리고 주인의 욕
구를 대신 살아갑니다. 그들의 유일한 기쁨은 자신의 노고에 대한
주인의 칭찬입니다. 칭찬이라는 수직적 언어에 길든 노예는 자신
의 존재와 자유를 상실하고, 더 훌륭한 노예가 되기 위해 스스로를
채찍질하면서도 그것을 유일한 기쁨으로 여기는 자학적인 인격과
다름없습니다.

현대의 '능력주의Meritocracy' 신화는 그러한 인정투쟁을 이상적인
삶의 문법으로 가르칩니다. 그것이 과연 누구를 위한 이상인지 캐
묻는 것은 문명사의 '금기'이자 '영업 비밀'입니다. 하지만 그러한
신화 속에서는 누구도 행복하지 않습니다. 인정받지 못한 사람들
은 좌절감과 열등감으로 괴로워하고, 인정받은 사람들은 고독감
과 불안감으로 괴로워합니다. 더욱이 타인의 욕구를 대신 살아가
는 '자기상실'과 그로 인한 '우울'의 문제는 현내인들의 가장 심삭
한 자기모순이 아닐 수 없습니다. 세계는 만성적인 우울증과 불면
증 환자들로 넘쳐 나는 거대한 정신병동이 되고 말았습니다.

그러한 인간관계의 고통에서 벗어나려는 투박한 시도는 '자연인
신드롬'이나 '은둔형 외톨이' 현상을 낳기도 했습니다. 타인이 지옥
이라면, 거기서 벗어나는 직접적이고 간단한 길은 그들과 절연하
는 것이기 때문입니다. 그것은 세상으로부터 자신의 내면으로 도
피하여 정신적인 평온과 만족을 추구하는 금욕주의의 행복을 닮
았습니다. 그러한 은둔의 삶은 모든 욕망을 초탈한 '부동심apatheia'
혹은 '해탈Nirvana'의 경지에 이른 수도사를 연상시킵니다. 그래서

사람들은 그들을 '달관 세대'라고 부르기도 했습니다. 그러나 그들의 달관은 여전히 우울합니다. 타인과의 관계를 끊으려다 자신의 삶까지 포기해 버렸기 때문입니다.

은둔형 외톨이가 한국에 처음 등장한 것은 IMF 외환위기가 불어 닥친 1990년대 후반이다. 폭발적으로 늘어난 실업률과 바늘구멍처럼 좁아진 취업률, '살아남기'가 최대 과제가 되어버린 세상. 연이은 취업 실패로 '캥거루족'(성인이 되었음에도 취업하지 못하고 부모의 신세를 지는 젊은이들)이라는 신조어가 생겨났다. 과도한 경쟁의 압박 속에서 청년들은 무기력과 우울증에 시달리다 스스로 '사라지기'를 선택한 것이다. 현재 우리는 OECD 국가 중 캥거루족이 가장 많은 국가가 되었다. 나아가 '니트족'(일하지 않고 일할 의지도 없는 청년 무직자: Not in Education, Employment or Training)'이라 불리는 신조어도 생겨났다. 현재 은둔형 외톨이의 징후를 보이는 청년의 수는 전국 54만 명이다. … 오랜 세월 외면 받으며 단절된 생활을 이어왔던 이들은 더 이상 청년이 아니다. … "은둔 청년들이 은둔 중장년이 되는 것은 시간문제다."[3]

우리 삶에 중요한 모든 과제, 이를테면 교우관계, 직장 생활, 결혼 생활 등은 모두 타인과의 관계에 발 딛고 있습니다. 인간은 관계적 존재입니다. 따라서 은둔의 삶은 자연스럽게 '삶의 포기'로 이어집니다. '삼포세대', '사포세대' 심지어는 'N포 세대'라는 조어들, 그리고 부모의 조력 속에 살아가는 30-50대 '캥거루족'이나 취업을 포기한 '니트족'이라는 조어들이 그러한 절망적인 현실을 대변합니다. 삶의 포기는 일종의 '자살 심리'입니다. 타인과의 관계에 대한 두려움으로 자기만의 동굴에 은둔하는 방어적 도피 전략은 목욕물을 버리려다 아이까지 함께 버리는 꼴이 아닐 수 없습니다. 그들의 도피와 은둔은 치열한 삶에서 강제 퇴출된 이방인의 모습을 닮았습니다. 세상의 모든 욕망이 단절된 숲 속에 감금되어 어쩔 수 없이 금욕하는 것 역시 자기를 구속하는 또 다른 억압이기 때문입니다.

진정한 자유는 세상의 한가운데서도 흔들림 없이 자신을 지탱하는 '용기'에서 시작됩니다. 따라서 중요한 것은 타인과의 관계를 단절하지 않으면서 그것을 새롭게 엮어 가는 지혜입니다. 오스트리아의 실존주의 심리학자 아들러는 경쟁적인 인간관계에 병든 현대인들의 열악한 정서, 즉 자기 미움의 감정을 치유하는 새로운 삶의 방식을 제안합니다.[4] 아들러의 심리학을 대중적으로 풀어 쓴 기시미 이치로의 『미움받을 용기』로 널리 알려진 그의 '용기의 심리학'은 삶의 현실을 등지지 않으면서도 자기 충족적인 삶을 살아가는 진정한 행복의 길을 제시합니다. 그렇다면 아들러가 말하는 용기의 심리학이란 무엇일까요? 그의 심리학은 인정투쟁에서 상처 입은 우리의 영혼, '자기 미움'에 빠져 삶의 용기를 잃어버린 우리에게 어떤 새로운 도전을 줄까요? 오늘은 이 물음으로 아들러의 심리학을 차근히 들여다보겠습니다.

인간의 행위를 분석하는 두 방법: 원인론과 목적론

인간의 행위를 해석하는 심리학의 관점은 크게 두 가지입니다. 하나는 '때문에'의 관점이고, 다른 하나는 '위하여'의 관점입니다. 우리는 전자를 '원인론'이라 부르고 후자를 '목적론'이라 부릅니다. 먼저 원인론은 그 행위를 과거의 사건에 따른 결과로 분석하는 결정론적 해석 방식입니다. "무엇 때문에 그렇게 행동하는가?" 이 물음에 대답하기 위해 우리는 그 행위를 유발한 과거의 사건이나 무의식적인 경험(트라우마)을 발굴합니다. 반면 목적론은 그 행위를 미래의 목적을 위한 수단이나 의도로 분석하는 가능론적 해석 방식입니다. "무엇을 위하여 그렇게 행동하는가?" 이 물음에 대답하기 위해 우리는 그 행위가 겨냥하는 미래의 목적이나 무의식적인 의도를 추론합니다.

만일 누군가가 웨이터의 불친절 '때문에' 큰 소리를 질렀다고 말한다면, 그는 자기 외부의 웨이터와 그의 불친절에서 행위의 원인을 발굴하는 것입니다. 자신의 행위는 자발적인 의지가 아니라 외부의 자극에 의한 수동적 반응이며, 따라서 큰 소리의 책임도 자신이 아니라 웨이터에게 있다는 발상입니다. 이는 우리에게 매우 친숙한 프로이트의 해석 방식입니다. 하지만 아들러는 인간의 자유와 책임을 회피하는 그런 트라우마 이론(원인론)을 거부합니다. 대신 아들러는 웨이터의 불친절 '때문에' 큰 소리를 지른 것이 아니라 웨이터를 굴복시키기 '위하여' 큰 소리를 수단으로 사용했다고 해석합니다(목적론). 행위의 동기를 시간적 과거(트라우마)나 공간적 외부(관계와 상황)에 전가하는 프로이트의 원인론적 사유 방식은 자신의 책임을 회피함으로써 변화의 가능성을 원천 봉쇄하는 일종의 도피 전략입니다. 아들러가 목적론의 필요성을 강조하는 이유도 그것입니다. 그래야만 인간의 자율적인 성장과 변화의 가능성을 말할 수 있기 때문입니다. 인간은 원인론적 영향에서 스스로를 구출하는 목적론적 존재라고 말입니다.

우리는 흔히 자기 행위의 책임을 외부의 조건에 전가하기 좋아합니다(책임회피-변화거부). 자기보존의 본능처럼 말입니다. 제가 쇼핑중독에 빠진 한 여성을 상담했을 때, 그녀는 이렇게 말했습니다. "저는 2녀 1남의 둘째 딸로 태어났습니다. 어릴 때부터 언니는 첫째라 새 옷을 입고, 남동생은 남자라 새 옷을 입었습니다. 하지만 저는 매번 언니가 입던 헌 옷을 물려 입어야 했습니다. 저의 쇼핑 중독은 어린 시절에 억압된 새 옷에 대한 욕구 때문입니다." 무척 그럴듯한 자기변호입니다. 실로 억압된 욕망과 왜곡된 지향 사이에는 모종의 상관성이 없지 않을 것입니다. 하지만 그 말의 인과성이 성립하려면, 세상의 모든 2녀 1남의 둘째 딸은 쇼핑중독자가 되어야 마땅합니다. 어린 시절의 트라우마를 부정하는 것은 아니지만 그것으로 자신의 현재가 기계적으로 결정된다는 사고방식은 현재의 문제 상황을 정당화하는 자기합리화(책임회피)나 긍정적인 변화를 거부하는 과거 고착화(변화거부)에 그칩니다. 어떤 문제 상황에서 면책을 위한 핑곗거리를 늘어놓는 그러한 삶의 방식을 아들러는 자신의 자율성과 능동성을 거부하는 비겁한 태도라고 지적합니다.

원인론(때문에): 과거의 원인으로 현재를 해석하는 방식(결정론) → 책임 회피, 변화 불가

목적론(위하여): 미래의 목적으로 현재를 해석하는 방식(가능론) → 책임 수용, 변화 가능

아들러는 우리가 과거의 경험에 의해 수동적으로 결정되는 존재가 아니라 미래의 목적에 따라 능동적으로 변화할 수 있는 존재라는 점을 강조합니다. 원인론은 인간을 과거의 경험이나 외부의 환경에 종속된 존재로 고착시킬 뿐만 아니라 같은 조건에서 달리 행동했던 사람들의 용기를 외면하는 경향이 있습니다. 반면 목적론은 인간을 능동적이고 자율적인 존재로 인정하기는 하지만 외부의 환경이나 사회적 구조의 중요성을 무시하는 경향이 있습니다. 아들러는 그 두 관점의 한계를 놀라운 방식으로 극복합니다. 그는 『사회적 관심Social Interest』에서 이렇게 말합니다.

유아기의 불행한 경험에도 완전히 반대의 의미가 부여될 수 있다. ① 우리는 불행한 상황을 제거하기 위해 노력하며, 우리 아이가 잘못되는 일 없이 더 좋은 상태에 놓이도록 해야 한다. ② 인생은 불공평하다. 다른 사람들은 항상 우위에 서 있다. 세계가 나를 그런 식으로 취급한다면 왜 내가 세계를 올바르게 취급해야만 한단 말인가. ③ 나 역시 어렸을 때는 너와 같은 고통을 겪었다. 하지만 나는 그 곤경을 극복해 왔다. 너희들도 그

래야 한다. ④ 나는 불행한 어린 시절을 보냈기 때문에 내가 무슨 짓을 해도 모두 용서되어야 한다. … 개인심리학이 결정론의 이론을 공격하는 것은 바로 이 점에서다. 어떤 경험이든 그것 자체가 성공의 원인이나 실패의 원인이 될 수는 없다.[5]

"우리는 사실에 영향 받는 것이 아니라 사실에 대한 자신의 해석에 영향 받는다."[6] 인간은 순수한 물질적 존재도 아니고 순수한 정신적 존재도 아닙니다. 인간은 물질과 정신의 관계적 존재, 즉 사실에 대한 해석에 영향받는 존재입니다. 가난과 불운이라는 객관적이고 물질적인 사실 자체가 누군가에게는 탈선의 동기가 되기도 하고, 누군가에게는 성취의 동기가 되기도 합니다. 따라서 가난과 불운 자체는 어떠한 원인도 책임도 없습니다. 우리가 그 상황에 부여하는 '삶의 의미'가 우리 운명의 길잡이가 됩니다. 하지만 그러한 의미 부어도 순수하게 자발적인 것은 아닙니다. 의미 부어의 방식은 어린 시절의 무의식적 체험에서 형성된 개인의 '삶의 방식'[7]에 따라 달라지기 때문입니다. 예를 들어 응석받이로 자란 사람은 문제 상황을 회피의 수단으로 가공하지만 자립적으로 자란 사람은 그것을 도전의 기회로 가공하기도 합니다.[8] 따라서 한 사람의 삶의 방식을 입체적으로 이해하기 위해서는 유아기에서 시작된 그의 실존적인 공간(공시성)과 시간(통시성)을 먼저 들여다봐야 합니다. 삶의 방식은 그가 속한 세계와의 관계에서 형성되는 무의식적인 습관의 산물이기 때문입니다.[9]

목적론적 해석의 두 형태: 열등감과 열등 콤플렉스

앞서 아들러는 인간의 행위를 원인론이 아니라 목적론의 관점으로 해석해야 하는 이유(재교육을 통한 변화가능성)와 행위의 목적을 결정하는 근거(사실에 대한 의미 부여 방식)를 밝혔습니다. 이제 그는 앞선 도식에 따라 우리가 가진 '열등감Minderwertigkeitsgefuehl'과 '열등 콤플렉스Minderwertigkeitskomplex'의 심리적 근원을 분석합니다. 우리는 흔히 '자기 미움'의 이유를 자신의 단점에서 찾는 경향이 있습니다. 자신의 단점에서 자신에 대한 열등감이 생겨나고, 자신에 대한 열등감에서 '자기 미움'의 감정이 생겨난다고 말입니다(단점→열등감→자기미움). 이것이 앞서 말한 '원인론'의 관점입니다. 하지만 아들러는 '자기 미움'의 감정마저도 우리의 마음이 빚어낸 '목적론'의 한 형태라고 주장합니다. 자신의 단점에 주목하는 것은 자기 미움을 갖기 '위해서'이고, 자기 미움을 갖는 것은 상처받지 않기 '위해서'라고 말입니다(자기미움→열등감→단점). 달리 말해, 자기 미움의 감정은 두려운 인간관계에 들어가지 않기 '위하여' 스스로 제작한 일종의 핑곗거리라는 것입니다.

이렇듯 우리는 이성적인 근거 '때문에' 그에 걸맞은 감정을 갖게 되는 것이 아니라 그러한 감정을 갖기 '위하여' 이성적인 근거를 마련하기도 합니다. 예를 들어, 어떤 소녀가 사람들 앞에서 얼굴이 붉어지는 '적면공포증' 때문에 좋아하는 남학생에게 고백하기가 두렵다고 말한다면, 그것은 고백하지 못하는 자신의 비겁함에 대한 핑계를 마련하거나 거절당했을 때의 수치심을 예방하기 위한 일종의 보험을 드는 것입니다. 또한 어떤 아내가 사교 모임에 나가는 남편에게 "늦게 와도 괜찮다"고 말한다면, 그것은 일찍 오라거나 가지 말라는 명령이 거절당했을 때의 두려움을 예방하고, 설령 늦게 오더라도 그것이 나의 명령과 허락에 따른 것이라는 방어 기제를 작동시킨 것입니다. 마치 높은 가지에 매달린 포도를 동경하면서도 신 포도라 먹을 수 없을 깃이라는 핑계로 도전을 포기하는 우화 속 여우처럼 말입니다.

이처럼 우리는 사랑하는 사람이 있지만 고백할 용기가 없거나 제안이 거절될까 두려움을 느낄 때, 도전하지 않을 다양한 이유를 지어냅니다. 우리가 인간관계에서 달아나는 이유도 이와 같습니다. '자기 보호 본능'입니다. '외부'를 부정하지 않으면 '자신'을 부정해야 하기 때문입니다. 아들러는 '미움받을 용기'가 없어서 자신의 열등감을 활용하는 그러한 전략을 '열등 콤플렉스'라고 부릅니다. 열등 콤플렉스란 원래는 아무런 인과관계도 없는 것을 마치 중요한 인과관계가 있는 것처럼 꾸며 내는 부정적인 감정입니다.

하지만 열등감 자체가 나쁜 것은 아닙니다. 자기의식적인 존재로서의 인간은 자신의 열등감에 대한 자각으로부터 성장과 발전의 계기를 마련합니다. 열등감은 누구에게나 있는 보편적인 감정입니다. 다만 그것에 대한 우리의 '의미 부여'가 대상의 가치와 행동의 방향을 결정하는 것이지요. 열등감을 통해 누군가는 자기 성장을 이루기도 하고, 누군가는 자기 미움에 빠지기도 하니까 말입니다. 그러한 의미에서 아들러는 '열등감'과 '열등 콤플렉스'를 엄격히 구분합니다. 열등감은 성장의 동기를 찾는 건강한 감정이지만(도전의 이유), 열등 콤플렉스는 단념할 이유를 찾는 병리적 감정(도피의 이유)이라고 말입니다. 우리는 흔히 '자기합리화'를 패배자들의 자기 위로라고 빈정대지만 그것이 무조건 나쁜 것은 아닙니다. 어떻게든 도전할 이유를 찾는 자기합리화(열등감)는 긍정적인 것이고, 어떻게든 달아날 이유를 찾는 자기합리화(열등 콤플렉스)는 부정적인 것입니다.

그러한 의미에서 아들러는 『삶의 의미』에서 열등감이야말로 인간의 자기 보존을 위한 성장의 조건이라고 말합니다. "인간이 된다는 것은 곧 자신이 열등하다고 느끼는 것이다. … 뭔가 부족하다는 느낌은 긍정적인 괴로움이며 적어도 해결되지 않은 과제, 욕구, 긴장 등이 있는 한 지속된다. … 그것은 프로이트가 가정한 것처럼 반드시 유쾌한 것이 아닐 수도 있지만 니체의 견해처럼 쾌감을 동반할 수도 있다. … 자기 보존 법칙을 따르는 생명은 생물학적 발달을 통해 이를 위한 힘과 능력을 획득한다. … 지속적인 열등감은 더 나은 안전을 지향하는 행위를 독촉한다. … 안전의 지속적인 추구는 더 나은 현실을 위해 기존 현실을 극복할 것을 요구한다. 이렇게 발전하도록 다그치는 문화가 없다면 인간의 삶은 불가능할 것이다."[10]

반면 열등 콤플렉스는 성장의 노력에 몰입하는 대신 자신의 게으름을 외부의 책임으로 전가하거나, 과도한 허세로 열등감을 은폐하거나, 신세 한탄으로 타인의 동정심을 유발하거나, 타인에 대한 비난으로 자신을 정당화하는 신경증적인 병리 현상을 보이기도 합니다. 우리는 그러한 충동적인 정서 상태와 불안정한 인간관계의 징후를 경계성 인격 장애BPD: Borderline Personality Disorder라고 부릅니다. 그것은 매 순간 드러나는 항시적인 증상이 아니라 특정한 상황에서 드러나는 돌발적인 증상이라는 점에서 '경계성'입니다.

아들러는 열등 콤플렉스에서 비롯한 그러한 모든 신경증을 우월성 욕구(인정의 욕구)의 왜곡된 형태로 분석합니다. "신경증 환자 대부분은 자신의 활동 영역이나 상황 자체를 좀처럼 대면하지 않으려는 경향이 있다. 그는 닥쳐오는 인생의 세 문제(일, 교우, 결혼)를 외면하고 도망치는 방식으로 그 문제를 해결할 수 있다고 믿는다. … 그가 상대를 협박으로 지배할지, 울음으로 지배할지는 훈육의 방식에 따라 달라진다. 그는 자신이 시험한 것 중 목적 달성에 가장 효과적인 방법을 선택할 것이다. … 그들이 자신의 약점을 그렇듯 숨기려 하는 것은 남들보다 우월하고 싶다는 욕구 때문이다."[11]

단점이나 장점, 열등감이나 자긍심은 객관적인 사실이 아니라 주관적인 '투사'의 산물, 즉 자신이 부여한 의미와 해석입니다. 체형이 왜소하거나 성격이 과묵하다는 것은 그 자체로 좋은 것도 나쁜 것도 아닙니다. "인간은 사실 자체에 영향받는 것이 아니라 사실에 대한 자신의 해석에 영향받는다"는 앞선 주장은 이 대목에도 그대로 적용됩니다. 왜소한 체형은 친근함과 다정함의 기호가 되기도 하고, 과묵한 성격은 신뢰감과 포용력의 기호가 되기도 합니다. 이렇듯 자신의 성향에 대한 해석(의미 부여)이 열등감과 자긍심의 근원입니다. 따라서 아들러는 자신에게 부정적인 의미를 부여하고 열등감을 갖는 것은 인간관계에서 달아나기 '위하여' 자기 미움의 핑계를 제작하는 일종의 '도피 전략'이라고 분석합니다. 그는 이렇게 말합니다. "다양한 감정을 통제하려는 시도뿐만 아니라 자제, 분노, 심지어 혐오와 경멸의 감정에도 삶의 방식이 반영되어 있다. 이때 지성적인 삶의 방식을 가진 사람은 위협적인 문제에서 후퇴하는 노선에 집착하여 신경증이나 자학적인 행동을 보이고, 감성적인 삶의 방식을 가진 사람은 자살 성향이나 알코올 중독, 범죄 또는 능동적인 도착과 같은 더 위험한 행동을 보인다. 하지만 그런 독특한 행동을 용기로 착각해서는 안 된다. 용기는 사회적으로 진취적인 성향의 사람만이 가질 수 있는 것이다."[12]

목적론적 해석의 두 관점

열등감Minderwertigkeitsgefühl: 긍정적 의미 부여를 통한 성장전략

열등 콤플렉스Minderwertigkeitskomplex: 부정적 의미 부여를 통한 도피전략

그렇다면 한 걸음 더 나아가 인간관계를 두려워하게 된 우리 마음의 근원은 무엇일까요? 아들러의 논리에 따르면, 그것도 인간관계에 부정적인 의미를 투사한 우리의 그릇된 관점의 결과입니다. 인간관계를 수직적인 경쟁 관계로만 바라보고, 타인을 인정투쟁의 대상으로만 바라보는 우리의 관점이 스스로의 마음을 짓누르는 것입니다. 타인을 동료라고 생각하면 경쟁할 필요가 없고, 경쟁하지 않으면 패배할 이유도 없을 텐데 말입니다. 그러한 의미에서 아들러는 인간관계의 공포를 극복하는 방법을 인간관계에 대한

관점의 전환에서 구합니다.

'인정 욕구'에서 벗어나 '미움받을 용기'를 가질 때, 우리는 비로소 자신의 삶을 긍정하는 자율적이고 자유로운 삶에 들어설 수 있습니다. 인간관계가 두려워 삶의 현실을 외면할 핑계나 책임 전가의 이유를 구하는 것은 당장 마음을 위로할 수는 있지만 새로운 삶을 위한 용기를 줄 수는 없습니다. 너무 아플 때는 자기 보호를 위한 거짓말도 필요한 법입니다. 진실이 '항상' 아름다운 것만은 아니니 말입니다. 하지만 그러한 마취제는 치료(자기 회복)를 위한 일시적인 수단일 뿐 그 자체가 목적(자기부정)이 되어서는 안 될 것입니다. 그것은 현실에서 도피하여 자신의 망상 속에 안주하는 방식이니 말입니다.

열등 콤플렉스에서 벗어나는 두 방법: 과제 분리와 사회적 관심

아들러는 묻습니다. "인간관계는 왜 우리를 병들게 하는가?" 그 대답은 '인정 욕구'에 있습니다. 앞서도 말했듯이 타인의 인정은 나의 존재를 인식하는 거울입니다. 인정은 명예로운 삶과 긍정적인 자기 인식의 원천입니다. 하지만 그것은 나의 행복을 타인의 기대와 평가에 위탁하는 노예적인 삶이자 타인의 시선에 볼모 잡힌 예속적인 삶입니다. 숫자로 서열화한 인간관계, 그 속에서 사다리 오르기를 선택한 사람들은 자신뿐만 아니라 타인까지도 불안과 고통의 지옥으로 몰아넣습니다. 야생의 거친 본성이 '경쟁심'이나

'승부욕'으로 미화되는 세계, 그것은 문명적 야만의 또 다른 형태가 아닐 수 없습니다. 아들러가 말하는 '미움받을 용기'는 '인정의 욕구'에서 벗어난 초연한 마음을 가리킵니다. 인간의 진정한 자유란 타인과의 관계를 끊고 홀로 은둔하는 삶이 아닙니다. 타인의 시선에 볼모 잡힌 삶에서 벗어나 자기 결정에 따른 주체적인 삶을 사는 것, 비탈길에 떠밀리는 수동적인 삶에서 오르막을 올라가는 능동적인 삶으로 전환하는 것입니다. 그것이 아들러 심리학의 핵심 과제입니다.

그렇다면 그러한 병리적 문명으로부터 우리는 어떻게 진정한 자유와 행복을 회복할 수 있을까요? 보다 근원적으로 우리는 어떻게 해야 '인정의 욕구'에서 벗어나 '미움받을 용기'로 나아갈 수 있을까요? 아들러는 '과제의 분리'를 그 시작으로 봅니다. 과제의 분리란 내가 '목표할 수 있는 것'과 '목표할 수 없는 것'을 구분하는 것을 의미합니다. 우리 삶의 흔한 비극은 타인의 과제와 나의 과제를 혼동할 때 발생합니다. 예컨대 학자가 교수의 자격과 능력을 갖추는 것은 자신의 과제입니다. 하지만 그를 교수로 선발할지 말지는 타인의 과제입니다. 또한 교수가 학생에게 유익한 수업을 준비하는 것은 자신의 과제입니다. 하지만 강의의 만족도를 평가하는 것은 학생의 과제입니다. 물론 두 과제가 엄격히 분리되지는 않습니다. 현실에서는 훌륭한 능력을 갖춘 학자가 교수가 되고, 훌륭한 강의를 하는 교수가 좋은 평가를 받으니 말입니다. 하지만 자신의 과제보다 타인의 과제에 우선순위를 두고 살아갈 때, 우리의 삶이 어떻게 왜곡되고 억압될지는 굳이 설명이 필요치 않을 것입니다. 학자는 아첨꾼이 되고, 강의는 서커스가 되고 말겠지요.

'미움받을 용기'란 타인을 등지라는 말도, 이기적으로 살라는 말도, 타인의 인정을 거부하라는 말도 아닙니다. 다만 타인의 평가가 두려워서 자신의 자유를 포기하지 말라는 뜻입니다. 만일 나의 자유와 타인의 인정에도 만족의 등가가 성립한다면, 확실한 나의 자유를 희생하고(-50%), 불확실한 타인의 인정을 기다리는(50%×1/2) 기대효과는 25%이지만, 확실한 나의 자유를 추구하고(+50%), 불확실한 타인의 인정을 기다리는(50%×1/2) 기대 효과는 무려 75%이니 말입니다. 그러니 불확실한 평가에 투자하기보다 안정적인 자유에 투자하는 것이 숫자를 좋아하는 사람에게도 합리적인 선택이 되는 법입니다. 그러한 의미에서 아들러는 복잡한 인간관계의 실타래를 푸는 길은 '과제의 분리'에 있다고, '타인의 과제'를 초탈하여 '자신의 과제'에 몰입하는 '미움받을 용기'에 있다고 말합니다.

간혹 사람들은 '과제의 분리'는 타인에 대한 관심을 무시하고 자신의 과제에만 몰두하는 자기중심적인 태도나 왜곡된 개인주의가 아니냐고 비판합니다. 하지만 아들러는 인정 욕구에 사로잡힌 경쟁적인 삶이야말로 자기중심성의 극치라고 반박합니다. 그런 사람들에게 타인은 자신을 인정해 줄 도구나 수단 이상일 수 없기 때문입니다. 그들에게 세상의 중심은 오로지 자신입니다. 자신은 태양이고, 타인은 자신의 주변을 맴도는 행성이라고 그들은 믿습니다. 그들은 자기 삶의 주인공이 아니라 세상의 주인공을 욕망하니 말입니다. 그렇듯 인정의 욕구에는 타자의존성(타율성)과 자기중심성(이기심)이 혼란스럽게 뒤섞여 있습니다.

나아가 아들러는 '과제의 분리'는 수평적인 인간관계를 위한 시작일 뿐 그 목적은 '사회적 관심Social Interest'이라고 말합니다. '과제분리'라는 씨줄과 '사회적 관심'이라는 날줄이 한데 엮일 때, 달리 말해 개인의 자유와 공동체 감각이 한데 엮일 때, 비로소 진정하고 새로운 인간관계가 직조된다는 것입니다. 수직적인 삶을 지향하는 경쟁적인 사람들은 인간의 서열과 등급을 차별화하기 좋아합니다. 아래로는 자신의 우월감을 과시하면서, 위로는 타인에 대한 증오심과 자신에 대한 열등감에 빠져듭니다. 그것이 인정 욕구에 사로잡힌 사람들의 병리적 모습입니다. 원인은 그들의 자기중심성이 실은 타자의존성이라는 모순에 있습니다. 그들은 자기 삶의 목적뿐만 아니라 사소한 감정까지도 타인의 평가에 내맡깁니다. 행복과 불행은 물론 쾌락과 고통의 주인도 타인인 셈입니다. 그러니 그들은 아래위로 뒤얽힌 인간관계에서 조울증이라는 롤러코스터를 탈 수밖에 없는 것입니다.

열등 콤플렉스에서 벗어나는 역설의 길		
1) 과제의 분리	① 타인의 과제: 인정의 유무(타인의 가치), 인정의 욕구 (타율성) ② 자신의 과제: 자유의 유무(자신의 가치), 미움의 용기 (자율성)	→ 모순
2) 사회적 관심	① 자신의 과제: 자유의 선택(자신의 가치), 미움의 용기 (자율성) ② 공동체 감각: 사회적 공헌(타인의 가치), 사랑의 용기 (이타심)	→ 역설

아들러에 따르면, '과제의 분리'와 '사회적 관심'의 역설적인 조화야말로 개인의 자유와 공동체적 삶을 화해시키는 새로운 삶의 방식입니다. 사회적 관심을 가진 개인은 자유로운 이타주의자입니다. 자신의 과제에 몰두하는 미움받을 용기와 공동체에 공헌하는 사회적 관심의 역설이 아들러 심리학의 심장입니다. 그러한 사람은 타인의 인정(비교를 통한 자존심)보다 자신의 인정(배려를 통한 자긍심)에 기대어 살아갑니다. 자신이 주인이 되는 삶입니다. 그러면서도 그는 타인과의 관계에서 관심 받기보다 관심 주기를 원합니다. '지배의 주체'에서 '섬김의 주체'로 거듭나는 것입니다.

각자가 자신의 자유를 살아가는 가운데 행복을 느낄 수 있는 삶의 비밀은 여기에 있습니다. 이는 자기중심성도 타자의존성도 아닙니다. 아들러는 그것을 '자신에 대한 집착'에서 '타인에 대한 관심'으로의 전환이라고 말합니다. 그러한 삶은 우리에게 '소속감'이라는 안정간과 '공헌감'이라는 만족감을 줍니다. 그것은 경쟁의 논리에 닦달하는 사람에게서는 찾을 수 없는 안정적인 '자기 긍정의 감정'입니다. 그러한 의미에서 인간관계 자체는 불행의 원천도 행복의 원천도 아닙니다. 세상이 지옥인가 천국인가 하는 것은 개인의 관점과 삶의 방식에 달려 있습니다. 따라서 아들러는 어린 시절에 형성된 부정적이고 왜곡된 삶의 방식을 교정하는 재사회화 교육을 개인심리학의 주요한 과제로 바라봅니다.

사회적 관심(공동체 감각)의 세 조건:
자기 수용, 타자 신뢰, 타자 공헌

그렇다면 우리는 어떻게 '자신에 대한 집착'에서 '타인에 대한 관심'으로 전환할 수 있을까요? 달리 말해, 어떻게 해야 자기중심성에서 벗어나 사회적 관심 혹은 공동체 감각에 이를 수 있을까요? 그는 그러한 전환을 위한 세 조건으로 자기 수용, 타자 신뢰, 타자 공헌을 내세웁니다.

첫째로 자기 수용이란 자신의 조건과 능력을 있는 그대로 받아들이는 '긍정적 포기'를 말합니다. 우리는 각자에게 주어진 상황, 관계, 조건 속에 살아갑니다. 우리 중에는 날 때부터 부모의 버림을 받아 할머니의 품에서 자란 청년도 있을 것이고, 병을 안고 태어난 자식을 돌보느라 평생을 집안에서 감옥 생활을 하는 어머니도 계실 것이며, 사업에 실패한 부모의 빚을 갚느라 일찍이 일터로 내몰린 자녀도 있을 것이고, 권력자나 재력가의 집안에 태어나 원치 않게 가업을 이어받아야만 했던 자녀들도 있을 것입니다. 우리가 선택하지도 청탁하지도 않은 운명의 요소가 각자의 실존적 자리를 결정하고 있습니다. 자신의 잘못은 아니지만 그것을 자신의 세계로 인정하고 책임지는 것이 자기 수용의 용기입니다. 억지로 거부하거나 부정하지 않으니 자기 수용은 긍정적인 '머묾'이자 '버팀'입니다.

그러한 자기 수용이야말로 진정한 긍정의 용기입니다. '긍정'은 자신의 상황이나 사물의 존재방식을 있는 그대로 수용하고 인정하는 것을 의미합니다. 거기에는 실제로는 나쁘지만 좋게 생각하거나 부정적인 현실을 왜곡하는 자기기만이 없습니다. 오늘날 우리가 '근거 없는 자신감'이나 '허무맹랑한 낙관성'이라 부르는 것은 긍정이 아니라 '왜곡'이나 '망상'입니다. 긍정이란 부정적인 상황을 외면하거나 거부하기보다 힘겹더라도 그것을 있는 그대로 받아들이고, 그 속에서 최선의 삶을 탐색하는 용기입니다. 예를 들어 강의 능력이 부족한 교수가 학생들의 강의 평가를 외면하고 자신을 명강사로 자부하는 것은 왜곡이자 망상입니다. 대신 자신의 조건을 수용하거나 자신의 장점을 살린 강의를 개발하는 것이 현실인식에 근거한 책임 있는 긍정입니다.

이렇듯 자기 수용은 '변할 수 있는 것'과 '변할 수 없는 것'을 구분하고, '변할 수 없는 것'은 받아들이고 '변할 수 있는 것'에 희망을 거는 것입니다. 실존적인 한계 안에서의 자유는 거기서 시작됩니다. 변할 수 없는 것에 절망하는 '열등 콤플렉스'로는 누구도 삶의 무게를 지탱할 수 없습니다. 하지만 용기 있는 정신은 '그럼에도' 살아갈 이유와 의미를 발견합니다. 니체가 말하듯이, 살아야 할 이유가 있는 사람은 어떠한 고통도 견뎌 낼 수 있으니 말입니다.

여기서 우리는 니체의 영향 아래 실존주의 심리학을 개척한 프랭클의 선언을 떠올릴 수 있습니다. 그는 인간 실존의 비극과 삶을 향한 의지를 이렇게 표현합니다. "정말 중요한 것은 우리가 삶으로부터 무엇을 기대하는가가 아니라 삶이 우리로부터 무엇을 기대하는가 하는 것이다. 삶의 의미에 대해 질문을 던지는 것을 중단하고, 대신 삶으로부터 질문을 받고 있는 우리 자신에 대해 매일

매시간 생각해야 한다. … 인생이란 궁극적으로 이런 질문에 대한 해답을 찾고, 개개인 앞에 놓인 과제를 수행해 나가기 위한 책임을 떠안는 것이다."[13]

둘째로 타자 신뢰란 타인에 대한 '조건 없는 믿음'을 말합니다. 우리가 사회적 관심과 공동체 감각을 갖기 위해서는 먼저 타인과 친교를 맺어야 합니다. 그리고 이를 위해서는 먼저 타인에 대한 신뢰가 필요합니다. 인간관계를 회의하거나 비관하는 사람은 선행과 공헌에 나설 수 없으며, 따라서 친교도 맺을 수 없습니다. 또한 선행에 대한 보답이나 타인의 평가가 목적인 사람들은 오로지 비용 대 편익이라는 경제적 합리성만을 고려합니다. 따라서 그들의 선행은 먼저 받은 선행에 대해서만 그리고 최대한 받은 만큼만 보답합니다. 그들에게 선행은 배신과 사기를 당할 수 있는 위험한 것입니다. 상처받지 않으려면 어떤 기대도 품지 말아야 하는 것처럼 말입니다.

하지만 그런 의심으로는 친교를 맺을 수 없습니다. 앞선 '과제의 분리'를 떠올린다면, 선행은 나의 과제이지만 보답은 타인의 과제이기 때문입니다. 그런 의미에서 타인의 보답은 계약이 아니라 선물이고, 필연이 아니라 기적입니다. 타인에 대한 불신으로 나의 양심을 제한하는 것도 타인에 볼모 잡힌 삶입니다. 타인의 보답에 나의 행복을 위탁하지 않고 나의 선행에 만족하는 사람만이 스스로 행복할 수 있습니다. 선행의 조건은 보답에 대한 기대가 아니라 친교에 대한 믿음입니다. 그러한 의미에서 선행에 대한 보답은 이미 선행 자체 속에 있습니다. 타인을 위한 선행은 경제적 합리성으로는 헤아릴 수 없는 사랑과 우정이라는 기적을 선물했고, 그 속에서 우리는 소속감의 기쁨과 공헌감의 보람을 누렸으니 말입니다.

마지막으로 타자 공헌은 그러한 신뢰에서 시작되는 공동체적 삶을 의미합니다. 인간은 자기 존재의 가치를 발견할 때 만족과 보람을 느낍니다. 하지만 그것은 타인의 인정을 통해서만 얻어지는 것이 아닙니다. 앞서도 밀했듯이, 인간관계를 경쟁관계로 보는 한 우리는 공동체적 삶으로 나아갈 수 없습니다. 타인의 인정이 '쾌락'이라면, 자신의 인정은 '만족'입니다. 고통과 쾌락은 양립할 수 없지만 고통과 만족은 양립할 수 있습니다. 정의를 위해 옥살이도 마다하지 않은 사회운동가들이나 진리를 위해 죽음도 마다하지 않은 양심선언자들이 극심한 고통 속에서 무한한 만족을 느끼듯이 말입니다. 그렇듯 타자 공헌은 '인정의 욕구'에서 벗어나 타인을 위해 헌신하는 삶, 즉 쾌락보다 만족을 추구하는 삶에서 시작됩니다.

아들러는 『삶의 의미』에서 그러한 공동체적 삶이야말로 성숙한 세계를 위한 길잡이별이라고 가르칩니다. "우리가 해로운 허구의 십자가에 못 박히지 않도록, 해로운 허구의 도식에 얽매이지 않도록 우리를 인도하는 별은 인류 전체의 안녕이다. 오직 이 별의 인도를 받을 때 우리는 우리의 길을 좌절 없이 더 잘 찾을 수 있다. … 개인의 운동과 대중의 운동은 영원을 위해, 인류 전체의 더 높은 발달을 위해 가치를 창출할 때만 가치 있는 것으로 간주될 수 있다. … 인류 전체의 안녕에 아무것도 기여하지 않은 사람들은 어떻게 되었는가? 그들은 흔적도 없이 사라졌다. … 그들의 운명은 우주의 여건과 조화하지 못해서 멸종한 동물종의 운명과 다르지 않았다. 여기에는 은밀한 법칙성이 존재한다. "꺼져라! 너희는 삶의 의미를 깨닫지 못했다. 너희는 미래로 갈 수 없다."[14]

하지만 종교나 도덕 혹은 법률에 강요된 헌신이라면, 그 고통은 괴롭고 불행할 것입니다. 하지만 공동체적 인간은 인정과 쾌락에 목매달지 않습니다. 여행을 다녀오시는 부모님을 위해 온 집안을 청소하고 기다리는 어린아이들의 설레는 마음이 그렇습니다. 부모님의 칭찬과 인정이 없더라도 부모님의 놀란 기쁨 자체가 그들에게는 최고의 만족일 테니 말입니다. 우리의 진실한 만족은 그렇듯 타자의 기쁨을 매개하고 있습니다. 타인의 필요를 채워 주는 돌봄이나 타인의 고통을 덜어 주는 배려가 그것입니다. 홀로는 느낄 수 없는 관계의 기쁨입니다. 공동체적인 삶에서는 타인의 기쁨이 나의 기쁨이 되고, 나의 기쁨이 타인의 기쁨이 되는 역설적인 관계가 성립합니다. 그러한 역설적 기쁨을 위해서는 타인에게 관대하고, 친절하며, 다정하고, 배려하는 '우분투Ubuntu'의 정신이 필요합니다. "한 사람은 다른 사람을 통해서만 비로소 한 사람일 수 있다"는 정신 말입니다. 남아공 최초의 흑인 대통령이자 아프리카 민족회의의 지도자였던 넬슨 만델라는 우분투의 정신을 이렇게 설명합니다. "옛날에 우리가 어렸을 적에 여행자가 우리 마을에 들르곤 합니다. 여행자는 음식이나 물을 달라고 할 필요가 없습니다. 들르기만 하면 사람들이 밥상에 음식을 차려주기 때문입니다. 우분투는 자신을 위해 일하지 말라는 것이 아닙니다. 중요한 것은 주변의 공동체가 더 나아지게 하기 위해서 그 일을 하느냐는 것입니다. 이런 것들이 인생에서 가장 중요한 것들입니다. 그렇게 하는 것이야말로 다른 사람들에게 자비를 베푸는 것입니다."[15]

사회적 관심의 세 조건

1) 자기 수용: 과제의 분리를 통한 자기 과제 확인(긍정적 포기)

2) 타자 신뢰: 사회적 교제를 위한 조건 없는 신뢰(긍정적 신뢰)

3) 타자 공헌: 사회적 공헌을 통한 자기 가치 발견(긍정적 공헌)

공동체적 인간은 모두에게 고통이 되는 '인정투쟁'의 삶에서 벗어나 타인의 기쁨 속에서 자신의 만족을 추구하는 '우분투'의 삶으로 나아갑니다. 개념적으로 말하면, 그는 '타자 부정을 통한 자기 긍정(인정 욕구)'이 아니라 '자기 부정을 통한 자기 긍정(공동체 감각)'의 삶을 살아가는 것입니다. 그것이 가장 낮은 곳으로 임하는 것이 실로 가장 높은 곳으로 오르는 길이라는 깊이와 높이의 역설입니다. 하지만 타자 공헌이라는 말의 숭고함으로 인해 위대한 성직자와 철학자의 삶만을 떠올릴 필요는 없습니다. 그리 거창하지 않더라도 우리 안에는 이미 우분투의 씨앗이 있으니 말입니다. 우분투의 가장 일상적인 형태는 '일'입니다. 노동을 단순한 돈벌이의 수단이 아니라 자기 가치의 발견과 타인에 대한 공헌으로 생각하면, 그 속에서도 우리는 보람과 만족을 느낄 수 있습니다. 자신의 음식에 기뻐하는 사람들을 보는 것이 요리사에게는 성공보다 더 큰 기

뿐인 것처럼, 자신의 강의를 통해 성장하는 학생들을 보는 것이 교수에게는 명예보다 더 큰 보람인 것처럼 말입니다.

수직적인 삶에서 수평적인 삶으로의 전환을 가르치는 '미움받을 용기'는 그러한 의미에서 '평범해질 용기'로도 일컬어집니다. 더 넓게는 '용기의 심리학'입니다. '특별함'이 아니라 '평범함'에 용기가 필요하다는 역설에는 묘한 끌림이 있습니다. 아들러는 특별해지려는 미래의 목적을 위한 키네시스Kinesis의 삶(목적 지향적인 노동의 삶)보다 현재의 기쁨을 향유하는 에네르게이아energeia의 삶(과정 지향적인 향유의 삶)을 가르칩니다. 결과의 성공보다 과정의 행복을 말입니다. 그러한 삶은 현재의 만족에 충일한다는 점에서 목적 없는 '놀이'에 비유되기도 하고, 기쁨 자체가 목적이라는 점에서 '춤'에 비유하기도 합니다. 놀이와 춤은 그 자체가 즐거움과 기쁨이지 다른 성취를 위한 수단이 아니기 때문입니다.

과정을 향유하는 삶에는 과거에 대한 후회와 미래에 대한 불안에 짓눌리지 않는 어린아이와 같은 명랑함이 있습니다. 지난 실패와 상처는 이미 사라진 과거입니다. 도전과 좌절에 대한 두려움도 아직 오지 않은 미래입니다. 과거와 미래는 의식 속에만 존재하는 허상입니다. 행복한 삶이란 현재의 점들이 모여 이뤄지는 선분이지 정상에 오르고자 인내하는 힘겨운 등반이 아닙니다. 행복은 삶의 목적이 아니라 삶의 방식이며, 거기서 중요한 것은 행복의 강도가 아니라 행복 빈도입니다. 작은 행복의 누적으로 큰 행복을 총량을 넘어서는 지혜입니다. 과거와 미래에 볼모 잡힌 현재로는 그런 순간을 모자이크 할 수 없습니다. 세상의 변화는 관점의 변화에서 시작되며, 관점의 변화는 삶의 태도에서 시작됩니다. 이것이 아들러가 전하는 마지막 메시지입니다.

지금까지 아들러는 치열한 삶에 낙심한 우리 내면의 비밀들을 낱낱이 밝혀 주었습니다. 여러분은 그의 심리학에서 자신의 어떤 비밀을 발견하셨습니까? 또한 인간관계에 지친 여러분 마음에 그의 심리학은 어떤 탈출의 용기를 주었습니까? 그가 보여 준 용기의 심리학은 (심리학 일반의 한계이기도 하지만) 사회구조의 책임을 외면하고 모든 변화를 개인의 삶의 방식에만 내맡기는 문제가 없지 않습니다. 그렇다면 오늘날 '은둔형 외톨이' 문화를 돌려세우려면 어떠한 공적인 시도들이 더해져야 할까요? 그리고 오늘날의 원자화된 네트워크 사회에서도 그의 공동체적 존재의 이상은 여전히 유효할까요? 그렇지 않다면, 그의 심리학에 어떤 새로운 조건들이 더해져야 할까요? 이런저런 물음들로 강의를 마치겠습니다.

기시미 이치로, 고가 후미타케, 『미움받을 용기』, 전경아 옮김, 인플루엔셜, 2022.

김문성, 『아들러 심리학 입문』, 스타북스, 2015.

알프레드 아들러, 『삶이 흔들릴 때 아들러 심리학』, 유진상 옮김, 스타북스, 2024.

알프레드 아들러, 『알프레드 아들러 사회적 관심』, 정명진 옮김, 부글북스, 2022.

알프레드 아들러, 『개인 심리학에 관한 아들러의 생각』, 정명진 옮김, 부글북스, 2021.

알프레드 아들러, 『아들러 삶의 의미』, 최호영 옮김, 을유문화사, 2021.

알프레드 아들러, 『알프레드 아들러』, 김문성 옮김, 스타북스, 2021.

알프레드 아들러, 『아들러의 말』, 정명진 엮음, 부글북스, 2017.

알프레드 아들러, 『아들러의 인간이해』, 홍혜경 옮김, 을유문화사, 2016.

1   『출구 없는 방』은 타인의 시선으로 고통받는 인간의 실존적 상황을 '지옥'에 비유하고 있다. 출구 없는 텅 빈 공간에 갇힌 세 등장인물은 서로의 시선에 사로잡혀 자신의 욕망을 제지당하는 억압적 상황에 놓여 있다. 이네스에게 비겁자가 아니라는 인정을 받고 싶은 가르생, 가르생에게 남자의 손길을 원하는 에스텔, 에스텔과의 동성애를 갈망하는 이네스. 서로의 뒤얽힌 욕망 속에서 서로는 서로의 포로가 되어 누구도 자신의 욕망을 이루지 못하는 억압을 경험한다. 타인과의 관계 그 자체가 지옥이다. 이와 관련해서는 장 폴 사르트르, 『닫힌 방·악마와 선한 신』, 지영래 옮김, 민음사, 2013을 참고하라.

2   헤겔은 『정신현상학』에서 동물의 '욕구(Bedürfnis)'와 인간의 '욕망(Begierde)'을 구별한다. 동물의 욕구는 단순한 생존을 위해 대상을 욕구하는 것이지만 인간의 욕망은 자신의 명예를 위해 타인의 욕구를 욕구하는 것이다. 나는 타인이 나의 가치를 자신의 가치로 인정해 주기를 욕구하며, 그가 나를 자립적인 가치로 인정해 주기를 욕구한다. 따라서 그런 개인들 사이의 만남은 '생사를 건 인정투쟁(Anerkennungskampf auf Leben und Tod)'의 양상을 띨 수밖에 없다고 말한다. 또한 지라르는 『낭만적 거짓과 소설적 진실』에서 인간은 대상을 직접적으로 욕망하는 것이 아니라 타자의 욕망을 매개하여 대상을 욕망하는 것이라고 말한다. 대상 자체가 아니라 타자의 욕망이 자기 욕망의 근원이라는 것이다(욕망의 삼각형 이론). 그러한 의미에서 그는 욕망이 자율적이라는 환상을 '낭만적 거짓(Mensonge romantique)'으로, 욕망이 모방적이라는 사실을 '소설적 진실(Verite romanesque)'로 규정하고 있다.

3   https://www.youtube.com/watch?v=p0ThED3vTO0의 내용을 각색함.

4   알프레드 아들러는 1870년 2월에 태어나 1937년 5월에 세상을 떠난 빈 출신의 심리치료사이자 개인심리학(Individual psychology)의 창시자다. 개인심리학이란 하나의 심리이론에 개인들의 증상을 무차별적으로 적용하는 프

로이트식의 거대담론을 지양하고, 개인들의 고유한 삶의 방식을 중심으로 각자에게 차별적인 해결책을 제시하는 일종의 실존주의 심리학이다. 그는 과거의 리비도 체험을 중심으로 인간의 성향을 결정론적으로 해석하는 프로이트의 범성욕설과 환원론적 방법을 넘어 개인의 행위를 가능론적인 관점에서 해석하고 재교육을 통한 변화를 시도하는 심리치료의 길을 열어 세웠다. 이는 인간은 과거(원인)에 의해 현재와 미래가 결정되는 사물이나 기계가 아니라 의지(목적)를 가진 변화 가능한 주체라는 관점에 기초한 심리학이다.

5 알프레드 아들러,『알프레드 아들러』, 김문성 옮김, 스타북스, 2020, 28.

6 알프레드 아들러,『알프레드 아들러: 사회적 관심』, 정명진 옮김, 부글북스, 2022, 24.

7 '삶의 방식'은 개인이 가진 인생의 목표, 자아의 개념, 타인에 대한 감정, 세상에 대한 태도, 삶의 지향성 등을 포함하는 아들러 심리학의 중심 개념이다. 그에 따르면, 개인의 삶의 방식은 4-5살 이전 부모와의 관계에서 무의식적으로 형성되며, 그것이 그의 기본적인 삶의 태도를 결정한다. 아들러는 공동체 감정의 재교육을 통해 부정적으로 형성된 삶의 방식을 긍정적인 방식으로 변화시킬 수 있다고 믿는다. 그것이 그의 개인심리학의 주된 목적이다.

8 아들러는 가족 구도와 출생순위가 '삶의 방식'을 형성하는 데 중요한 역할을 한다고 주장한다. 개인을 몇 개의 범주로 환원하는 것은 피해야 할 일이지만 아동기에 형제 관계에서 생겨난 성격 경향이 이후의 삶에서 재현되는 형태를 살피는 것은 그의 '삶의 방식'을 이해하는 데 중요한 단서가 된다는 것이다. 예컨대 첫째는 부모의 사랑을 독차지하지만 둘째의 탄생으로 '폐위된 왕'이 됨으로써 자기 권위를 중요하게 내세우는 경향이 있다. 중간 아이는 첫째나 막내 사이에서 부모의 사랑을 간구하게 되면서 상대적으로 경쟁적인 경향이 있다. 막내는 부모의 과잉보호로 인하여 응석받이의 경향, 즉 상대적으로 낮은 독립심과 열등감이 강하다. 외동아이는 경쟁 상대가 없음으로 해서 경쟁심은 약하지만 타인의 관심을 독차지

하려는 자기중심적 경향이 있다. 이와 관련해서는 알프레드 아들러, 『개인심리학에 관한 아들러의 생각』, 정명진 옮김, 부글북스, 2017, 216-220을 참고하라.

9   우리는 항상 유아기로 거슬러 올라가 한 사람의 역사를 관찰해야 한다. 왜냐하면 유아기 때 받았던 인상들이 아이가 어떤 방향으로 나아갈 것인지, 삶의 질문들에 대해 어떻게 응답해 나갈 것인지 방향을 미리 가리키기 때문이다. 아이는 삶의 문제에 응답하기 위해 그때까지 발달된 모든 정신적 가능성을 이용할 것이며, 유아기 때부터 받아 온 압박은 삶에 대한 태도를 결정하고, 그의 인생관과 세계관의 형성에 원시적으로 방법으로라도 영향을 미치게 될 것이다. 알프레드 아들러, 『아들러의 인간이해』, 홍혜경 옮김, 을유문화사, 2016, 106.

10   알프레드 아들러, 『아들러: 삶의 의미』, 최호영 옮김, 을유문화사, 2021, 97-99.

11   알프레드 아들러, 『알프레드 아들러』, 81-82.

12   알프레드 아들러, 『아들러의 말』, 강명진 엮음, 부글북스, 2017, 209.

13   빅터 프랭클, 『죽음의 수용소에서』, 이시형 옮김, 청아출판사, 2005, 138.

14   알프레드 아들러, 『아들러: 삶의 의미』, 281-282.

15   넬슨 만델라, 팀 모디세(Tim Modise)와의 인터뷰, 2006.

5강

화해의 말이 현존하는 정신이다.
그것이 자신을 순수한 앎으로 인지하는
자아들 한가운데 현상하는 신이다.

G. W. F. 헤겔, 『정신현상학』

절망과 회복의 역설
아름다운 영혼은 아름답지 않다!

착한 사람과 착한 사람 증후군

당신은 '좋은' 사람입니까? 참으로 쉽고도 어려운 질문입니다. 제아무리 양심껏 살아가도 도딕적으로 비난하는 사람들이 있게 마련이고, 제아무리 도덕적으로 존경받아도 양심의 가책까지 숨길 수는 없으니 말입니다. 돌아보면 저도 그러한 도덕적 비난과 양심의 가책 속에 부끄러운 밤을 지새우거나 관계에서 도망치고 싶을 때가 한두 번이 아니었습니다. 어떤 이들은 우리가 모든 사람에게 사랑받아야 한다고, 노력하면 안 되는 것이 없다고 너스레를 떱니다. 좋은 사람을 흉내 내는 자신만의 처세술을 늘어놓으면서 말입니다. 하지만 세상에는 노력해도 안 되는 것들이 많습니다. 그중 하나가 '좋은 사람 되기(도덕적 완성)'라는 과제입니다.

그러한 도덕적 강박증은 우리를 '착한 사람 증후군Nice Guy Syndrome'에 빠뜨리기도 합니다. 착한 사람 증후군이란 타인에게 좋은 사람으로 비치기 위해 도덕적 가면을 쓰고 살아가는 사람들, 즉 자신의 욕망과 달리 살면서 겪게 되는 심리적 억압의 상태를 의미합니다. 내면과 외면이 분리된 자기소외의 고통이지요. 거기서 상대에 대한 불신과 자신에 대한 불만도 생겨납니다. 자신의 친절이 진심이 아닌 것처럼(불만) 타인의 친절도 진심이 아닐 것(불신)이라는 내외적인 소외와 단절이 그것입니다. 도덕을 내면화하여 자신의 양심에 따라 자유롭게 살아가는 사람이 '착한 사람'이라면(내면과 외면의 일치: 도덕적 자유), 도덕이 내면화되지 않은 상태에서 도덕적인 삶을 강요당할 때 생기는 병리적 현상이 '착한 사람 증후군'입니다 (내면과 외면의 대립: 도덕적 억압).

그러한 구별에 따르면, 우리는 '착한 사람'이 아니라 '착한 사람 증후군'을 앓는 환자들인 듯합니다. 비단 성직자나 철학자가 아니라 하더라도 타인의 평가와 신뢰가 사회적 성공의 자산이라는 오늘날의 흔한 사회적 통념은 그러한 도덕적 강박증을 더욱 부추깁니다. 흔히 공자는 마흔 살에 도덕적 갈등에 휘말리지 않는 '불혹'의 단계에 이르고, 일흔 살에는 자신의 뜻대로 행동해도 법도에 어긋남이 없는 '종심소욕불유구從心所欲不踰矩'의 단계에 이르러야 한다고 가르치지만 우리에게는 평범한 나잇값, 이름값, 자릿값 하며 살기조차 여간 버겁지 않습니다.

도덕적 요구(당위)와 우리의 실존(존재) 사이에는 아무리 발버둥쳐도 닿을 수 없는 무한한 거리가 있습니다. 물론 착한 사람 증후군을 앓다 보면 언젠가는 진실로 착한 사람이 된다고 말하는 도덕

교사들도 있습니다. 인격의 도야란 원래 외적인 강제와 훈육으로 시작되는 것이라고 말입니다. 하지만 그것은 자신의 도덕성에 도취된 '아름다운 영혼Schöne Seele'의 위선처럼 들립니다. 육체를 가지고 살아가며, 그래서 매 순간 도덕적 시험대에 올라야하는 우리에게는 도덕적 완성에는 영원한 시간이 필요하다는 칸트의 고백이 도리어 위로를 주는 듯합니다.

우리는 흔히 인간을 '도덕적 존재Homo Ethicus'나 '이성적 존재Homo Sapiens'라고 말합니다. 또한 아무런 의심 없이 그렇게 믿고 있습니다. 하지만 종교나 철학의 언어는 사실을 표현하는 기술적descriptive 언어가 아니라 당위를 표현하는 규범적normative 언어입니다. 마치 『논어』「위령공」 18장의 "군자는 능력이 없는 것을 걱정하고, 사람들이 자기를 알아주지 않는 것을 걱정하지 않는다"라는 말이 "군자는 능력이 없는 것을 걱정해야 하고, 사람들이 자기를 알아주지 않는 것을 걱정하지 말아야 한다"는 뜻으로 읽히듯이 말입니다. 따라서 당위가 오래되면 오래될수록 우리는 그렇지 못한 우리의 유한함을 반추하게 됩니다. 그것이 '자기 미움'의 근원입니다.

우리는 어려서부터 엄격한 도덕교육이나 성실한 신앙교육 그리고 위대한 성인들의 삶을 동경하면서 우리 안에 숨겨진 '신적인 힘' 혹은 '신성의 불꽃'을 점화하라고 배웠습니다. 인간의 자유란 제멋대로 사는 충동적 자유(부정적 자유)가 아니라 세상의 이치와 화해하는 도덕적 자유(긍정적 자유)라면서 말입니다. 그리고 그것을 '인격의 완성'이자 '공부의 목적'이자 '인생의 목표'로 삼았습니다. 철학자들은 그러한 힘을 '양심Consciousness'이라 부르기도 하고, 종교인들은 그것을 '영성Spirituality'이라 부르기도 합니다.

그래서 인간은 유혹과 타락에 노출된 유한한 '사이 존재'로 그려져 왔습니다. 고대의 플라톤은 그것을 기개와 욕망(감성)이라는 두 말을 통제하는 '마부(이성)'에 비유했고, 아리스토텔레스는 이성과 감성이 뒤얽힌 '생각하는 동물'로 규정했으며, 그리스도교는 육체와 영혼으로 지어진 '생령'의 존재로 설명했습니다. 시대를 건너 근대의 칸트는 그것을 '의지의 준칙'과 '보편적 입법'의 갈등으로, 키르케고르는 '필연성'과 '가능성'의 갈등으로, 그리고 현대의 프로이트는 '본능'과 '초자아'의 갈등으로 표현하기도 했습니다. 이들의 말처럼 인간은 욕구와 충동으로 사는 순수한 동물적 존재도 아니고, 양심과 영성으로 사는 순수한 정신적 존재도 아닙니다. 그 둘 사이에서 끊임없이 방황하고 절망하는 존재이지요.

그렇다면 좋은 사람 되기는 왜 그렇게 어려운 것일까요? 그리고 우리는 어떻게 온전한 인격을 회복할 수 있을까요? 오늘은 헤겔의 『정신현상학』의 마지막을 장식하는 '아름다운 영혼의 변증법(양심의 변증법)'을 통해 인간 실존이 피할 수 없는 '죄'와 '악'의 문제, 그리고 '용서'와 '사랑'의 문제를 철학적으로 되짚어 보고자 합니다. 우리는 왜 죄의 필연성에서 벗어날 수 없는 것일까요? 종교적인 언어로 우리는 왜 영원한 죄인의 운명을 타고난 것일까요? 그렇다면 우리는 어떻게 죄로 인한 절망으로부터 회복될 수 있을까요?

선악의 열매: 비극인가? 축복인가?

인간의 도덕적 타락 혹은 근원적인 죄의 가능성과 관련하여 가장 흔히 언급되는, 그러나 도무지 받아들이기 어려운 이야기가 있습니다. 『성서』의 「창세기」에 나오는 아담과 하와의 '타락 이야기(원죄 이야기)'기 그것입니다. 이야기의 큰 그림은 이렇습니다. 신의 뜻에 따라 평화롭게 살던 아담과 하와가 뱀의 꾐에 넘어가 신이 금지한 선악의 열매를 먹고는 에덴동산에서 비참하게 쫓겨났다는 것입니다. 땀 흘리는 노동과 해산의 고통 그리고 영혼의 죽음까지 형벌로 받고서 말입니다. 인간의 타락과 고통의 과정을 그린 신화입니다. 비유와 상징으로 가득한 종교적 언어를 사실과 역사로 받아들이면 먼 나라 동화처럼 들립니다. 따라서 그 이야기에 숨겨진 심오한 의미를 이해하려면 『성서』에 대한 사변적인 해석, 그보다 지세히는 실존적이고 실천적인 해독의 과정이 필요합니다.

헤겔의 사변철학에서 시작하는 현대의 '탈신화화'나 '비종교화' 작업이 그것입니다. 『성서』의 신화적인 이야기에 담긴 실존적인 의미를 되새기는 이론적 작업이 '탈신화화Demythologization'의 과정이라면, 그것을 현실의 원리로 확장하는 실천적 작업이 '비종교화Religionless Christianity'의 과정입니다. 그것은 종교를 신화와 문자의 영역에만 가둬두지 않고 인간 실존의 원리로 확장하려는 시도입니다. 하지만 그것은 『성서』의 내용을 왜곡하거나 부정하는 것이 아닙니다. 도리어 『성서』의 내용을 문자로부터 해방시켜 영원한 현재로 확장하는 무한화의 과정입니다. 신을 『성서』나 문자에 가두지 않고 인간 실존을 위한 영원한 진리와 생명으로 해방하는 것은 바로 그러한 무한화의 과정입니다. 그러한 의미에서 '탈신화화'와 '비종교화'는 그 이름이 주는 무신론적인 느낌과는 별개로 신화와 문자, 과거와 역사에 고착된 자폐적인 종교를 영원한 현재로 인도하는 진정한 철학적 태도라 할 수 있습니다. 그러한 차원에서 『성서』의 이야기를 되살펴 봅시다.

타락 이야기에서 '선악의 열매'는 선과 악을 구별하는 '자기의식'을 상징합니다. 『성서』는 말합니다. "너희가 그것을 먹는 날에는 너희의 눈이 밝아져 신처럼 선악을 스스로 인식하게 될 것을 신은 알고 있었다."(『창세기』 3장 8절) 선악의 열매는 아담과 하와에게 선악을 인식하고 판별하는 신적인 지혜를 주었습니다. 밝은 눈을 선사한 것입니다. "신이 말하되 보라. 이 사람이 선악을 아는 일에 우리 중 하나 같이 되었도다."(『창세기』 3장 22절) 그럼으로써 인간은 선악을 인식하고 스스로 행동하는 자기 입법적인 존재가 되었습니다. 이제 그들은 신의 명령에 맹목적으로 복종하는 순진한 노예가 아니라 선악을 인식하는 '자기의식'과 행동을 결정하는 '자유의지'를 가진 주체로 거듭나게 된 것입니다. 마치 부모의 명령에 맹목적으로 복종하던 어린아이가 자기의식이 생겨나는 사춘기에 접어들면 의심과 물음을 던지며 반항하듯이 말입니다. 이제 진리의 판별기준이 외부의 권위적 명령에서 내면의 이성적 사유로 이전하게 된 것입니다. 그것은 사유하는 '주체'의 탄생을 의미합니다.

인간의 본성을 설명하는 타락 이야기에는 인류 자체를 상징하는 아담이 등장한다. 신이 아담에게 내린 계명은 단순하고 형식적인 것이 아니다. 아담이 먹어서는 안 되는 선악의 나무는 실제적인 나무가 아니라 선악에 대한 인식을 상징한다. 아담은 그 열매를 먹고 선악에 대한 인식을 갖게 된다. 하지만 의아한 점은 신이 인간에게 그러한 인식의 소유를 금했다는 것이다. 왜냐하면 선악의 인식이야말로 정신의 본질이기 때문이다. 신의 금지는 자유의 긍정적인 측면에 대한 부정적인 대응이라 할 수 있다.[1]

그런데 의아한 것은 신적인 능력으로 묘사된 선악의 인식이 왜 죄인가 하는 것입니다. 그리스도교는 인간에게 "하늘에 계신 너희 아버지의 온전함과 같이 너희도 온전하여라"(「마태복음」 5장 48절)라고 가르치면서 왜 인간이 신처럼 되는 것을 금지하고 처벌하는 것일까요? 인간이 자신 안의 신적인 힘을 살이기는 것(신성의 실현)이 종교의 목적이자 인격의 완성이라고 말하면서 신은 왜 선악의 인식을 악의 뿌리(원죄)로 한탄하는 것일까요? 더욱이 최초의 인간인 아담과 하와의 죄가 이후의 인류에게 고스란히 유전되어 인간은 날 때부터 '영원한 죄인'이라고 겁박하는 데는 억울한 면도 없지 않습니다. 종교가 성숙한 개인에게 거북함을 주는 이유도 그런 근거 없는 강제성과 불필요한 죄책감 때문입니다. 물론 인간의 본성을 설명하는 한 편의 신화라곤 하지만 "인간은 영원한 죄인이다"라는 주장은 인간에게 죄책감을 덧씌워 맹목적인 믿음을 강요하는 종교의 폭력처럼 느껴집니다. 오직 어린아이와 같은 순진함과 노예와 같은 순종성만을 최고의 신앙으로 가르치는 맹신의 종교처럼 말입니다. 거기에는 항상 "보지 않고 믿는 자가 복되다"(요한복음 20장 29절)라는 거북한 꼬리표가 달려 있습니다.

헤겔은 타락 이야기에 대한 그런 문자적인 해석에 물음을 던집니다. 그것은 "진리가 너희를 자유롭게 하리라"(「요한복음」 8장 32절)라는 그리스도교의 정신을 위배하는 것이라고 말입니다. 그래서 그는 타락 이야기를 『성서』의 전체적인 맥락 안에서 새롭게 해석합니다. 그에 따르면 선악의 인식은 그 자체가 '악'이 아니라 단지 '악의 가능성'일 뿐입니다. 자유의지는 선과 악 가운데 하나를 선택할 자격을 의미할 뿐입니다. 그러한 의미에서 '악의 가능성'은 동시에 '선의 가능성'이기도 합니다. 아직 아무런 행동도 하지 않은 인간은 선하지도 악하지도 않으니 말입니다. 이는 인간의 본성은 삶 이전에 미리 결정된 바 없다는 일종의 '성무선악설性無善惡說'에 해당합니다. 따라서 선악의 인식만으로 인간을 영원한 죄인으로 내모는 종교의 폭력은 마치 죄의 가능성만으로 유죄를 선고하는 재판관처럼 부조리해 보입니다.

> 인간이 인식을 가졌다는 이유로 근원적인 악을 논하는 것은 부적절하다. 인간의 본성은 선하지도 악하지도 않다. 악한 것은 그러한 분열의 상태에 계속해서 머무르려 하는 것 혹은 '오로지 본성에 따라서만' 존재하려 하는 것이다.[2]

인간은 욕구와 충동에 따라 악을 행할 수도 있고, 이성과 양심에 따라 선을 행할 수도 있습니다. 따라서 선악의 열매는 이성의 시험대일 뿐입니다. 『성서』는 선악의 인식만으로 인간을 악한 존재로 그립니다. 하지만 진정한 악은 그러한 분리와 소외를 잔치처럼 즐기는 것, 즉 이성과 양심을 저버리고 악의 상태에 계속해서 머물고자 하는 것이라고 헤겔은 말합니다. 선악의 인식은 인간을 맹목적인 믿음에서 벗어나게 한다는 점에서는 악의 가능성(분열과 대립)이지만 성찰적인 믿음으로 거듭나게 한다는 점에서는 선의 가능성(재통합)이기도 합니다. 신과의 진정한 화해는 에덴동산의 아담과 하와와 같이 선악의 인식 없이 신의 명령에 맹목적으로 복종하는 직접적 화해의 단계가 아니라 예수와 같이 선악의 인식 속에서도 악의 유혹에 굴하지 않는 매개된 화해의 단계이기 때문입니다. 예수의 존재와 가르침도 그 점을 향합니다. 몸을 가진 유한한 인간이 악의 유혹에서 해방되어 온전한 정신(성령)의 단계로 고양되는 과정을 말입니다. 그것이 그리스도교 삼위일체의 상징적 의미기도 합니다. 그래야만 우리는 진리(신)와 자유(인간)가 화해를 이룬 진정한 종교의 이상에 이를 수 있습니다.

따라서 선악의 인식을 굳이 죄라고 한다면, 그것은 단순한 죄가 아니라 '복된 죄Felix culpa'라고 불러야 마땅합니다. 믿지 않을 수 없어서 믿는 아담과 하와의 믿음에는 '진리'만 있을 뿐 '자유'가 없습니다. 믿지 않을 수 있음에도 믿는 믿음에서야 '진리'와 '자유'의 역설적인 조화가 실현됩니다. 신과 인간이 진실로 화해한 '신적인 주체성'의 탄생이 그것입니다. 예수의 삶으로 표상된 그리스도교는 신을 숭배하는 종교가 아니라 스스로 신이 되기를 강구하는 종교입니다. 그것이 영원한 신의 노예임을 고백하는 유대교와의 결정적인 차이입니다. 도덕도 마찬가지입니다. 무엇이 선인지를 모르는 존재에게는 도덕적 행위도 불가능합니다. 충동과 욕구에 사로잡혀 살아가는 동물들이 생존을 위해 먹잇감을 사냥하는 것을 두고 도덕적인 비난을 할 수 없듯이 말입니다. 반대로 무엇이 선인지를 알고 그것을 위해 자신의 욕구를 희생하는 용기만이 진정한 도덕적 행위입니다. 신의 명령에 맹목적으로 복종하는 무죄의 상태는 다만 동물의 단계일 뿐이며, 그러한 의미에서 에덴동산은 지상의 낙원이 아니라 동물의 우리에 불과하다고 헤겔은 비판합니다.

> 죄 없이 낙원에 산다는 것은 동물적인 삶의 조건이다. 동물이 아닌 인간이라면 그러한 낙원에는 머물 수 없다. 동물은 즉자적으로 신과 하나 되어 있으나 인간은 자신을 자각하는 정신이기 때문이다.[3] 그곳은 인간이 있어서는 안 될 한갓 동물의 우리에 불과하다.[4]

이에 더하여 헤겔은 죄의 형벌로 부여받은 '땀 흘리는 노동의 고통'에도 물음을 던집니다. 인간만이 갖는 노동의 능력이 과연 신의 저주이기만 한 것인지를 말입니다. 그는 도리어 노동을 신의 축복으로 이해합니다. 노동은 자연세계에서 오직 인간만이 가진 신적인 창조 능력입니다. 인간은 노동을 통해 자신의 정신을 객관세계에 실현합니다. 그것은 신의 본성인 자기의식의 또 다른 기능입니다. 신이 세상을 창조하고, 창조된 세상 속에서 자신의 섭리를 인식하듯이, 인간도 자신의 정신을 실현하고, 실현된 작품 속에서 자신의 정신을 이해합니다. 인간은 여느 동물처럼 자연에 일방적으로 순응하는 수동적인 존재가 아니라 순수한 자연을 인간의 세계(문명)로 가공하는 능동적인 존재입니다. 그것이 인간 자유의 가능 조건입니다. 노동은 낯설고 두려운 자연세계를 친근하고 자유로운 문명세계로 변형하는 고귀한 행위이기 때문입니다.

> 우리는 그것이 유한함의 결과라는 것을 인정해야 하지만 얼굴에 땀을 흘려 빵을 먹고, 자신의 활동과 노동과 이해를 통해 생계를 유지하는 것은 인간의 고귀함이기도 하다. 동물은 생존에 필요한 모든 것을 자연에서 제공받지만, 인간은 그것을 자유롭게 재배하거나 사육하기도 한다. 선을 인식하고 의지하는 가장 높은 단계의 자유는 아닐지라도 그 역시 인간 자유의 일부다.[5]

헤겔은 에덴동산을 지상낙원으로 예찬하는 것은 그리스도교의 전통이 아니라 구약의 교리에 한정된 유대교의 전통이라고 말합니다. 유대교는 신을 진리의 원천으로, 인간을 무지한 맹인으로 묘사합니다. 그들에게는 주인에 대한 공포와 복종이 절대적인 종교적 의무입니다. 유대교는 인간을 한없이 유한한 존재나 신에게 절대적으로 의존하는 존재로 그립니다. 그래서 신과 인간의 관계는 흔히 주인과 노예의 관계로 비유됩니다.[6] 하지만 예수는 그러한 맹목적인 복종은 '도덕적 미신'에 불과하다고 비판합니다. 신약이 말하는 그리스도교의 핵심 교리는 삼위일체이며, 그것은 신과의 직접적인 통일(에덴동산)에서 대립과 분열(아담의 원죄)을 거쳐 성찰적인 통일(예수의 삶)에서 완성됩니다. 예수가 신과 인간의 관계를 수직적인 '주인과 노예'의 관계가 아니라 수평적인 '아버지와 아들'의 관계에 비유한 것도 그 증거입니다. 아버지와 아들은 다르면서도 같은 존재입니다. 성부의 정신은 성자의 몸속에 간직되어 있으며, 성자가 몸의 유혹을 이겨냄으로써 성부의 정신, 즉 성령을 완성합니다. 이후에 밝혀지겠지만 헤겔의 그러한 해석은 "인간은 영원한 죄인이다"라는 『성서』의 인간론 자체를 부정하는 것이 아닙니다. 다만 인간의 '죄'와 '악'에 관한 사변적인 해석의 필요성을 강조하는 것입니다. 『성서』는 역사가 아니라 신화라고 말입니다.

무지함의 죄

그렇다면 철학자들은 인간의 '죄'와 '악'이라는 실존적인 한계의 근원을 어떻게 설명했을까요? 이제 종교적인 설명에서 철학적인 설명으로 넘어가 봅시다. 먼저 우리는 인간 삶의 문제를 탐구한 최초의 철학자라 할 수 있는 플라톤과 아리스토텔레스에게서 그 근원을 찾을 수 있습니다.

우선 플라톤은 '죄'와 '악'의 근원을 '선에 대한 무지'에서 찾습니다. 우리가 도덕적으로 온전하게 살 수 없는 이유는 우리가 무엇이 선인지 모르기 때문이라는 것입니다. 예를 들어 친구가 세상을 떠나면서 자신의 자녀가 성인이 되면 자신의 재산을 전해 달라고 맡

겼다고, 그리고 우리는 친구와의 신의를 등질 마음이 없다고 가정해 봅시다. 그런데 성인이 된 자녀가 마약중독이나 도박중독 혹은 정신 미약의 상태에 있다면, 우리는 친구와의 신의를 위해 그 유산을 그대로 전해야 할까요? 아니면 자녀의 방탕과 타락을 막기 위해 전하기를 미뤄야 할까요? 무엇이 진정한 신의일까요? 이처럼 구체적인 상황에서는 '신의'라는 말만으로는 해결되지 않는 구체적인 앎들이 필요합니다. 도덕적으로 살겠다는 선한 마음만으로 선한 삶을 살 수 없는 이유도 그것입니다. 우리는 그러한 앎의 중요성을 강조하는 전통을 '주지주의Intellectualism'라고 부릅니다. 선한 삶을 살기 위해서는 무엇보다 먼저 선이 무엇인지 알아야 한다는 견해입니다.

우리는 안다고 생각하지만 실로 모르고 살 때가 많습니다. 효도가 무엇인지 모르면서 효자로 살고자 하고, 우정이 무엇인지 모르면서 친구를 사귀고자 합니다. 그래서 언행의 모순이 발생합니다. 플라톤의 스승이자 인본 철학의 시작을 알린 소크라테스가 일깨우고자 한 것도 그것입니다. 철학의 시작은 "모른다는 것을 아는 것(無知之知)"이라고 말입니다. 소크라테스의 후계자이자 대변인이라 할 플라톤은 그래서 철학을 '이데아에 대한 탐구'로 규정했습니다. 그리고 그 전통은 화이트헤드Alfred North Whitehead가 지적하듯이 유럽의 철학(형이상학)의 일반원리가 되었습니다. "유럽 철학의 전통은 … 플라톤에 대한 일련의 각주들로 이루어졌다."[7] 이데아란 단순한 '관념'이 아니라 참다운 '이념'을 뜻합니다. 이념이란 말의 일상적인 표현은 '이상' 혹은 '바람직한 모습'입니다. 철학은 현실

에 존재하는 것들(현상)을 탐구하는 것이 아니라 그것들의 원인이
자 목적인 가장 이상적인 상태(본질)를 탐구합니다.

　그러한 의미에서 철학은 현상의 배후 혹은 초월을 탐구하는 형
이상학이고, 형이상학은 만물의 존재이유를 탐구한다는 점에서
존재론이며, 존재론은 가장 근원적인 것을 탐구한다는 점에서 제
1철학으로 불립니다. 따라서 이데아를 탐구하는 철학은 '무엇' 물
음에 매달립니다. "죽음이란 무엇인가?" "사랑이란 무엇인가?" "용
기란 무엇인가?" "국가란 무엇인가?" "예술이란 무엇인가?"처럼 말
이지요. 이러한 물음을 우리는 '본질 물음'이라 부릅니다. 본질은
모든 있는 것을 있게 하는 근원으로서의 '참으로 있음(존재)'을 의미
합니다. 그것은 세상에 존재하는 모든 것의 원인(때문에)이자 모든
것의 목적(위하여)입니다. 마치 민주주의의 이상에서 현실의 수많
은 민주적 제도가 생겨나고(원인), 그 제도들은 민주주의의 이상을
구현하기 위하여 존재하는 것처럼 말입니다(목적). 그것은 만물의
시작이자 만물의 끝이요, 알파(시작/원인)이자 오메가(끝/목적)입니
다. 그러한 의미에서 이데아는 현상의 존재근거이자 현상의 인식
근거입니다. 이데아로부터 만물이 생겨나고, 이데아와 견주어 만
물을 평가하니 말입니다.

　플라톤은 그러한 이데아의 개념을 기준으로 세계를 세 단계로
구분합니다. 이데아의 세계, 현실의 세계, 예술의 세계가 그것입니
다. 이데아의 세계가 우리의 관념 속에 존재하는 가장 이상적인 세
계라면, 현실의 세계는 이데아의 세계를 모방^{mimesis}한 세계이며,
예술의 세계는 현실의 세계를 또다시 모방한 세계라는 것입니다.

그러니 예술의 세계는 진리로부터 두 단계나 떨어진 허위와 가상
의 세계로 위계가 지어 집니다. 그래서 그는 대중에게 거짓을 전파
하고 그들을 선동하는 예술가를 그리스에서 추방해야 한다고 강
변하기도 했습니다. 하지만 뒤이어 그는 예술 중에는 현실을 모방
한 예술(감각적인 쾌락)도 있지만 호메로스처럼 이데아를 재현한 예
술(정신적인 만족)도 있다고, 그리고 그것만이 진정한 예술이자 정신
적 아름다움의 극치라고 찬양하기도 합니다. 그것은 삶의 원리이
기도 합니다. 도덕적인 삶이란 이데아를 모방하는 삶, 그것을 보는
사람들에게 아름다움과 감동을 주는 예술적인 삶일 것입니다. 그
런 의미에서 플라톤은 일상이 예술이 되는 삶, 즉 진리를 닮아가는
아름다운 삶을 철학했다고 볼 수 있습니다.

예술은 무엇을 모방하여 표현하는가? 그것은 눈에 보이는 현상
의 모방인가? 아니면 진리의 모방인가? 그것은 현상의 모방입
니다. 그가 대답했다. 바로 그것이네. 모방으로서의 예술은 참
된 것에서 멀리 떨어져 있는 것이라네. … 그것은 이데아에서
두 단계나 떨어져 있지 않은가.[8] … 자네는 호메로스가 최고의
비극 시인이라는 것을 알고 있을 것이네. 시 가운데 최고는 신
들에 대한 찬가와 훌륭한 사람들에 대한 찬양일세. 그것이야말
로 이 나라가 받아들여야 할 것이네. 그저 즐거운 시만을 받아
들인다면, 자네 나라에서는 이성 대신 쾌락과 고통이 왕 노릇
을 하게 될 것이네.[9] … 그렇다면 좋은 예술은 무엇이고, 나쁜
예술은 무엇인가? 이데아를 파괴하는 것은 나쁜 예술이고, 이

데아를 보존하는 것은 좋은 예술일세.[10]

나약함의 죄

반면 아리스토텔레스는 '죄'와 '악'의 근원을 '의지의 나약함akrasia'에서 찾았습니다. 우리가 무엇이 선인지를 안다 하더라도 그것을 실천할 의지가 없다면 모든 앎도 무용지물이라는 것입니다. 로마 시대 철학자 세네카의 제자였던 네로 황제가 광란한 폭군이 되었던 것도 도덕적인 삶을 머리로만 이해했을 뿐 몸으로 받아들이진 못했던 까닭입니다. 옛 선조들이 사서삼경을 그저 앎으로만 두지 않고, 수천 번 낭독했던 이유도 앎이 삶이 되게 하기 위함이었습니다. 갑작스러운 행위의 순간에 도덕 신경이 올곧게 작용하려면 앎이 몸이 되고, 몸이 삶이 되어야 하니까 말입니다. 우리는 그러한 의지의 전통을 '주의주의Voluntarism'라고 부릅니다. 선한 삶을 살기 위해서는 선에 대한 앎을 살아 낼 의지가 무엇보다 중요하다는 것입니다.

그런데 아리스토텔레스에게 도덕적 삶은 어떤 의미였을까요? 그는 인간 삶의 궁극 목적(최고선Supreme Good)을 행복Eudaimonia이라고 말합니다. 수단과 목적의 관계에서 목적이 언제나 더 좋은 것(선)이며, 그러한 목적들이 겨냥하는 궁극 목적, 즉 최고의 목적(최고선)이 행복이라는 것입니다. 예를 들어 공부가 학위를 위한 것이고, 학위가 취업을 위한 것이고, 취업이 결혼을 위한 것이고, 결혼이

행복을 위한 것이라면, 학위는 공부의 목적이면서 동시에 취업의
수단이고, 취업은 학위의 목적이면서 동시에 결혼의 수단입니다.
하지만 행복은 그 자체가 목적일 뿐 더 이상의 목적을 위한 수단이
아닙니다. 그것이 궁극적인 목적입니다. 그러한 점에서 그는 행복
이야말로 가장 좋은 것이라고 말합니다.

> 모든 행위나 기술은 각기 저마다의 좋음을 갖고 있다. 의술에
> 서 좋음과 병법에서 좋음이 서로 다르듯이 다른 모든 기술도
> 마찬가지다. 그렇다면 각각의 좋음이란 무엇인가? 그것은 다른
> 모든 것의 목적이다. 의술에는 건강이 좋은 것이고, 병법에는
> 승리가 좋은 것이며, 건축에는 집이 좋은 것이다. 모든 경우를
> 막론하고, 행위와 선택의 목적telos이 언제나 좋은 것이다. …
> 이에 따르면 행복이 무엇보다 가장 좋은 것으로 보인다. 행복
> 은 그 자체가 목적이지 다른 것의 수단이 아니기 때문이다. …
> 행복은 그 자체로 좋은 것이요, … 최고로 좋은 것이다.[11]

그렇다면 그가 말하는 행복은 무엇일까요? 그는 탁월함arete을
발휘하는 삶을 행복이라고 말합니다. 그에 따르면 탁월함이란 자
신의 기능ergon을 온전히 수행하는 것입니다. 망치의 경우에 화려
하고 값비싼 망치보다 자신의 기능, 즉 못질의 기능을 가장 잘 수
행하는 망치가 가장 훌륭한 망치인 것처럼, 그리고 의자의 경우
에도 자신의 기능, 즉 편안한 휴식의 기능을 가장 잘 수행하는 의
자가 가장 훌륭한 의자인 것처럼 탁월함은 언제나 그것의 기능으

로 평가됩니다. 그렇다면 탁월한 인간이란 어떤 인간일까요? 앞선 논리에 따르면, 인간의 기능을 가장 잘 완수하는 것이 가장 탁월한 인간일 것입니다. 그렇다면 인간의 기능은 무엇일까요? 아리스토텔레스는 그것을 이성^{Logos}에서 찾습니다. 이때 이성은 학문적 탐구를 위한 이론이성이 아니라 탁월한 삶을 위한 실천이성입니다. 그것은 무엇이 가장 적합한 행위인지를 판별하는 현명함을 의미합니다. 그리스어로 '행복'을 뜻하는 에우다이모니아^{Eudaimonia}도 Eu(탁월한)+daimōn(정신)이 결합된 '탁월한 영혼'이라는 뜻을 담고 있듯이 말입니다. 이처럼 아리스토텔레스에게도 탁월한 이성은 행복을 위한 필요 조건입니다.

행복이란 자신의 기능을 잘 발휘하는 것이다. 피리 연주자와 조각가를 비롯한 모든 기술자도 자신의 기능을 잘 수행하는 것이 가장 좋은 것이다. 인간에게도 기능이 있다면, 그 기능을 잘 발휘하는 것이 좋은 것이다. 인간의 기능은 이성이다. 따라서 행복이란 이성의 기능을 잘 발휘하는 실천적인 삶이다. … 탁월한 영혼을 가진 인간이 가장 훌륭한 인간이다.[12]

아리스토텔레스는 탁월한 이성은 '중용^{mesotes}'을 아는 것이라고 말합니다. 우리는 흔히 중용을 만사에 치우침이나 기울어짐이 없고^{不偏不倚}, 지나침도 모자람도 없는 상태^{無過不及}로 이해합니다. 마치 10과 1의 중간인 5가 중용인 것처럼 말입니다. 그래서 냉정과 열정 사이의 평정, 방탕과 인색 사이의 절제, 무모와 비겁 사이의 용기를 중용으로 여깁니다. 대개 중간은 극단보다 탁월합니다. 하지만 엄밀한 의미에서 중용은 그러한 '산술적 중간'이 아니라 '상황적 적합성'을 의미합니다. 그것이 플라톤과 아리스토텔레스의 결정적인 차이입니다. 플라톤은 언제 어디서나 통용되는 보편타당하고 고정 불변하는 진리를 구하고자 했다면, 아리스토텔레스는 상황에 따라 유동적으로 변화하는 진리를 말하고자 했던 것입니다. 한결같은 평정보다 분노해야 할 때 분노할 줄 알고(거룩한 분노), 냉정해야 할 때 냉정할 줄 아는 것(금 같은 침묵)이 진정한 중용이라고 말입니다. 예를 들어 고대 서사시에 등장하는 영웅들의 성격은 한결같지 않습니다. 평온하던 가장이 자신의 가족을 살해한 원수들에게는 잔혹한 복수의 화신이 되기도 하고, 자비롭던 왕이 백성을 괴롭히는 위정자들에게는 무자비한 권력의 화신이 되기도 하듯이 진리는 변화하는 상황에 따라 달리 결정된다는 것입니다.

> 10은 많고 2는 적다고 한다면, 대상에 따른 중간으로 6을 취한다. 이것이 산술적 비례를 따르는 중간이다. 그러나 중간은 그렇게 취해서는 안 된다. … 중용은 이성에 의해 규정되는 것이다. 중용은 두 악덕, 즉 지나침에 따른 악덕과 모자람에 따른 악덕 사이의 중간이다. … 따라서 모든 것에서 중간의 상태가 칭찬받을 만하지만, 어떤 때에는 지나침 쪽으로 기울어야 하고, 어떤 때에는 모자람 쪽으로 기울어야 한다. 이런 방식으로 우리는 가장 쉽게 중간이자 잘함을 이룰 수 있기 때문이다.[13]

아리스토텔레스에 따르면, 이성의 명령에 따라 중용을 살아가는 탁월한 삶(행복한 삶)은 단순한 앎이나 단번의 행위로 완성되지 않습니다. 그것은 일생에 거쳐 중용을 실천하는 강인한 의지와 꾸준한 습관을 요청합니다. 한 마리의 제비가 날아왔다고 봄이 온 것이 아니고, 하루의 따뜻한 날이 봄을 만드는 것도 아닌 것처럼 단번의 선행으로 행복한 사람이 되는 것이 아니라고 말입니다. 따라서 도덕적으로 온전한 삶은 앎과 뜻의 협력으로 이뤄집니다. 우리가 누군가를 도덕적으로 신뢰할 때, 그의 그럴듯한 말이 아니라 행동, 더 자세히는 그의 말과 행동이 모순 없이 일치하는 진정성을 신뢰하듯이 말입니다. 아리스토텔레스는 이성적 동물이자 사회적 동물로서의 인간은 육체적 쾌락보다 사회적 명예를 추구하는 중용의 삶에서 참된 행복에 이를 수 있다고 가르칩니다. 공자처럼 세상이 알아주지 않아도 괴로워하지 않는 군자의 마음이 아니라 철저히 세상 속에서 존경과 명예를 누리는 자유인의 행복을 말입니다.

아름다운 영혼과 죄의 필연성

플라톤의 주지주의와 아리스토텔레스의 주의주의는 동서양을 막론하고 도덕적 삶을 위한 불문율로 여겨져 왔습니다. 배우고 익혀서 세상의 이치와 합일하는 것이 인간 자유의 이상이라고 말입니다. 하지만 그들로부터 이천 년 후 서양 고전철학의 완성자로 평가되는 헤겔은 『정신현상학』에서 죄의 필연성에 관한 완전히 새로운 통찰을 보여 줍니다. 그는 무엇이 선인 줄을 알고, 그것을 살 충분한 의지가 있어도 우리는 죄를 지을 수밖에 없다고 말합니다. 그 이유를 그는 인간의 실존적 한계상황으로부터 연역합니다. 인간 실존의 터전은 단순히 선과 악이 대립하는 이차원적 공간도 아니고, 모든 죄가 지성의 모자람이나 의지의 나약함에서 빚어지는 것도 아니라고 그는 말합니다. 그러한 의미에서 플라톤과 아리스토텔레스는 도덕적 삶의 완성을 꿈꾸는 명랑한 희극 작가라면, 헤겔은 『성서』의 견해처럼 도덕적 삶의 절망을 그리는 진지한 비극작가라 할 수 있습니다. (이후에 밝혀지겠지만) 그는 거기서 멈추지 않고 그 세 견해를 변증법적으로 종합하는 비희극적Tragic-comic 전망을 내놓습니다.

헤겔은 인간이 죄를 지을 수밖에 없는 이유를 '의무(도덕법칙)들의 충돌Entgegensetzung der Pflichten'에서 찾습니다. 현실에서는 선과 악이 대립하는 경우도 있지만 때로는 선과 선이 대립하는 경우도 있습니다. '도덕적 딜레마' 상황이 그것입니다. 흔히 언급되는 '트롤리 딜레마Trolley Dilemma'14와 '카르네아데스의 널빤지Plank of Carneades'15와 같은 사고 실험이 단적인 사례입니다. 두 선 혹은 두 악이 충돌하는 상황에서 한 행위를 선택해야 하는 진퇴양난의 상황이지요. 헤겔은 도덕적 딜레마의 대표적인 사례로 소포클레스의 『안티고네』를 자주 언급합니다.16 그 작품에서 오이디푸스의 딸 안티고네는 자신의 오빠 폴리네이케스의 장례를 치러 주기 위해(개별적이고 감성적인 가정의 의무) 국가의 법률(보편적이고 이성적인 국가의 의무)을 위반하는 인물로 그려져 있습니다. 안티고네는 두 선 가운데 한 선을

선택해야 하지만 무엇을 선택하든 한 선을 위배하게 되는 부조리,
달리 말해 선을 행하고도 동시에 악을 행하게 되는 부조리에 빠집
니다. 그것이 도덕적 딜레마입니다. 그는 이렇게 설명합니다.

> 도덕은 의무들의 대립을 내포하고 있어서 행동이 지닌 규정 속
> 에서 한 가지 측면 내지 한 가지 의무가 늘 위배될 터이기 때문
> 에 아예 행동할 수가 없거나 아니면 행동할 때에는 상충하는
> 의무들 가운데 한 가지 의무의 위배가 현실적으로 일어날 것이
> 다. 오히려 양심은 이런 여러 상이한 도덕적 실체들을 소멸시
> 키는 부정적인 단일자나 절대적인 자기이다.[17]

위고의 『레미제라블』은 그러한 인간 실존의 한계상황을 더욱 절
실하게 보여 줍니다. ‘레미제라블’은 정관사 ‘Le’와 ‘비참한’이라는
뜻의 형용사 ‘Miserables’가 결합된 ‘비참한 사람들’이라는 뜻의 집
합명사입니다. 그렇다면 위고는 왜 인간이 비참할 수밖에 없다고
생각했을까요? 그 역시 도덕적 딜레마라는 실존적 한계상황에서
그 대답을 찾습니다. 작품 속에 등장하는 세 주인공 중 장발장은
배고픈 조카들 앞에서 가족을 보살펴야 한다는 가장의 의무와 도
둑질을 해서는 안 된다는 시민의 의무 사이에서 갈등합니다. 그리
고 미리엘 주교는 교회의 촛대를 훔친 장발장 앞에서 정의로운 처
벌의 율법과 자비로운 용서의 율법 사이에서 갈등합니다. 마지막
으로 자베르 경감은 장발장 앞에서 죄인을 체포해야 한다는 공적
인 의무와 생명의 은인을 배반해서는 안 된다는 사적인 의무 사이

에서 갈등합니다. 결국 장발장은 가장의 의무를 다하려다 시민의 의무를 위반하게 되고, 미리엘 주교는 용서의 율법을 따르려다 처벌의 율법을 위반하게 되며, 자베르 경감은 사적인 의무를 지키려다 공적인 의무를 위반하게 됩니다. 이처럼 도덕적 결함이 없는 아름다운 영혼도 하나의 선을 선택하는 순간 하나의 악을 저지르게 되는 도덕적 딜레마 상황에서는 이떠한 행위로도 죄의 굴레에서 벗어날 수 없습니다. 이것이 "인간은 영원한 죄인이다"라는 말의 실존적인 해석입니다.

도덕적 절망은 우리에게 죄책감을 줍니다. 타인에 대한 수치심도 피할 수 없습니다. 죄책감과 수치심이 뒤얽히면 심각한 자기미움의 감정에 빠지기도 합니다. 그래서 우리는 흔히 자신의 죄를 은폐합니다. 놓친 선에는 눈을 감고, 택한 선만을 과시하면서 자신의 양심을 변호하고 싶은 것이 그런 마음입니다. 보통의 말다툼이나 변명들이 모두 그런 모습을 하고 있지요. 헤겔은 그러한 태도를 '위선Heuchelei'이라고 부릅니다. 만일 장발장이 가장의 의무를 다한 것에 만족하면서 위법의 정당성을 옹호한다면 그것이 자신의 죄를 은폐하려는 위선에 해당합니다.

위선은 자신의 악을 타인들에게 선이라고 주장하며, 자기는 외면적으로 선하고, 양심적이고, 경건하다는 등의 거짓된 형식적 규정을 달고 다닌다. 이는 그야말로 타인들에 대한 기만이다. 그밖에도 악인은 어쩌다 자기가 행한 선행이나 경건함을 내세우며, 그럴싸한 이유를 대거나 자기만이 인정할 수 있는 방식으로 자신의 악을 정당화하기도 한다. 그러한 이유들을 대며 그는 자기 마음대로 악을 선으로 전도시킨다.[18]

아니면 과거의 선을 내세워 현재의 악을 은폐하거나 상대의 악을 지적하며 자신의 악을 정당화하는 '교란 전술'을 펼치기도 합니다. 마치 정치인들이 자기 당의 악을 은폐하기 위해 상대 당의 악을 과장하는 것처럼 말입니다. 상대의 악이 자신의 악을 정당화할 수 없음에도 그들은 '피장파장의 오류'를 악용하여 대중을 눈속임하려 합니다. 그것은 도덕적 위반에 거짓말까지 더하는 최악의 자기기만이 아닐 수 없습니다. 진정한 양심은 선을 행하고도 악을 회개하는 '선한 죄책감'에 있습니다. 그것이야말로 죄의 운명에 대한 도덕적 겸손입니다. 예컨대 미리엘 주교가 용서의 율법을 행하고도 정의의 율법을 위반한 자신을 회개하고 참회하는 것처럼 말입니다. 헤겔은 그것을 '아름다운 영혼의 불행'[19]이라고 부릅니다.

아름다운 영혼은 아름답지 않다

자연적인 욕구와 도덕적인 요구가 더 이상 갈등하지 않는 완전한 양심의 단계를 헤겔은 '아름다운 영혼'이라고 부릅니다. 도덕의 천재성을 구현한 신적인 인격이지요. 하지만 그것은 현실을 외면한 초월적 이상입니다. 앞서 살폈듯이 도덕적 딜레마 상황은 아름다운 영혼에도 온전한 선을 허락지 않으니 말입니다. 우리는 흔히 양심 있는 도덕군자가 현실에 참여하면 도덕적 세계가 서둘러 이 뤄지리라 믿습니다. 하지만 그가 온전한 도덕군자로 남은 이유는 도리어 아무 행동도 하지 않은 까닭입니다. 자신의 내면에만 머물 며 행동하지 않는 사람은 죄를 짓지 않습니다. 자기주장이 뚜렷한 사람은 타인의 비판에 직면하지만 침묵으로 일관하는 사람은 비 판에서 면제되듯이 말입니다. 하지만 행동하지 않으면 죄가 없으 되 존재감도 없습니다. 현실에서도 말만으로 붓다나 공자나 예수 행세를 하는 사람이 얼마나 많습니까? 철학 강의를 하는 저 역시 나쁘게 말하면 그런 부류가 아닐까 합니다.

그래서 아름다운 영혼은 타인의 행동을 평가하는 '비평하는 의 식'으로 나아갑니다. 타인의 행동을 비판하는 것은 자신의 존재감 과 도덕성을 과시하는 효과적인 수단입니다. 마치 보수와 진보를 모조리 비판하는 정치 평론가가 직접 행동하는 정치인보다 도덕 적으로 탁월해 보이듯이 말입니다. 평론가는 직접 행동하지 않으 니 죄를 짓지 않습니다. 다만 비평만으로 고결한 양심을 과시하는 것입니다. 예컨대 민생에 주력하면 외교의 무능을 비판하고, 외교 에 주력하면 민생의 파탄을 비판하듯이 말입니다. 하지만 도덕적 인격은 반듯한 말이 아니라 삶의 진정성, 즉 말과 삶의 일치에 달 려 있습니다.

그래서 비평하는 의식은 이제 '행동(하는 의식)'으로 나아갑니다. 아름다운 영혼이 존재감과 진정성을 얻으려면 순수한 관조나 입 바른 비판이 아니라 진정성 있는 행동으로 나아가야 합니다. 하지 만 앞서도 언급했듯이 두 선이 충돌하는 상황에서는 어떤 행동도 죄로 귀결될 수밖에 없습니다. 삶의 진리는 그 둘을 모두 포괄하는 '역설'이지만 삶의 자리는 그중 하나를 선택해야 하는 '모순'이기 때문입니다. 마치 정치의 영역에서 '자유'와 '평등'은 서로 모순된 가치지만 삶의 진리는 그 둘의 역설인 '정의'를 명령하듯이 말입니다. 그러니 비판만 하던 정치 평론가가 대중의 인기를 등에 업고 현실 정치에 참여하게 되면 맥베스와 같은 결정 장애를 앓기도 합니다. 한 행동을 선택하려면 절반의 비판을 각오해야 하기 때문입니다.

이로써 행동하는 의식은 결국 '용서(하는 의식)'로 나아갑니다. 행동은 죄를 낳을 수밖에 없다는 실존의 진리를 자각한 아름다운 영혼은 이제 자신의 죄를 통해 타인의 죄를 헤아리게 됩니다. 나아가 자신의 유한함으로 인한 내면의 고통은 타인에 대한 공감과 연민으로도 확장됩니다. 그렇다면 우리는 그러한 실존적 한계상황 안에서 어떻게 온전한 인격을 회복할 수 있을까요? 헤겔은 그 대답을 사랑의 한 요소인 '용서'의 율법에서 구합니다.

비판하지 말라. 그리하면 너희도 비판 받지 않을 것이요, 정죄하지 말라. 그리하면 너희도 정죄 받지 않을 것이요, 용서하라. 그리하면 너희도 용서를 받을 것이니, 너희가 헤아리는 그 헤아림으로 너희도 헤아림을 도로 받을 것이니라. 「누가복음」 6장 37-38절

우리는 죄를 짓지 않음으로써 온전한 양심을 지킬 수는 없습니

다. 죄를 짓되 그것을 용기 있게 고백하고, 진정으로 용서를 받음으로써 우리의 찢어진 영혼은 새롭게 봉합되는 것입니다. 누군가의 과오를 용납지 않는 순진한 도덕적 세계에서 우리는 죄책감과 수치심에 물든 타락한 죄인으로 살 수밖에 없습니다. 그러한 죄의 필연성에서 벗어나는 유일한 길은 서로가 서로의 죄를 자신의 죄처럼 용서하는 사랑에 있습니다. 헤겔은 도덕적 세계에서 그러한 용서와 화해로 고양된 단계를 '종교적 세계'라고 말합니다. 인간 삶에는 도덕적 숭고만이 아니라 종교적 자비도 필요합니다. 그러한 단계에 도달한 인격을 그는 신적인 주체로 일컬어지는 정신의 단계(절대정신)로 규정합니다. 인간의 내면에 깃든 신성이 점진적으로 실현되는 성장 과정을 역사적으로 그린 『정신현상학』은 그 단계에서 비로소 대단원의 막을 내립니다.

> 화해의 말(용서)이 현존하는 정신이다. 그러한 정신은 자신의 반대편 속에서, 즉 절대적으로 자신 안에 존재하는 개별성으로서의 자신에 관한 순수한 앎 속에서 보편적 본질로서의 자기 자신에 관한 순수한 앎을 직관한다. 이러한 상호 승인하는 정신이 바로 절대정신이다. … 두 자아가 그들의 대립하는 현존재를 내려놓는 화해의 '그래(상호승인)'는 이원성으로 확장된 자아의 현존재인데, 그 속에서 자아는 자기 동일하게 유지되고 또 자신의 완전한 포기와 대립 속에서 자기 확신을 지닌다. 그것이 자신을 순수한 앎으로 인지하는 자아들 한가운데 현상하는 신이다.[20]

죄의 고백과 용서 그리고 사랑

지금껏 이어온 논리의 끝은 '용서'입니다. 우리에게 잘 알려진 〈신과 함께〉라는 영화에는 『정신현상학』의 긴 논리를 간명하게 줄인 이런 대사가 나오더군요. "이승의 모든 인간은 죄를 짓고 산다(죄의 필연성). 그리고 그들 중 아주 일부만이 진정한 용기를 내어 용서를 구하고(죄의 고백), 그들 중 아주 극소수만이 진심으로 용서를 받는다(용서). 이승의 인간이 이미 용서받은 죄를 저승은 더 이상 심판하지 않는다(죄의 사면). 이에 본 법정은 무죄를 선고하고 다시 환생(온전함의 회복)할 것을 명한다." 죄의 필연성으로부터 죄의 고백과 용서(죄의 사면)를 거쳐 온전함의 회복에 이르는 과정입니다. 하지만 여기서 눈에 띄는 것은 "아주 일부만이" 그리고 "아주 극소수만이"라는 구절입니다. 죄의 고백과 용서는 말처럼 쉽지 않습니다. 이전의 자신을 철저히 부정하고 새롭게 거듭나는 '회개'의 용기가 필요하기 때문입니다.

어떤 사람들은 『성서』의 구절을 들어 용서를 신의 명령처럼 강요하기도 합니다. "형제가 내게 죄를 범하면 몇 번이나 용서해야 합니까? 일곱 번까지 하면 됩니까? 예수께서 이르시되 네게 이르노니 일곱 번뿐 아니라 일흔 번이라도 용서해야 한다."(「누가복음」 6장 37-38절) 하지만 무턱대고 용서를 강요하는 어설픈 예수쟁이들은 고통과 상처가 아물지 않은 '아픈 사람'을 심지어 속이 좁아 용서하지 못하는 '나쁜 사람'으로 내몰기도 합니다. 어디 그뿐이겠습니까? 때로 어떤 사람들은 네 마음의 무게를 덜기 위해서라도 가해자를 용서하라고 타이르곤 합니다. 하지만 죄의 고백이 없는 섣부른 용서는 타인의 죄에 동조하는 비굴한 타협이 되고 맙니다. 용서는 종교적 율법을 위한 것도, 마음의 편리를 위한 것도 아닙니다. 그러한 맹목적인 용서나 굴종적인 체념은 서로의 영혼을 더욱 병들게 합니다.

우리는 타인의 죄를 자신의 죄처럼 용서하고, 자신이 용서받은 것처럼 타인의 죄를 용서해야 합니다. 그것이 공동체와 개인의 생명을 유지하는 힘입니다. 하지만 진정한 용서와 화해를 위해서는 먼저 피해자의 고통과 상처가 치유되어야 합니다. 죄의 고백 없이는 상처가 치유될 수 없고, 상처의 치유 없이는 용서의 회복력도 상실됩니다. 죄의 고백은 말만의 참회가 아니라 삶을 통한 회개, 즉 책임과 보상의 노력이 동반되어야 합니다. 또한 죄의 용서는 가해자의 죄에 대한 단순한 망각이 아닙니다. 진정한 용서는 가해자의 삶이 새롭게 거듭날 수 있는 생명의 언어가 되어야 합니다.

간혹 죄는 사람에게 짓고 용서는 신에게 구하는 사람들이 있습니다. 그것도 죽기 직전에 들어서야 자신의 평안을 위한 값싼 구원으로 말입니다. "나는 이미 신에게 용서를 받았으니 가해자에게 더는 죄책감을 가질 필요가 없다"는 생각 말입니다. 하지만 그것은 자신이 신이 되어 자신의 죄를 스스로 용서하는 최악의 신성모독이 아닐 수 없습니다. 인간에게 지은 죄는 인간에게 용서받아야 하고, 이 땅에서 지은 죄는 이 땅에서 용서받아야 합니다. 신은 인격이 아니라 사랑의 율법입니다. 피해자를 향한 죄의 고백이, 가해자를 향한 용서의 자비가, 그로 인한 서로의 회복이 사랑입니다.

"인간이 인간에게 신이다Homo homini deus est"라는 점을 망각한 믿음, 인간을 잃어버린 사랑은 자신의 죄를 면책하는 도덕적 자위에 지나지 않습니다. 그러한 의미에서 헤겔의 제자였던 포이어바흐는 『종교의 본질에 관하여』에서 신에 대한 사랑은 곧 인간에 대한 사랑이며, 신에 대한 믿음은 곧 인간에 대한 믿음이어야 한다고 말합니다.

> 우리는 신의 사랑을 유일하고 참된 종교로서의 인간의 사랑으로 대치해야 한다. 신에 대한 믿음을 인간 자신에 대한 믿음으로, 인간의 힘에 대한 믿음으로 대치해야 한다. 그것은 인류의 운명이 인류를 벗어나 있거나 초월해 있는 존재에 의존하는 것이 아니라 인류 자신에 의존하고 있다는 믿음이다. … 다시 말하면 그것은 여러분을 신의 친구에서 인간의 친구로, 신앙인에서 사유하는 자로, 기도하는 자에서 노동자로, 내세의 후보자에서 현세의 학생으로, 기독교인 자신의 고백과 자백에 따르면 '반은 동물이고 반은 천사'인 기독교인에서 인간으로, 완전한 인간으로 만들려는 과제다.[21]

그뿐만 아니라 용서는 오로지 피해자의 독점권입니다. 그 어떤 전능한 신도 피해자를 대신하여 가해자를 용서할 수는 없습니다. 그것은 아직 상처가 치유되지 않은 피해자에게 또 한 번 상처를 가하는 것입니다. 우리는 그것을 '이차 가해'라고 부릅니다. 가해자와 친분이 있다고 해서 혹은 용서를 통해 얻는 이익이 있다고 해서 피해자를 대신하여 가해자를 용서하는 것은 무지하고 파렴치한 월권입니다. 오히려 가해자의 유한함에 공감하면서 죄를 고백할 용기와 새로 거듭날 각오를 돕는 것이 삼자의 도리일 것입니다. 피해자에게도 마찬가지입니다. 어떤 이유에서든 가해자를 용서하라고 강요하는 것은 이차 가해입니다. 도리어 피해자의 아픔에 공감하면서 그의 상처를 치유할 수 있는 응보와 회복의 길을 함께 모색하는 것이 삼자의 도리일 것입니다. 그것이 인간의 유한함(죄의 필연성)을 기억하면서 새 하늘과 새 땅에 다다르고자 노력하는 인간으로 사는 길입니다.

모든 용서는 아름다운가?

1100여 명의 나치 전범들을 추적해 심판대에 세운 전설적인 ‘나치 헌터’ 비젠탈Simon Wiesenthal은 자신의 실화를 바탕으로 한 『모든 용서는 아름다운가?The Sunflower』라는 저작을 통해 용서의 자격과 권리에 대한 심오한 물음을 던집니다. 2차 세계대전 당시 나치 이데올로기의 포로가 되어 유대인 학살에 동참한 독일 장교는 죽기 직전에 유대인 청년 비젠탈을 불러 자신의 죄를 참회합니다. 양심의 고통을 덜고 편안한 죽음을 맞고 싶었던 까닭입니다. “당신이 그들을 대신하여 나를 용서해 줄 수 있겠소?” 그때 비젠탈은 심각한 고뇌에 빠집니다. 죄를 고백했으니 편안한 죽음을 돕기 위해 그를 용서해야 하는가? 그러나 희생당한 유대인들을 대신하여 내가 과연 그를 용서할 수 있는가? 용서의 자격과 권리에 대한 물음입니다. 결국 비젠탈은 아무런 대답도 하지 못한 채 병실을 나와야만 했다고 전합니다. 그리고 묻습니다. "과연 당신이라면 어떻게 했을 것입니까?"

그 책의 마지막에는 이 물음에 대한 53명의 대답이 실려 있습니다. 보스니아 인종 학살 피해자들은 나치 장교는 용서받을 자격이 없으며 섣부른 용서는 희생자에 대한 배신이라고 대답했고, 불교 지도자인 달라이 라마는 그가 지은 죄는 기억하되 용서해야 한다고 말했으며, 홀로코스트의 생존자인 프리모 레비는 나치가 양심의 가책을 덜기 위해 다시 한번 그를 도구로 사용한 것에 불과하며, 용서했다면 더 깊은 후회를 남겼을 것이라고 말했습니다. 또 다른 이들은 진지한 보상과 배상이 이루어지지 않은 용서는 그들의 변화를 기대할 수 없는 너무 값싼 용서가 아닌지를 되물었습니다.

비젠탈의 물음은 일상적인 삶뿐만 아니라 역사적 상흔으로 얼룩진 우리 공동체에도 다양한 논쟁 거리를 남깁니다. 이를테면 항일 투쟁기에 강제 징용된 노동자와 일본군 위안부 피해자들, 그리고 5.18 민주화운동 당시 국가 폭력의 희생자와 유가족의 상흔은 아직도 선명합니다. 그럼에도 미래의 통합이나 국가의 이익을 명분으로 죄를 고백하지 않는 가해자를 국가가 용서해도 되는 것일까요? 가해자가 진심으로 죄를 고백했다고 해도 국가가 피해자를 대신해서 그들을 용서할 수 있을까요? 나아가 용서할 피해자가 현존하지 않으면, 가해자는 죄를 누구에게 고백하고 어떻게 용서받을 수 있을까요? 반대로 죄를 고백할 가해자가 현존하지 않으면,

그들의 죄는 영원히 사면되는 것일까요? 후대에게로 전가되는 것일까요? 전가된다면, 직접적 가해자가 아닌 후대의 책임은 징벌적 손해배상에 그치는 것일까요? 영원한 속죄와 참회의 책임까지 인수하는 것일까요? 용서받을 자격과 권리에 관한 대답은 이처럼 간단하지 않습니다. 그 물음에는 정답이 없을지도 모릅니다. 그럼에도 물음을 멈추지 않는 것, 그것이 우리가 역사를 기억하는 방식일 것입니다. 그렇다면 역사의 현장을 사는 여러분은 비젠탈의 물음에 어떻게 대답하시겠습니까?

함께 볼 만한 도서

G. W. F. 헤겔,『정신현상학1, 2』, 김준수 옮김, 아카넷, 2022.

김준수,『헤겔』, 한길사, 2015.

시몬 비젠탈,『모든 용서는 아름다운가?』, 박중서 옮김, 뜨인돌, 2019.

아리스토텔레스,『니코마코스 윤리학』, 이창우 옮김, 이제이북스,
　　　2006

이병창,『헤겔의 정신현상학』, EBS BOOKS, 2022.

정미라,『헤겔의 정신현상학 읽기』, 세창미디어, 2018.

조대호,『영원한 현재의 철학』, EBS BOOKS, 2023.

존 스튜어트,『헤겔의 종교현상학: 신들의 논리』, 정진우 옮김, 동연,
　　　2024.

존 스튜어트,『헤겔의 종교철학 입문』, 정진우 옮김, 동연, 2023.

플라톤,『국가』, 박종현 역주, 서광사, 2001.

피터 싱어,『헤겔』, 노승 옮김, 교유서가, 2019.

피터 하지슨,『헤겔의 종교철학』, 정진우 옮김, 동연, 2022.

한자경,『헤겔 정신현상학의 이해』, 서광사, 2009.

주

1   G. W. F. Hegel, *Vorlesungen über die Philosophie der Religion 2*, Hamburg: Felix Meiner, 1983, 339n(이하 'VPR 권수'로 표기함).

2   이와 관련해서는 VPR3, 134-137을 참고하라.

3   G. W. F. Hegel, *Vorlesungen über die Philosophie der Geschichte*, Frankfurt am Main: Suhrkamp Verlag, 1986, 389(이하 'VPG'로 표기함).

4   VPG, 413.

5   VPR2, 340n.

6   VPR2, 155.

7   Alfred North Whitehead, *Process and Reality: An Essay in Cosmology*, New York: The Free Press, 1978, 39.

8   Plato, *Republic*, trans. C. D. C. Reeve, Cambridge: Hackett Publishing Company, 2004, 301-302.

9   Plato, *Republic*, 311.

10   Plato, *Republic*, 313.

11   Aristotle, *The Nicomachean Ethics*, trans. David Ross, Oxford: Oxford University Prsss, 2009, 10-11.

12   Aristotle, *The Nicomachean Ethics*, 20-22.

13   Aristotle, *The Nicomachean Ethics*, 29-30.

14   트롤리 딜레마란 영국의 철학자 풋(Philippa Foot)과 미국의 철학자 톰슨(Judith Jarvis Thomson)이 고안한 사고실험으로 다음의 도덕적 딜레마를 제시한다. 트롤리 전차가 철길 위에서 일하고 있는 다섯 명의 인부들을 향해 빠른 속도로 돌진한다. 당신은 트롤리의 방향을 오른쪽으로 바꿀 수 있는 레일 변환기 옆에 서 있다. 당신이 방향을 바꾸면 오른쪽 철로에서 일하는 한 명의 무고한 노동자가 죽게 된다. 이 상황에서 어떻게 하는 것이 옳은 것인가?

15   '카르네아데스의 널빤지'는 기원전 2세기경의 스토아주의 철학자 카르네
아데스가 고안한 사고 실험으로 다음과 같은 도덕적 딜레마를 제시한다.
난파선에서 가까스로 탈출한 카르네아데스는 작은 판자 조각에 기대어
겨우 바다 위에 떠 있는데, 의지할 곳 없이 허우적대던 한 남자가 여기 함
께 매달린다. 두 사람이 매달리기엔 턱없이 작은 판자였기 때문에 카르네
아데스는 둘 다 빠져 죽을까 염려해서 그 남자를 밀어낸다. 이 경우에 카
르네아데스는 살인자로 비난받아야 하는가? 1884년에 실제로 일어난 더
들리와 스티븐스 사건(The Queen v. Dudley and Stephens)이 그러한 딜레마 구
조를 보여 준다. 난파선의 선원들이 망망대해에서 생존하기 위해 잡무를
돕던 고아 파커를 살해하여 식인한 사건이다. 생사의 기로에서 다수의 생
존을 위해 한 명을 희생시키는 행위는 정당화될 수 있는가? 당시 법원은
생존한 선원들에게 살인과 식인에 대한 유죄를 선고했으나 절박한 상황
을 감안하여 특별 사면해 주었다. 도덕적 딜레마 상황에서는 이렇듯 선과
악의 경계가 모호해 진다.

16   이와 관련해서는 G. W. F. Hegel, *Grundlinien der Philosophie des Rechts*,
Frankfurt am Main: Suhrkamp, 1986, 318-320(§166)을 참고하라(이하 'GPR'
로 표기함).

17   G. W. F. Hegel, *Phänomenologie des Geistes*, Hamburg: Felix Meiner,
1952, 447(이하 'PG'로 표기함).

18   GPR, 268.

19   PG, 463.

20   PG, 471-472.

21   Ludwig Feuerbach, *Vorlesungen über das Wesen der Religion*, Berlin: Akade-
mie Verlag, 1984, 319-320.

홀로 있을 수 없어서 상대에게 집착하는 것은 사랑이 아니다.
성숙한 사랑은 개성을 유지하는 합일이다. 그러한 의미에서
사랑은 두 존재가 하나이면서 둘로 남아 있다는 역설이다.

에리히 프롬, 『사랑의 기술』

독립과 통합의 역설
혼자일 수 없으면 사랑할 수 없다!

『사랑의 기술』은 누구를 위한 책인가?

제가 대학에 다닐 무렵, 벌써 30년도 지난 일이니 철지난 유행가를 부르는 느낌도 없지 않지만, 독서의 낭만이 살아 있던 그 시절에는 누군가 대학에 가거나 성년이 되면, 품격 있는 어른들은 장미 한 송이와 프롬[1]의 『사랑의 기술』(1956)을 선물하시곤 했습니다. 관습법처럼 말이지요. 그래서 『사랑의 기술』은 이제 막 성년이 된 젊은이들에게 이제는 간섭 없이 홀로 서도 좋다는 독립선언문이나 독립서약서와도 같았습니다. 그래서 자유롭고 독립적인 실존을 위한 대학생들의 필독서가 되기도 했습니다. 하지만 제목의 가벼움과 별개로 철학서의 무게는 젊은 나이에 감당하기 힘들었습니다. 그래서 『사랑의 기술』은 누구나 가지고 있지만 아무도 읽지 않은 책으로 정평이 나기도 했지요. 그럼에도 그 책의 인기는 당시 무겁기만 하던 대학 강단에 '연애학개론'이나 '사랑의 철학'과 같은 명랑한 강좌들을 탄생시켰고, 그것은 대학 생활의 낭만 중 하나가 되기도 했습니다. 그뿐만 아니라 『사랑의 기술』은 전 세계적으로 2500만 부 이상 팔린 부동의 스테디셀러이자 오늘날까지도 희망 독서 목록의 일순을 차지하는 매력적인 철학서입니다.

물론 당시에도 '돈 후안Don Juan'과 같은 직접적인 관능주의자들은 『사랑의 기술』이나 '연애학개론'과 같이 책으로 배우는 사랑을 조롱하곤 했습니다. 오늘날까지도 흔한 통설입니다. 『사랑의 기술』은 유혹의 계획에만 탐닉하는 '요하네스Johannes', 즉 연애의 감각이 없는 반성적 관능주의자들이나 볼법한 어설픈 매뉴얼에 불과하다고 말입니다.[2] 그것은 수영을 배우기 전에는 물속에 들어가서는 안 된다는 스토아주의자들의 어설픈 경고를 닮았다고 말이지요. 그뿐만 아니라 사랑을 책으로 배우는 것은 연애 경험이 없는 어설픈 먹물들의 문자중독에 불과하다고, 사랑을 배우는 최고의 방법은 물속으로 직접 뛰어드는 것이라고 그들은 가르쳤습니다. 사랑은 진지한 탐구의 대상이 아니라 가벼운 감정의 유희라면서 말입니다.

반대로 사랑의 회의주의자들은 사랑은 배울 가치가 없다고 가르쳤습니다. 그들은 사랑의 '비가悲歌'를 읊조리며, 삶의 모든 고통과 비극이 사랑에서 시작된다고 믿습니다. 홀로 마음 졸이는 짝사랑의 고통, 서로의 소중함을 망각하는 권태의 고통, 타인에게 예속되는 굴종의 고통, 세상에 금지당한 낭만적 사랑의 고통, 그리고 그 모든 고통에서 생겨나는 끔찍한 비극들을 관조하면서 말입니다. 그들은 사랑하는 연인들의 비극을 예상하거나 삶의 모든 비극 속에서 '사랑'의 모티프를 발굴하는 천재적인 상상력을 가지고 있습니다. 고독을 예찬하는 겉멋을 부리며 말입니다. 하지만 고통이 두려워 사랑을 부정하는 것은 마치 탈모가 두려워 항암치료를 거부하는 것과 같습니다. 중요한 것은 비극의 근원을 치유하는 것이지 사랑 자체를 거부하는 것은 아닐 테니 말입니다.

하지만 프롬의 『사랑의 기술』은 모순적으로 바로 그런 사람들, 사랑을 배울 '필요'가 없다고 여기는 관능주의자들이나 배울 '가치'가 없다고 여기는 회의주의자들을 위한 책입니다. 우리의 흔한 모습이지요. 관능주의자들은 사랑의 기술을 '유혹의 기술'로 착각합니다. 하지만 그것은 '사랑받는' 기술이지 '사랑하는' 기술이 아닙니다. 획득이 목적인 사랑은 획득이 종말인 사랑이니 말입니다. 그런 사랑은 상대의 소유나 성적인 쾌락을 위한 일시적인 미끼일 뿐입니다. 거기시 사랑의 모든 고통도 시작되는 법입니다. 하지만 사랑으로 삶을 만끽하는 사람도, 삶을 비관하는 사람도 있으니 사랑 자체는 희극도 비극도 아닐 것입니다. 문제는 사랑 자체가 아니라 사랑에 대한 우리의 무지입니다.

프롬이 말하는 사랑의 기술은 그들이 생각하는 유혹의 기술(완료형으로서의 사랑)이 아니라 스스로 사랑하는 기술(진행형으로서의 사랑)입니다. 그러한 의미에서 프롬은 '사랑의 기술'을 완료형으로서의 고정된 명사 "The Art of Love"가 아니라 지속적이고 능동적인 과정의 동명사 "The Art of Loving"으로 표현하고 있습니다. 프롬은 그들의 사랑은 왜 일시적일 수밖에 없는지, 그리고 왜 고통일 수밖에 없는지를 되묻습니다. 오늘날 시중에 널린 수많은 사랑의 처세술은 사랑의 본질과 목적을 묻지 않습니다. 오로지 획득의 방법만을 묻습니다. 그래서 목적을 이루자마자 무의미와 권태에 빠지고 맙니다. 쇼펜하우어의 표현을 빌리자면, 그들의 사랑은 "욕망의 고통과 무의미의 권태 사이를 오가는 시계추"와 같습니다.

그래서 프롬은 묻습니다. ① 우리는 왜 사랑을 배우려 하지 않는가? ② 우리는 왜 사랑하려고 하는가? ③ 우리는 왜 진정한 사랑에 실패하는가? ④ 진정한 사랑이란 무엇인가? ⑤ 진정한 사랑의 기술은 무엇인가?『사랑의 기술』은 이 다섯 질문에 대답하고 있습니다. 오늘은 그 대답을 경청하면서, 지금 우리의 사랑은 얼마나 건강한지 함께 자기 진단하는 시간을 갖도록 하겠습니다.

왜 사랑을 배우려 하지 않는가?

아리스토텔레스가 말하듯이, 우리 삶의 작은 목적들이 향하는 최고 목적(최고선)은 '행복'입니다. 어떠한 욕망도 행복과 무관하지 않습니다. 그리고 그 행복에는 의식하든 않든 '사랑'의 욕망이 도사리고 있습니다. 우리가 훌륭한 교육을 받고, 전문적인 직업을 갖고, 풍족한 소득을 얻고, 근사한 거처를 마련하는 데 온 삶을 바치는 데도 사랑하는 사람과의 합일에 대한 암묵적인 희망이 있습니다. 그렇지 않다면 우리는 시시포스[3]에게 내려진 지옥의 형벌, 즉 무의미한 고통이 끝없이 반복되는 삶의 부조리를 견디지 못할 것입니다. 그럼에도 우리는 목적에 이르는 수단에만 관심을 가질 뿐 정작 사랑 자체에 대한 '본질 물음'은 잊고 살아갑니다. 그래서 잃기 위해 얻는 부조리한 사랑을 되풀이하는 법입니다. '고향 상실'이라 불러도 좋고, '존재 망각'이라 불러도 좋을 '도구적 이성'의 병폐는 일상적인 사랑의 문제에도 예외 없이 적용됩니다. 그렇다면 우리는 왜 사랑을 배우러 하지 않는 것일까요? 프롬은 그 이유를 세 가지로 추립니다.

첫째는 사랑은 하는 것이 아니라 받는 것이라는 생각입니다. 우리는 어려서부터 '사랑받는 법'에 길들어 있습니다. 마치 순진한 어린아이나 순종적인 노예처럼 우리는 타인의 사랑과 인정을 갈구합니다. 그래서 우리는 '매력적인 사람의 일곱 가지 특징', '이성을 마음을 사로잡는 대화의 기술', '품격 있고 우아한 사람들의 행동양식'과 같은 외적인 처세술에 빠져듭니다. 재산을 모으고, 외모를 가꾸고, 유쾌한 성격과 재미있는 대화술을 갖추고, 거기다 겸손의 미덕까지 갖추면 금상첨화라는 등이 그런 발상입니다. 하지만 그 모든 것은 '사랑받는 법'이지 '사랑하는 법'이 아니라고 프롬은 가르칩니다.

둘째는 사랑은 물물교환과 같은 거래라는 생각입니다. 경제학적 사고에 중독된 사람들은 자신의 인격과 사랑마저도 비용 대 편익의 계산 아래 둡니다. 자신의 상품 가치를 높이면 등가의 상대를 만날 수 있다는 공정거래의 관점이 그것입니다. 그들은 결혼 시장에서 거래되는 값비싼 '상품'으로 자신을 가공합니다. 루카치^{Georg} ^{Lukács}가 말한 '사물화^{Verdinglichung}'4 개념은 사랑의 문제에도 예외 없이 적용됩니다. 정육업자가 쇠고기의 육질에 등급 도장을 찍어 대듯이, 결혼 정보 업체들은 구혼자의 재산에 인격 등급을 찍어 대고 있으니 말입니다. '결혼 시장'이라는 말이 우리에게 낯설지 않은 것은 그런 거래의 사랑이 일상이 된 까닭입니다. 우리는 그 시장 안에서 사업의 파트너(경제적 공동체)를 구하듯이 사랑의 대상을 탐색합니다. 구혼자들은 자신의 경제학적 효능에 버금가는 대상 혹은 능가하는 대상과의 계약을 성공적인 거래로 여깁니다. 하지만 그들은 거래 이후의 삶을 계산하지 않습니다. 그래서 성공적인 거래가 비극적인 파산을 맞는 경우도 허다합니다.

셋째는 사랑은 첫눈에 반하는 황홀한 감정이라는 생각입니다. 우리는 흔히 사랑을 감정의 영역에서 일어나는 우발적인 사건으로 생각합니다. 누군가는 사랑에 운명과 필연이라는 무거운 의미를 덧붙인다면, 그들은 사랑을 깃털처럼 가벼운 놀이로 생각합니다. 사랑은 외부의 자극에 수동적으로 반응하는 기계적인 작용이라고 말입니다. 하지만 사랑이 그런 황홀하고 격동적인 감정이라면, 오래된 연인이나 부부는 결코 사랑할 수 없을 것입니다. 프롬은 그런 황홀한 감정은 성적인 외로움의 표현일 뿐이라고 말합니다. 우리는 그 속뜻을 플라톤의 대화편 『파이드로스』에 나오는 뤼시아스Lysias의 말에서 발견할 수 있습니다. 뤼시아스는 황홀한 감정에 빠져 열렬히 덤벼드는 감정적이고 충동적인 사람을 경계하라고 가르칩니다. 일시적인 감정은 사랑과 성욕의 혼동에서 비롯한 것이며, 성욕이 충족되면 사랑의 감정도 자취를 감춘다고 말입니다. 그래서 그는 "나를 사랑하지 않는 사람을 사랑하라"고 가르칩니다. 한결같은 차분함 속에서 나의 지혜를 성장시켜 주는 배울 만한 사람을 사랑해야 한다고 말입니다.[5]

우리가 연애나 결혼에 계속해서 실패하는 이유는 사랑의 기술을 배운 적이 없기 때문입니다. 그리고 그 이유는 앞선 세 편견 때문입니다. ① 사랑은 받는 것이다. ② 사랑은 물물교환이다. ③ 사랑은 황홀한 감정이다. 그럼에도 우리는 실패의 책임을 언제나 상대의 결함이나 결점에서 찾으면서 자신의 무지를 은폐합니다. 상대를 바꾸면 문제도 해결되리라 믿으면서 말입니다. 하지만 반복된 실패의 경험이 가르치듯이, 사랑은 '관계'의 문제이므로 한 항인 자신이 변하지 않으면 관계 자체도 변할 수 없습니다. 그리고 우리가 바꿀 수 있는 것은 상대가 아니라 자신뿐입니다. 사랑은 관계의 균열 속에서 자신을 수정해 나가는 지속적인 자기성찰과 자기성장의 과정입니다. 『사랑의 기술』은 그 과정에서 우리가 따라야 할 마음의 대도를 가르칩니다.

왜 사랑하려고 하는가?

그렇다면 우리는 왜 사랑하려는 것일까요? 프롬은 그 이유를 '분리불안'의 개념으로 풀어갑니다. 분리불안이란 불확실한 세계에 홀로 고립되어 있을 때 느끼는 불안감입니다. 마치 어린아이가 어머니의 품에서 멀어지면 막연한 불안감에 울음을 터뜨리는 것처럼 말입니다. 불확실함은 예측하거나 통제할 수 없는 미지의 불안입니다. 우리는 대상에 대한 공포를 두려움으로, 대상이 없는 공포를 불안으로 규정합니다. 눈앞의 시험은 두렵지만 막연한 죽음은 불안한 것처럼 말입니다. 그러한 의미에서 분리는 불안입니다. 어린 시절에 우리는 아버지의 넓은 어깨나 어머니의 포근한 품에서 분리불안을 극복합니다. 하지만 부모와 분리된 성인은 공포를 스스로 극복해야 합니다. 그래서 등장한 것이 문명입니다. 문명의 대명사인 종교와 과학은 분리불안을 극복하려는 생존의 발명품입니다. 종교가 신을 아버지의 대용물로 삼고 안식을 추구하는 방식이라면, 과학은 세계의 불확실함을 제거하여 불안에서 벗어나는 방식입니다. 문명은 분리불안을 극복하려는 인간의 자구책입니다.

> 분리는 격렬한 불안의 원천이다. 『성서』의 아담과 하와의 이야기가 보여 주듯 분리는 수치심과 죄책감을 불러일으킨다. … 남자와 여자가 자기 자신과 서로를 알게 된 다음, 그들은 분리되어 있고, 그들이 서로 다른 성에 속하는 것처럼 서로 다르다는 것을 알게 된다. 그들은 서로 분리되어 있다는 것을 인정하면서도 서로 사랑하는 법을 배우지 못했기 때문에 남남으로 남아 있다. 인간이 분리된 채 사랑을 통해 다시 결합하지 못하고 있다는 사실의 인식, 이것이 수치심의 원천이다. 동시에 이것은 죄책감과 불안의 원천이다. 그러므로 인간의 가장 절실한 욕구는 이러한 분리 상태를 극복해서 고독이라는 감옥을 떠나려는 욕구다.[6]

프롬은 고독의 감옥(분리불안)에서 탈출하려는 일상인들의 그릇된 방식을 크게 세 범주로 나누어 설명합니다.

첫째는 분리의 고통을 망각하는 '도취'입니다(자기 망각). 도취는 강렬한 자극을 통해 외부세계나 타인과의 황홀한 일체감에 빠져드는 가장 손쉬운 방식입니다. 그중 하나가 술이나 마약입니다. 그것은 고통을 다스리는 마취제이지 불안을 잊게 하는 환각제입니다. 술은 자아의 경계를 허뭅니다. 자아의 경계가 사라지면 내면과 외면의 가식적인 분리도, 자아와 타인의 심리적인 거리도 사라집니다. 그래서 억눌린 자신과도, 소원한 타인과도 일체감을 느끼게 되는 것입니다. 술자리에서 과도한 솔직함과 대담한 친밀감을 남발하는 것도 그런 까닭입니다. 또 하나는 즉흥적인(사랑 없는) 섹스입니다. 사람들은 흔히 성욕을 생물학적 충동으로 이해하지만(육체적인 쾌락), 그 밑바탕에는 고독의 불안에서 벗어나려는 심리학적 충동이 깔려 있다는 것입니다(정신적인 만족). 하지만 그 둘은 고통을 망각하는 방식일 뿐입니다. 고통을 외면한다고 고통이 사라지지 않는 것처럼, 일시적인 도취는 이후 더 큰 고독과 불안을 몰고 옵니다. 진정으로 필요한 것은 환부를 다스리는 대중요법이 아니라 그것을 덜어 내는 수술요법입니다.

둘째는 타인을 모방하는 '동화'입니다(자기부정). 이는 자신을 부정함으로써 타인과 하나 되는 방식입니다. 타인과의 거리를 없애기 위해 그들과 의견의 일치를 이루는 것입니다. 현대 사회는 개인들에게 동일한 욕구와 개성을 가진 원자가 되기를 원합니다. 시장의 생산 효율성을 위해서는 욕구의 규격화가 필요하고, 정치의 통치 효율성을 위해서는 개성의 표준화가 필요하기 때문입니다. 그러면서도 각자가 자신의 욕망에 따라 살아간다는 환상을 심어 줍니다. 마치 답이 정해진 사지선다형 문제를 풀면서도 자신의 생각을 자유롭게 표현한다는 그런 착각 말입니다. 오늘날 너도나도 맹종하는 여행의 욕구도 그것입니다. 상업적으로 강요된 욕구임에도 우리는 그것을 자신의 고유한 욕구로 착각합니다. 여행이 인생의 궁극 목적인 것처럼, 그것이 심오한 진리를 가르치는 것처럼 숭배하면서 말입니다. 프롬은 사회체제가 정해 놓은 역할과 관습에 맹목적으로 동조하거나 타인의 삶을 전체적으로 모방하는 그런 유형의 인간을 '자동인형Automaton'이라고 비판합니다. 정해진 원리에 따라 한 치의 어긋남도 없이 움직이는 기계 같은 인간이라고 말입니다. 그뿐만 아니라 개인도 분리와 책임의 고통보다 부자유한 동조를 선호하는 '전체주의'의 경향을 갖고 있습니다.[7] 중요한 결정의 순간마다 여론에 '동조'하거나 권위에 '복종'하는 심리적 경향이 그것입니다. 하지만 그러한 동질화는 자신의 독립성을 저버린 노예의 삶에 불과합니다. 진정한 합일은 모두가 같아지는 '동화'가 아니라 다름이 한 데 어울리는 '융합'입니다.

셋째는 노동을 통한 세계의 '창조'입니다(자기외화). '창조' 역시 인간이 가진 신의 형상(신적인 능력)입니다. 신이 자신의 관념으로 세계를 창조하듯이, 인간은 자연을 가공하여 문명을 창조합니다. 물론 신은 손쉬운 '말'로 창조하고 인간은 땀 흘리는 '노동'으로 창조한다는 차이가 있지만 말입니다. 인간은 노동을 통해 자신의 관념을 세계 속에 실현합니다. 우리는 그러한 관념의 객관화를 '외화

Entaußerung'라고 부릅니다. 건축가가 대지에 신전을 건설하고, 조각가가 바위로 석탑을 제작하고, 목수가 나무로 가옥을 짓고, 농부가 개간한 땅에 농사를 짓는 것 모두가 창조적 활동입니다. 창조된 세계는 나의 관념이 객관화된 세계이니 그 세계와 나의 관계는 나와 나의 관계입니다. 그 세계 속에서는 어떤 낯섦(분리)도 존재하지 않습니다. 자동차를 직접 설계한 제작자와 그것을 구매하여 사용하는 운전자가 자동차에 느끼는 소외감이 다르듯이 말입니다. 하지만 그것은 세계나 사물과의 합일이지 인간과의 합일이 아닙니다. 그러한 의미에서 이 또한 노동을 자신의 본질로 삼는 노예의 자유에 불과합니다. 세계와 합일하는 노동이 아니라 인간과 융합하는 사랑이야말로 분리불안에서 벗어나는 진정한 화해의 방식입니다.

고독을 극복하는 그릇된 세 방식

① 분리를 망가하는 '도취' → 자기망각 → 일시적 자유
② 타인을 모방하는 '동화' → 자기부정 → 의존적 자유   일시적 극복
③ 세계를 제작하는 '창조' → 자기외화 → 노예적 자유

프롬은 분리불안을 극복하는 완전한 합일은 자기망각, 자기부정, 자기외화의 방식이 아니라 인간과 인간이 결합하는 '사랑'이라고 말합니다. 일시적인 합일이 아니라 지속적인 안정을 갖기 위해서는 각자의 독립성을 유지하면서도 함께 결합할 수 있는 '사랑'의

관계가 필요합니다. 그는 그것을 '독립(따로)과 통합(함께)의 역설'라 부릅니다. 이는 매우 신비로운 통일입니다. 사람들은 흔히 사랑은 각자의 개성을 지양하고, 두 인격이 한 인격으로 통일되는 과정이라고 생각합니다. 갈등의 뿌리가 되는 차이를 줄여 언젠가는 영원한 평화에 이르러라는 상투적인 주례사처럼 말입니다. 하지만 그런 같음의 강박이야말로 진정한 갈등의 뿌리입니다. 같을 수도 없고, 같아질 수도 없는 두 인격을 어떻게든 얼버무리려는 그런 순진한 생각이 '사랑의 전쟁'을 일으키는 것입니다. 서로가 자신을 '같음'의 기준으로 삼는 자기중심성은 서로의 '다름'을 부정하는 인정투쟁을 낳고, 그 투쟁은 한 편의 굴종적인 예속과 한 편의 폭력적인 지배로 끝납니다. 가학적인 주인과 피학적인 노예의 관계로 말입니다. 그러한 일방적이고 획일적인 통일은 서로의 성숙을 가로막는 파괴적인 관계일 뿐입니다. 도리어 프롬은 그 반대를 가르칩니다. "홀로(따로) 있을 수 없다면 사랑할 수 없다." 건강한 사랑은 둘이면서 하나로, 하나면서 둘로 머무는 다름의 융합이라고, 다름을 유지하는 것이 서로의 인격에 대한 진정한 존경이자 공존의 원리라고 말입니다. 그러한 의미에서 프롬이 말하는 사랑은 '홀로'와 '함께'가 공존하는 '독립과 통합의 역설'입니다.

성숙한 사랑은 개성을 유지하는 상태의 합일이다. 사랑은 인간을 타인과 결합하는 능동적인 힘이다. 사랑은 서로의 고유한 개성을 허락하면서도 서로를 고립과 분리에서 벗어나게 하는 통합의 과정이다. 그러한 의미에서 사랑은 두 존재가 하나이면

서도 둘로 남아 있다는 역설이다.[8]

프롬이 말하는 '독립과 통합의 역설'은 헤겔이 『정신현상학』의 (흔히 "주인과 노예의 변증법"으로 불리는) "지배와 예속Herrschaft und Knechtschaft" 부분에서 선언한 인륜적인 통일의 원리를 공유하고 있습니다. 두 개인의 진정한 통일은 지배(길들임)와 예속(길들여짐)과 같은 일방적이고 비대칭적인 관계가 아니라 서로의 독립성을 존중하는 '상호인정'의 관계에서 완성된다는 것이 그것입니다.[9] 인간관계에서 자신이 주도권을 행사하려는 인정투쟁의 양상을 헤겔은 가장 저급한 단계의 주체들로 묘사합니다. 자기중심성에 매몰되어 상대를 한낱 지배의 대상으로 여기는 그러한 태도는 인간관계 자체를 불가능하게 합니다. 『정신현상학』은 자신밖에 모르는 그러한 배타적인 주체가 타인을 긍정하는 관계적인 주체로 거듭나는 과정을 변증법적으로 그리고 있습니다. 그것이 그 유명한 "주인과 노예의 변증법"입니다.

거기서 핵심적인 역할을 하는 것은 '주인의 모순'을 서로가 돌아가며 자각하는 것입니다. 간단히 말해 주인은 노예를 지배한다고 생각하지만, 그를 주인으로 만든 것은 노예의 인정입니다. 따라서 노예가 '주인의 주인'이라는 것입니다. 그런 자각은 주인과 노예의 관계를 역전시킵니다. 이제 노예가 주인의 주인이 되고, 주인이 노예의 노예가 됩니다. 하지만 그 단계에서도 주인은 노예의 인정에 의존하고 있습니다. 상대의 인정 없이는 주인일 수 없으니 말입니다. 그 관계의 본질을 서로가 깨달으면, 서로는 상대를 자신의 주인으로 섬기면서 동시에 주인으로 섬김받는 단계, 서로가 상대의 노예이면서 동시에 주인이 되는 '상호인정'의 단계, 달리 말해 서로의 다름을 존중하는 가운데 각자의 다름이 존중받는 진실한 사랑의 관계에 이른다는 것입니다. 그는 서로의 독립성(개별성)을 인정하는 그러한 통일성의 원리를 "나인 우리, 우리인 나Ich, das Wir, und Wir, das Ich ist"라고 표현합니다. 자기중심적인 개인들이 자신의 욕구를 뒤로 하고, 상대의 욕구를 위해 헌신하는 가운데 서로의 존재를 인식하는 평화로운 공존의 원리가 인간관계의 최고 단계라고 말입니다.

> 자기의식이 자기의식에 대해 있다. 이를 통해 비로소 자기의식이 실로 존재한다. 왜냐하면 그럼으로써 비로소 자신의 타자 존재 속에서 자기 자신과의 통일이 자기의식에 대해 생성되기 때문이다. … 이로써 우리에게 정신의 개념이 현존한다. … 정신은 대자적으로 존재하는 상이한 자기의식들이라는 자신의 대립이 지닌 완전한 자유와 자립성 속에서 그것들의 통일인 절대적 실체, 즉 나인 우리이자 우리인 나다.[10]

앞서도 언급했듯이 그런 인류적인 통일(성숙한 사랑)은 단번에 이뤄지지 않습니다. 서로가 상대의 주인이 되려는 미숙한 개인은 '생사를 건 인정투쟁(주도권 싸움)'에 빠져들며, 그 결과 '주인과 노예'의 관계에 고착되고 맙니다. 프롬은 그러한 비대칭적인 관계를 '상호의존적 통일', 즉 '공서적인 사랑Symbiotic Love'이라 부릅니다. 공서적인 사랑은 플라톤의 『향연』에 등장하는 아리스토파네스의 견해를 닮았습니다. 그는 사랑을 자신의 결함을 보완하려는 상호의존적인 욕구로 표현합니다.[11] 애초에 인간은 남녀일체의 완전한 존재였으며, 그들의 온전함을 질투한 신이 그를 둘로 절단했다는 신화를 빌어서 말입니다. 남녀 간의 사랑이란 홀로는 온전한 수 없는 남성과 여성이 서로의 온전함을 위해 잃어버린 자신의 반쪽을 찾아 헤매는 것이라고 말이지요. 공서적인 사랑에서 수동적인 측면은 피학대 음란증인 '마조히즘'이며, 능동적인 측면은 가학성 음란증인 '사디즘'입니다.[12] 마조히즘과 사디즘은 상대 없이는 홀로 성립할 수 없는 의존적인 관계의 대명사입니다.

하지만 홀로 설 수 없어서 서로 기대는 것이 진정한 사랑일까요? 홀로 설 수 있음에도 나란히 함께 손잡는 것이 진정한 사랑일까요? 신에 대한 사랑도 마찬가지입니다. 믿어야만 해서 믿는 신앙이 건강한 신앙일까요? 믿지 않을 수 있음에도 믿는 신앙이 건강한 신앙일까요? 프롬은 상대를 통해 자신의 결핍을 채우려는 그런 의존적인 통합을 사랑의 왜곡된 형태로 봅니다. 진정한 사랑의 조건은 '의무적인 구속'이 아니라 '자유로운 결단'입니다. 요즘 말로 하자면 '헤어질 결심'이라고나 할까요? 누군가는 그것을 '이혼 가능성'이라고도 부르더군요. 이혼하라는 것이 아니라 그것이 건강한 관계의 비밀이라고 말입니다. 헤어짐이 두려운 사랑은 구속과 굴종을 낳고, 헤어짐이 불가한 사랑은 강제와 억압을 낳습니다. 하지만 헤어질 수 있음에도 매일 같이 함께하기를 결단하고 동의하는 자유로운 사람에게는 매일이 첫날처럼 새롭기만 할 것입니다. 이

처럼 자유롭지만 위태하지 않은 사랑, 그것이 '독립과 통합의 역설'
에 담긴 심오한 메시지입니다.

왜 진정한 사랑에 실패하는가?

앞서 언급했듯이 우리는 사랑을 받는 것이나 황홀한 감정으로
이해합니다. 하지만 프롬은 진정한 사랑은 '받는 것(수동적인 활동)'
이 아니라 '주는 것(능동적인 활동)'이라고 거듭 강조합니다. 계산적
인 사람은 '준다는 것'을 욕망의 대상을 구매하는 '거래'나 더 많은
이익을 기대하는 '투자'로 이해합니다. 그들은 대가 없이 주는 것
을 '낭비'라고 생각하고, 되돌려주지 않는 것을 '사기'라고 생각합
니다. 하지만 그것은 주는 것이 아니라 구하는 것입니다. 그들은
상대를 사랑하기보다 자신의 욕망을 사랑합니다. "자신의 인격과
다른 모든 사람의 인격을 언제나 목적으로 대우하라"는 칸트 윤리
학의 정언명령이 무색할 만큼 자본주의의 인간관계는, 심지어 사
랑의 관계마저도 서로가 서로를 자기 욕망의 수단으로 삼는 '매춘'
의 관계를 닮았습니다.[13]

현대인은 자기 자신, 동료, 자연으로부터 소외되어 있다. 그는
상품으로 변하고, 현재의 시장조건 아래서 최대의 이익을 가
져올 수 있는 투자로서 자신의 생명력을 경험한다. 인간관계는
근본적으로 소외된 자동기계 같은 관계가 된다. … 자동기계는

사랑할 수 없다. 자동기계는 '인격이라는 상품'을 교환하거나 공정한 거래를 희망할 수 있을 뿐이다.[14]

거래의 관점에서 사랑은 자기욕망의 충족을 위한 기회비용입니다. 사랑은 성적 쾌락을 위한 번거로운 대가입니다. 그러한 사랑의 유효 기간은 비용 대 편익의 등가가 더 이상 성립하지 않는 지점, 달리 말해 성적 쾌락이 유혹의 비용을 초과하지 못하는 권태의 순간까지입니다. 그들은 비용의 효율성을 위해 끝없이 새로운 투자 대상을 물색합니다. 마치 주가의 변동에 따라 사고팔기를 반복하는 단기 투자자들처럼 말입니다. 사랑은 섹스의 쾌락을 위한 기회비용일 뿐이라는 프로이트의 범성욕적 사랑관이 거기에 속합니다. 그에 따르면 사랑의 궁극 목적은 성적 쾌락입니다. 그래서 성적 쾌락이 금지된 사랑을 그는 '목적이 저지된 사랑'이라고도 부릅니다. 그런데 섹스가 궁극 목적이라면 사랑이라는 기회비용은 굳이 왜 필요한 것일까요? 그에 따르면 사랑 없는 섹스는 낯선 상대에 대한 공포심으로 불감증이나 발기부전을 일으킬 수 있기 때문입니다. 그러니 성공적인 성적 쾌락을 위해서는 번거롭더라도 황홀한 섹스를 위한 심리적 친밀감이 필요하다는 논리입니다.[15]

하지만 그들에게 섹스는 상대와의 융합의 욕구나 사랑의 구체적 확인을 위한 정신적인 행위가 아닙니다. 굳이 정신적 만족을 위해 섹스를 하는 것은 아니지만 정신적인 만족은 육체적인 쾌락보다 지속적입니다. 프로이트가 섹스를 사랑의 목적으로 본다면, 프롬은 섹스를 사랑의 부산물로 봅니다. 성공적인 섹스를 위해 사랑이라는 비용을 지출하는 게 아니라 성공적인 사랑에는 섹스가 뜻하지 않은 선물처럼 자연스레 주어진다는 것입니다. 또한 프로이트는 성적 욕구의 안정적인 충족이 신경증을 예방한다고 주장하지만, 프롬은 끝없는 성욕의 추구가 도리어 지속적인 신경증(분리불안)을 유발한다고 반박합니다. 물론 현실의 사랑은 프로이트의 견해를 더욱 닮았습니다. 사랑이란 성욕의 문명화된 표현양식이라는 견해를 말입니다. 하지만 그렇다고 현실(사실)이 언제나 옳은 것(당위)은 아닙니다. 그러한 세속의 절대화(철학의 상실)는 초월의 이상을 마비시킵니다. 프롬은 현실적 사랑에서 이상적 사랑으로 비행합니다. 이를 위해 그는 먼저 현실에서 일어나는 그릇된 사랑의 세 형태를 분석합니다.

첫째는 우상 숭배적 사랑입니다. 그것은 사랑하는 사람을 신격화하고, 그를 위해 자신의 모든 것을 희생하거나 그의 뜻대로 복종하는 그릇된 신앙의 형태를 닮았습니다. 낭만적인 드라마나 소설은 그런 행태를 숭고한 사랑으로 묘사하기도 하지만 그것은 주인에 대한 노예의 사랑, 자신의 독립성과 자립성을 부정하는 예속적인 사랑에 불과합니다. 그러한 우상숭배는 '소외Entfremdung'의 한 형태기도 합니다. 자신이 상대에게 특별한 가치를 투사해 놓고 그 사실을 망각한 채 상대 자체를 신적인 존재로 섬기기 때문입니다. 마치 큰 바위에 인간이 전설과 신성을 부여해 놓고는 그 앞에서 무릎 꿇고 기도하는 종교의 소외처럼 말입니다. 그런 자기 부정적인 소외는 사랑을 처음 경험하거나 첫눈에 매료된 상대에게 자신을 산 제물로 바치는 것과 같습니다. 하지만 그러한 환상은 친밀함과 동시에 실망감으로 돌아서게 됩니다. 그러면 새롭게 숭배할 대상을 또다시 찾아나서게 됩니다. 사랑을 무조건적인 숭배로 여기는 그러한 태도는 앞서 말한 피학대 음란증인 '마조히즘'의 또 다른 형태라 할 수 있습니다. 그것은 예속과 복종에서 즐거움을 느끼는 자기학대의 쾌락이니 말입니다.

둘째는 감상적 사랑입니다. 그것은 사랑에 대한 과도한 동경입니다. 영화나 드라마 그리고 노래가사에 나오는 환상의 사랑에 물든 사람은 지극히 평범하고 때로는 지루한 현실의 사랑을 받아들이기 힘듭니다. 죽음도 불사하는 맹목적인 사랑, 시한부 인생의 안타까운 사랑, 신분과 계급을 초월한 낭만적인 사랑을 현실에서 찾기란 어렵습니다. 그래서 그들은 계속해서 환상의 사랑을 소비합니다. 그들은 사랑의 구경꾼입니다. 감상적 사랑의 또 다른 형태는 과거나 미래의 사랑을 동경하는 것입니다. 과거의 사랑에 대한 추억이나 미래의 사랑에 내한 기내가 지나치먼 현재의 사랑이 들어설 자리가 없습니다. 마치 아메리카 원주민의 옥수수 이야기처럼 말입니다. 그들에게는 혼기에 찬 처녀가 옥수수밭에 들어가 가장 탐스러운 옥수수를 따오면 그만큼 멋진 배우자를 만난다는 전설이 있었다고 합니다. 다만 지나온 길은 되돌아갈 수 없고, 옥수수는 하나만 딸 수 있다는 규칙이 있었습니다. 신중한 처녀들은 어떤 선택을 했을까요? 예상할 수 있듯이, 그녀들은 더 좋은 옥수수가 있으리란 기대로 눈앞의 탐스러운 옥수수를 모두 놓치고는 결국 볼품없는 마지막 옥수수를 따고서 땅을 치며 후회했다는 것입니다. 이처럼 과거에 대한 미화된 추억과 미래에 대한 낭만적 기대는 눈앞의 소중한 사람을 볼품없게 만드는 최고의 방법입니다.

셋째는 투사적 사랑입니다. 그것은 관계의 갈등이 발생했을 때, 문제의 책임을 언제나 타인에게 전가하고 비난하는 태도입니다. 프롬이 말하는 사랑의 기술이란 가치관이나 관점이 다른 두 사람이 만나 평화로운 관계를 지속하는 기술입니다. 하지만 현실의 사랑은 앞서 말했듯이 자신을 절대화하는 두 사람이 벌이는 '인정투쟁'의 형태를 띠고 있습니다. 우리가 추구하는 통일은 프롬이 말하는 '독립과 통합의 역설'이 아니라 '지배와 예속의 모순'입니다. 서로가 길들이기를 하는 것입니다. 거기에는 상대의 다름과 결점을 포용하는 자기 성장이나 자기 성숙의 욕망이 없습니다. 그러한 갈등은 서로의 인격을 모독하여 씻지 못할 흠집만 남깁니다. 서로의 인격을 모독하는 관계에서 서로는 상대를 모독함으로써 자신이 우위에 서려는 파멸의 악순환을 끝없이 반복합니다. 한편이 비굴하게 복종하지 않는 한 그 투쟁은 끝나지 않습니다. 이는 앞서 말한 가학적 음란성인 '사디즘'의 전형적인 형태입니다. 그것은 지배와 착취에서 즐거움을 느끼는 일방적인 타자 학대의 쾌락이니 말입니다.

그들은 자신의 결점을 교정하기보다 상대의 결점만을 낱낱이 비판하고 고치려 든다. 정작 자신의 결점은 무시한 채 말이다. 마치 자신이 이루지 못한 꿈을 자녀들로 대신 이루려는 부모들처럼 그들은 항상 상대를 비난하고 개조하기에 바쁘다. 하지만 자신의 결점을 방기하는 그런 방식으로는 결코 서로 성장하고

성숙하는 사랑의 관계를 이룰 수 없다.[16]

<table>
<tr><td colspan="3">그릇된 사랑의 세 형태</td></tr>
<tr><td>① 상대를 신격화하는 '숭배적 사랑' → 자기 부정(피학) → 실망</td></tr>
<tr><td>② 사랑을 낭만화하는 '간상적 사랑' → 현실 부정(도피) › 실패</td></tr>
<tr><td>③ 자신을 절대화하는 '투사적 사랑' → 타자 부정(가학) → 폭력</td></tr>
</table>

진정한 사랑이란 무엇인가?

하지만 프롬은 사랑을 주는 것이야말로 자신의 잠재력을 인식하는 최고의 방법이라고 말합니다. 진정한 사랑은 상대의 기쁨을 위한 헌신 속에서 자신의 가치를 발견하는 역설이라고 말입니다. 자기 부정(타자 긍정)을 통한 자기 긍정의 논리는 사랑의 관계에도 어김없이 적용됩니다. 사랑은 선물을 주는 마음처럼 되돌려 받음을 고려하지 않고, 상대의 기쁨 속에서 자기 존재의 잠재력을 발견하는 헌신입니다. 인간은 관계적 존재입니다. 나의 행복과 상대의 행복을 결정하는 재판정은 '나'와 '너'가 아니라 '관계'입니다. 관계적 존재로서의 나는 사랑을 준다고 해서 손해 보는 것이 아닙니다. 그것은 상대를 위한 것임과 동시에 나를 위한 것입니다. 나는 상대의 기쁨에서 기쁨을 느낍니다. 상대의 기쁨은 내 존재의 가치를 밝혀 주는 환희의 장소입니다. 그것이 주는 사랑의 기쁨입니다. 그런 사랑의 관계에서 상대의 감정과 나의 감정은 항상 같은 길을 걷습니다.

> 주는 것은 잠재적 능력의 최고 표현이다. 준다고 하는 행위 자체에서 나는 나의 힘, 나의 부, 나의 능력을 경험한다. 고양된 생명력과 잠재력을 경험하고, 그 안에서 커다란 환희를 느낀다. 주는 것은 박탈당하는 것이 아니며 준다고 하는 행위에는 나의 활동성이 표현되어 있기 때문에 주는 것은 받는 것보다 더 즐겁다.[17]

반대로 상대의 불쾌가 나의 기쁨이 된다면 그것은 비정상적인 관계 혹은 도착적인 관계입니다. 진정한 사랑의 관계에서는 상대의 감정과 나의 감정이 서로 소통하며 고조되는 '사다리 구조'를 띱니다. 거기서는 상대의 감정과 나의 감정이 일치합니다. 상대의 기쁨이 나의 기쁨이 되고, 나의 기쁨이 상대의 기쁨이 되는 나선형의 발전을 이뤄 가듯이 말입니다. 하지만 도착적(비정상적) 관계에서는 상대의 감정과 나의 감정이 충돌합니다. 예를 들어, 성도착Sexual Perversion의 경우(페티시즘, 관음증, 노출증, 사디즘, 마조히즘 등), 나의 감정과 상대의 감정은 불일치합니다. 나의 기쁨이 타인에게 불쾌함을 주거나 타인의 불쾌감을 매개하여 나의 기쁨을 추구하기 때문입니다. 거기서 서로의 감정은 서로 소통하거나 고조되지 않습니다. 그것이 비정상적인 혹은 부도덕한 관계의 전형입니다.[18] 진정한 사랑은 주는 사랑이며, 그것이 나의 기쁨이 되는 관계입니다.

그렇다면, 우리는 사랑하는 상대에게 무엇을 주어야 할까요? 프롬은 그것을 돌봄, 책임, 존경, 이해라고 말합니다.

사랑의 첫째 조건은 '돌봄'입니다. "만일 어머니가 자식을 충분히 보호하지 않는다면, 달리 말해 아이에게 젖을 주지 않거나 목욕시키지 않거나 편안히 해주지 않는다면, 자식을 사랑한다는 말은 허울에 지나지 않는다. 동물이나 꽃에 대한 사랑도 마찬가지다. 동물을 사랑한다면 때마다 먹이로 보살펴야 하고, 꽃을 사랑한다면 때마다 물을 주어야 한다. 그렇듯 사랑은 사랑하는 사람의 생명과 성장에 대한 적극적인 관심을 갖는 것이다."[19] 일상에서는 사랑이라는 이름으로 상대의 생명과 성장을 가로막는 경우가 허다합니다. 상대를 배타적으로 소유하기 위해 상대의 사회관계를 차단하거나 자기실현을 방해하는 경우가 그것입니다. 하지만 그것은 사랑하는 사람이 아니라 증오하는 사람을 벌하는 방식입니다. 나아가 '적극적인 관심'이란 상대의 감정과 욕구를 민감하게 경청하는 것입니다. 마치 어머니가 아이의 작은 칭얼거림에도 그의 욕구를 단번에 알아채듯 말입니다. 그렇듯 욕구의 경청에는 상대의 미세한 말과 행동에서도 욕구와 불만을 감지하는 오감의 동원이 필요합니다. 자신의 목적과 욕구에만 사로잡힌 사람은 결코 상대의 욕구를 경청할 수 없습니다.

사랑의 둘째 조건은 '책임'입니다. 책임은 상대의 '욕구'에 대한 나의 '응답'입니다. 프롬은 이렇게 말합니다. "책임Responsibility을 진다는 것은 응답response할 수 있고, 응답할 준비가 갖추어져 있다는 뜻이다. … 상대의 삶은 나의 삶이기도 하다고 생각하고, 자기 자신에게 책임을 지는 것과 마찬가지로 상대에게도 책임을 지는 것이다.”[20] 상대의 욕구를 이해했다면, 다음으로는 그 욕구에 책임 있게 응답해야 합니다. 응답의 반대는 무관심과 외면입니다. ‘착한 사마리아인 실험’[21]은 자기 관심에 매몰된 사람들은 타인의 욕구에 응답할 여유가 없다는 점을 보여 줍니다. 길거리에 곤궁에 처한 사람이 있더라도 출근 시간이나 수업 시간에 쫓기는 ‘분주한’ 사람들은 그를 외면할 수밖에 없다고 말입니다. 나의 욕구에 대한 지나친 과부하가 상대의 욕구를 외면하게 만드는 요인이라는 것입니다. 하지만 나의 여유가 상대에 대한 책임의 조건이라는 태도는 상대에 대한 외면을 정당화하는 논리에 불과합니다. 그래서 이기적인 사람에게 사랑은 분에 넘칠 만큼 어렵습니다. 헌신 없는 사랑이 허울에 불과하듯이 책임 없는 사랑도 허울에 불과하니 말입니다.

사랑의 셋째 조건은 ‘존경’입니다. “존경이 없다면, 책임은 지배와 소유로 타락하기 쉽다. 존경은 두려움이나 외경이 아니다. 존경은 그 말의 어원(respicere=바라보다)처럼 어떤 사람을 있는 그대로 보고 그의 독특한 개성을 아는 능력이다. 존경은 다른 사람이 그 나름대로 성장하고 발달하기를 바라는 관심이다. 이와 같이 존경은 착취가 없다는 의미를 내포하고 있다. … 만일 내가 다른 사람을 사랑한다면, 나는 그와 일체감을 느끼지만 이는 ‘있는 그대로의 그’와 일체가 되는 것이지 내가 이용할 대상으로서 나에게 필요한 그와 일체가 되는 것은 아니다.”[22] 존경이란 상대의 독립성과 독자성을 알아주는 ‘인정Re-cognition’입니다. 상대의 욕구와 가치를 존중하지 않으면 상대를 경청할 수도, 책임질 수도 없습니다. 아니

그럴 필요를 느끼지 못합니다. 반대로 착취는 마치 성급한 부모가 '책임' 혹은 '양육'이라는 명분으로 자녀에게 자신의 신념을 강요하듯이, 자신의 뜻대로 상대를 통제합니다. 하지만 그것은 상대를 사랑하는 것이 아니라 자신의 욕구를 사랑하는 것입니다. 응답은 상대의 욕구를 여과 없이 존중하고, 상대의 욕구를 위해 자신을 내어주는 헌신입니다. 훌륭한 부모는 자식의 독자성을 존중하고, 그것을 후원하려 자신을 헌신합니다. 자식의 성장을 자신의 기쁨으로 여기며 말입니다. 사랑은 그렇듯 상대의 기쁨을 자신의 기쁨으로 여기는 이타와 이기의 역설입니다.

사랑의 넷째 조건은 '이해'입니다. 상대의 인격을 있는 그대로 존중하면서 그와 합일한다는 것은 상대에 대한 지속적인 앎의 과정에 참여하는 것입니다. "분리라는 감옥에서 벗어나기 위해 다른 사람과 융합하려는 욕구는 '인간의 비밀'을 알려고 하는 욕망과 밀접히 연관되어 있다. … 우리가 상대의 깊이에 도달하려 하면 할수록 앎의 목표는 더욱 멀어진다. 그럼에도 우리는 인간의 영혼의 비밀에, 곧 인간의 가장 내면적인 핵심에 침투하지 않을 수 없다."[23] 사랑한다는 것Loving은 상대를 알아가는 영원한 과정입니다. 상대의 존재와 나의 인식 사이에는 무한한 균열과 잉여가 있습니다. 상대는 영원히 해소되지 않는 무한이자 신비입니다. 상대를 알아간다는 것은 사상이나 언어를 통해 상대를 개념적으로 파악하고 지배하는 과정이 아닙니다. 도리어 상대의 다름과 모름까지 넉넉히 품는 내면의 확장과 성장의 과정입니다. 그러기 위해서는 자아나 주관의 틀을 해제해야 합니다. 이제는 상대를 좀 알 것 같다는 알

곽한 확신에서 서로에 대한 실망과 갈등이 시작되니 말입니다. 도리어 넉넉한 모름이 사랑의 관계를 더욱 평화롭고 자유롭게 합니다. "오직 모를 뿐"인 마음이 해탈의 길이라는 숭산 스님의 말씀처럼 말입니다.

당신이 무언가에 걸려 있으면 무언가를 만들게 되고, 당신이 무언가에 집착하면 마음의 거울이 더러워져서 있는 그대로는 맑게 비추지 못하게 됩니다. 당신의 마음이 맑으면 그 안에는 아무것도 없습니다. 모든 것이 있는 그대로 비춰집니다. 빨간빛이면 빨갛게, 하얀빛이면 하얗게, 누군가가 슬프면 나도 슬프고, 누군가가 즐거우면 나도 즐겁습니다. 이 마음이 완전히 자유로운 마음이고, 장애가 없는 마음입니다. 그러니 당신은 '나-나의-나를'이라는 마음을 내려놓아야만 하고, 아무것도 만들지 말고, 아무것에도 걸리지 말고, 어떤 것에도 집착하지 마십시오. 오직 모를 뿐인 마음으로 곧장 나아가십시오. 이 모를 뿐인 마음이 당신이 앓는 어떤 병이라도 다 고쳐 줄 것입니다.[24]

진정한 사랑의 네 조건	
① 돌봄: 상대의 성장에 대한 아낌 없는 관심 ② 책임: 상대의 욕구에 대한 책임 있는 응답	→ 상대의 성장
③ 존경: 상대의 개성에 대한 여과 없는 존중 ④ 이해: 상대의 인격에 대한 끊임 없는 인식	→ 자신의 성장

사랑을 어떻게 배울 수 있는가?

　앞서 우리는 진정한 사랑의 조건(보호, 책임, 존경, 지식)을 다루었습니다. 마지막으로 프롬은 그런 사랑의 조건을 실천하기 위한 네 기술을 가르쳐 줍니다.

　첫째는 지속적 훈련입니다. 사랑의 기술은 운전면허증 시험처럼 단기간에 합격하고 평생토록 써먹는 단순한 자격이나 기술이 아닙니다. 아무리 훈련해도 완성과 안정을 모르는 것이 사랑의 관계입니다. 새로운 환경과 사건은 안정적인 관계에 끊임없는 균열을 일으킵니다. 상대는 나에게 늘 낯선 존재로 다가옵니다. 상대에 대한 이해는 늘 새로운 한계에 부딪힙니다. 하지만 '독립과 통합의 역설'은 그러한 한계마저 모르는 무지 속에 성립합니다. 상대의 존재 자체가 무한이라면(분모), 상대에 대한 이해(분자)가 아무리 늘더라도 그것은 결국 '무'로 수렴되게 마련입니다. 모든 것을 안다고 생각하고 훈련을 멈추는 순간, 상대의 다름은 틀림이 되고, 틀림은 나쁨이 되고, 나쁨은 혐오가 되고, 혐오는 폭력이 됩니다. 그러한 의미에서 사랑은 완전한 합일에 이르기 위한 '지속적인 과정'이자 '끊임없는 운동'입니다. 이는 자아나 주관을 내려놓고, 상대를 있는 그대로 수용하는 능력과도 같습니다. 완전한 융합이란 존재하지 않습니다. 그래서 사랑은 끝없는 훈련입니다.

　둘째는 정신의 집중입니다. "정신을 집중한다는 것은 홀로 있을 수 있는 능력을 의미한다. 내가 자립할 수 없어서 상대에게 집착한다면, 상대는 나의 생명을 위한 숙주가 되어 줄 수는 있겠지만 그러한 공서적인 관계는 사랑이 아니다. 홀로 있을 줄 알아야 사랑도 할 수 있다."[25] 앞서도 말했지만 사랑의 첫째 요건은 독립성입니다. 홀로 있을 수 없어서 서로 의존하는 '공서적인 사랑'은 서로가 서로를 기생의 숙주로 삼는 것입니다. 거칠게 말해서 그것은 기생충의 사랑입니다. 그러한 의존성이 분리에 대한 예기불안을 낳고, 그러한 예기불안이 상대에 대한 집착을 낳습니다. 하지만 그러한 집착이야말로 분리를 현실화하는 가장 확실한 방법이기도 합니다. 서로의 독립성을 훼손하는 의존과 집착은 서로의 삶을 구속하는 감옥과 같습니다. 또한 정신을 집중한다는 것은 상대의 이야기(욕구)를 경청하는 것입니다. 여기서 중요한 것은 표현된 말의 내용이 아니라 그 안에 담긴 상대의 욕구를 읽는 능력입니다. 서로가 독립적이어야 서로를 경청할 수 있고, 서로를 경청해야만 서로를 수용할 수 있으며, 서로를 수용해야만 서로를 책임질 수 있습니다. 같음을 강요하는 지배적인 관계에서는 경청 대신 명령과 가르침만 남습니다. 경청은 상대의 욕구를 있는 그대로 수용하고, 그것에 책임 있게 응답하는 대화의 관계로 나아가게 합니다.

셋째는 과정의 인내입니다. 앞서도 말했듯이 사랑의 훈련은 완전한 융합에 이르기 위한 지속적인 과정입니다. 따라서 융합의 완성 혹은 완료형의 사랑을 꿈꾸는 사람들은 끝없이 지연되는 목적 앞에 탈진하고 맙니다. 프롬은 이렇게 말합니다. "빠른 결과만을 바라면 우리는 결코 기술을 배울 수 없다."[26] "인내가 어떤 것인지 알려면 걸음마를 배우는 어린아이를 보면 된다. 넘어지고 또 넘어져도 계속해서 시도한 끝에 어린아이는 걸음마를 시작하게 된다.

인내와 정신 집중에 도달하면 모든 것을 이룰 수 있다."[27] 우리는
정신의 집중과 욕구의 경청을 다짐하면서도 훈련의 보답이 당장
주어지지 않거나 훈련의 노력을 인정받지 못하면, 상대에 대한 불
평과 비난을 쏟아 내곤 합니다. 그것은 여전히 자기중심적인 사랑
혹은 자기목적적인 사랑입니다. 받기 위해 주는 것은 거래의 관점
입니다. 그런 마음에는 인내가 깃들지 않습니다. 어린아이가 걸음
마를 위해 수천 번의 엉덩방아를 찧어야만 하듯이 사랑의 훈련도
끊임없는 좌절을 디뎌야만 합니다. 마치 먼 훗날의 열매를 희망하
며 오늘을 기쁨 속에 살아가는 농사꾼의 마음처럼 말입니다.

> 사랑은 아무런 보증 없이 자신을 내맡기고, 나의 사랑이 상대
> 의 사랑을 불러일으키리라는 희망에 완전히 몸을 내맡기는 것
> 이다. 사랑은 믿음의 작용이다. 따라서 믿음이 없는 사람은 거
> 의 사랑하지 못한다. … 내가 게으르다면, 내가 끊임없는 각성
> 과 주의와 활동의 상태에 있지 않다면, 나는 상대와 능동적으
> 로 관계할 수 없다. … 자기 자신에 대한 사랑과 타인에 대한 사
> 랑 사이에 '분업'은 있을 수 없다. 반대로 타인을 사랑하는 것은
> 자기 자신을 사랑하는 조건이 된다.[28]

넷째는 자신에 대한 민감한 관심입니다. 상대에 대한 경청과 자
신에 대한 관심이 융합될 때, 사랑을 위한 성숙한 인격은 완성됩니
다. 상대에 대한 경청이 상대의 욕구를 경청하는 것이라면, 자신에
대한 관심은 자신의 내면을 경청하는 것입니다. 이는 능숙한 운전

자가 자동차의 작은 잡음에도 문제를 깨닫는 것처럼, 능숙한 어머니가 아이의 작은 칭얼거림에도 욕구를 깨닫는 것처럼, 관계의 소음이 발생할 때, 자신의 문제를 민감하게 깨닫는 자기반성의 능력을 의미합니다. 미숙한 사람들은 갈등의 책임을 상대에게 전가하고 상대를 교정하려고만 듭니다. 매우 폭력적이고 독재적인 태도입니다. 그는 자신을 관계의 주체로, 상대를 자신이 통제할 수 있는 객체나 대상으로 다룹니다. 그것은 상대의 독립성을 인정하지 않는 유아론적 태도^{Solipsism}입니다. 그 반대는 '겸손'과 '주제 파악'입니다.

> 사랑의 능력 가운데 '자아도취'를 극복하는 것이 특히 중요하다. 자아도취의 반대는 객관화다. 온갖 형태의 정신병은 객관화의 실패에서 생겨난다. … 정신 나간 사람이나 몽상가는 외부세계에 대한 객관적인 인식을 갖지 못한다. 자신이 어린 시절에 가졌던 화려한 환상을 채워주지 못한다고 상대를 무능하고 어리석다고 비난하는 사람들이 얼마나 많은가? … 객관적으로 생각하려면 '이성'이 필요하다. 이성의 배후에 있는 정서적 태도는 겸손이다. … 사랑은 겸손, 객관성, 이성의 발달을 요구한다.[29]

상대를 내 뜻대로 조작 가능한 '대상'이 아니라 나와 동등한 '상대'로 받아들일 때, 심지어는 내가 섬겨야 할 '무한'으로 받아들일 때, 우리는 진정한 '독립과 통합의 역설'에 이를 수 있습니다. 우리가 변화시킬 수 있는 것은 오직 자신뿐입니다. 그러한 의미에서 사랑은 '교육'이 아니라 '학습'입니다. 우리는 사랑 안에서 끊임없이 배우며 자신의 인격을 다져 갑니다. 그러한 과정을 자기 부정의 고통이 아니라 자기 성장의 기쁨으로 받아들일 때, 우리의 인격도 나이테처럼 그 폭과 넓이를 견고하게 다져가게 되는 것입니다. 고독을 예찬히는 사람들은 상대외의 대화적 관게에 들어가지도, 다름의 불편함을 인내하지도, 상대의 욕구를 경청하지도, 상대의 욕구에 응답하지도 않습니다. 그는 독단과 아집의 틀에 갇히게 됩니다. 그런 줄도 모르는 위험 속에서 말입니다. 그런 무료한 평온함에는 성장의 계기가 없습니다. 사랑은 상대의 바람을 경청하며, 그 바람을 위해 나를 헌신하는 돌봄입니다. 그 속에서 상대와 나는 함께 성장합니다. 그것이 사랑이 주는 최고의 기쁨이자 선물입니다.

진정한 사랑의 네 기술

① 지속적 훈련: 완전한 융합을 위한 지속적인 노력

② 정신의 집중: 상대의 욕구에 대한 지속적인 응답

③ 과정의 인내: 실패의 과정을 통한 지속적인 성장

④ 민감한 관심: 자신의 결함에 대한 지속적인 경청

이로써 『사랑의 기술』은 대단원의 막을 내립니다. 프롬은 사랑에 대한 편견들을 하나씩 되짚어 가며 자신이 생각하는 사랑의 이상과 기술을 가르칩니다. 특히 진정한 사랑이란 '독립과 통합의 역

설'이라는 그의 통찰은 현실의 사랑을 반추하는 투명한 거울을 제
공합니다. 그럼에도 성욕을 후순위로 둔 그의 사랑 이론은 자칫 우
정 이론과 다를 바 없어 보이기도 합니다. 그렇다면 사랑과 우정의
결정적인 차이는 무엇일까요? 아울러 그가 말하는 사랑의 기술(지
속적 훈련, 정신의 집중, 과정의 인내, 민감한 관심) 외에 사랑의 관계를 이어
가는 데 필요한 덕목에는 어떤 것들이 있을까요? 프롬의 『사랑의
기술』에 자기 삶의 경험을 보태어 자신만의 사랑 철학을 마련해
보시길 권하면서 이번 강의 마치겠습니다.

함께 볼 만한 도서

라이너 풍크, 『내가 에리히 프롬에게 배운 것들』, 김희상 옮김, 갤리온, 2008.

박찬국, 『에리히 프롬의 『사랑의 기술』 읽기』, 세창미디어, 2024.

박찬국, 『에리히 프롬 읽기』, 세창미디어, 2013.

알랭 드 보통, 『우리는 사랑일까』, 공경희 옮김, 은행나무, 2025.

알랭 드 보통, 『왜 나는 너를 사랑하는가』 정영목 옮김, 청미래, 2022.

알랭 드 보통, 『낭만적 연애와 그 후의 일상』, 김한영 옮김, 은행나무, 2016.

에리히 프롬, 『삶에 사랑이 없다면, 그 무엇이 의미있으랴』, 이근오 옮김, 모티브, 2025.

에리히 프롬, 『우리는 여전히 삶을 사랑하는가』, 장혜경 옮김, 김영사, 2022.

에리히 프롬, 『사랑의 기술』, 황문수 옮김, 문예출판사, 2019.

에리히 프롬, 『여성과 남성은 왜 서로 투쟁하는가』, 부북스, 2009.

엔스 포르스터, 『에리히 프롬』, 장혜경 옮김, 아르테, 2019.

주

1   그는 1900년에 태어나서 1980년에 숨을 거둔 현대의 사회심리학자다. 그
     는 정신분석학과 사회학을 결합하여 사회심리학이라는 분과를 열어 세
     운 독창적이고 비판적인 지식인이다. 그는 1930년대에 결성된 프랑크푸
     르트학파의 일원으로 활동하였다. 대표작으로는 전체주의의 위험성을 경
     고한『자유로부터의 도피』(1941), 참다운 사랑의 관계 회복을 위한『사랑의
     기술』(1956), 자본주의의 소모적 삶의 방식을 비판한『소유냐 존재냐』(1976)
     등이 있다.

2   키르케고르는『이것이냐 저것이냐』에서 실존의 세 단계를 관능적 실존,
     윤리적 실존, 종교적 실존으로 나눈다. 그리고 관능적 실존을 다시 돈 후
     안으로 대표되는 직접적 관능주의와 요하네스로 대표되는 반성적 관능주
     의로 구분한다.

3   그리스 신화에 등장하는 시시포스에게 내려진 지옥의 형벌은 가파른 언
     덕으로 바위를 굴려 올리는 것이다. 다시 굴러 떨어질 것을 알면서도 무
     의미한 고통을 무한히 반복해야 하는 것이야말로 최악의 고통이라는 것
     이다. 프랑스의 실존주의 작가 알베르 카뮈는 그것을 인간 실존의 비극으
     로 설명한다. 그에 따르면 무의미한 고통의 끝없는 반복이야말로 실존의
     부조리이지만 그럼에도 버티고 사는 것이 인생이며, 인간승리라고 말한
     다. 무의미한 삶이 지옥이라면, 지옥에서 벗어나는 유일한 길은 그럼에도
     살아야 할 의미를 발견하는 것이다.

4   루카치의 '사물화' 개념은 자본주의 구조하에서 변질된 인간관계의 특성
     을 규정하는 개념이다. 사물화는 자본주의하에서 인간들의 인격적 관계
     가 상품들의 관계처럼 비인격화되는 현상을 말한다. 의식의 속성이나 능
     력까지도 외부세계의 대상들(상품들)처럼 인간이 소유하거나 판매할 수 있
     는 사물처럼 존재하게 되었다는 것이다.

5   이와 관련해서는 Plato, *Phaedrus*, trans. Rovin Waterfield, Oxford: Ox-

ford University, 2002, 8-12(231a-234c)를 참고하라.

6   Erich Fromm, *The Art of Loving*, New York: Harper&Row Publishers, 1956, 8-9(이하 'AL'로 표기함).

7   "자유는 근대인에게 독립성과 합리성을 가져다주었지만, 또 한편으로는 개인을 고립시키고 그로 말미암아 개인을 불안하고 무력한 존재로 만들었다. 이 고립은 참기 어려운 것이다. 개인이 고립에서 벗어나려면, 자유라는 무거운 부담을 피해 다시 의존과 복종으로 돌아가거나 아니면 독자성과 개인성에 바탕을 둔 적극적인 자유를 완전히 실현하는 방향으로 나아가거나, 둘 중 하나를 택해야 한다." 에리히 프롬, 『자유로부터의 도피』, 김석희 옮김, 휴머니스트, 2020, 16.

8   AL, 20-21.

9   이와 관련해서는 G. W. F. Hegel, *Phänomenologie des Geistes*, Hamburg: Felix Meiner, 1952, 133-141을 참고하라(이하 'PG'로 표기함).

10   PG, 140.

11   아리스토파네스는 사랑을 성욕을 위한 결합이 아니라 자신의 부족함을 보완하려는 온전함의 욕망으로 설명한다. 신화의 설명에 따르면 태초에는 세 종류의 인간(남남성, 여여성, 남녀성)이 존재했다. 당시의 인간은 너무나 완벽하여 그 힘으로 하늘의 신들을 공격했다. 신들은 인간들을 죽이기보다(제사를 지내고 제물을 바쳐야 하므로) 반으로 쪼개어 불완전하게 하는 벌을 내렸다. 쪼개진 그들은 자신의 반쪽을 그리워하고 다시 한 몸이 되려고 한다. 남녀성은 남자와 여자가, 여여성은 여자와 여자가, 남남성은 남자와 남자가 서로를 찾아 헤맨다. 그러한 의미에서 아리스토파네스는 에로스는 신이 아니라 신이 되고자 하는 열망이라는 주장을 펼친다.

12   이와 관련해서는 AL, 19-20을 참고하라.

13   이와 관련해서는 게오르그 짐멜, 『돈의 철학』, 김덕영 옮김, 도서출판 길, 2013, 제6장 '생활양식'(851-857)을 참고하라.

14   AL, 86-87.

15   이와 관련해서는 AL, 89-90을 참고하라.

16   AL, 101-102.

17   AL, 23.

18   이와 관련해서는 제임스 레이첼즈 엮음, 『사회윤리의 제문제』, 황경식 외
       옮김, 서광사, 1983, 제1부에 실린 제1논문 토머스 네이글의 "성도착 행
       위"(17-32), 제2논문 사라 러딕의 "성도덕 문제"(33-56)를 참고하라.

19   AL, 26.

20   AL, 28.

21   '착한 사마리아인 실험'은 1973년에 존 달리(John Darley)와 다니엘 뱃슨
       (Daniel Batson)이 수행한 심리 실험이다. 이 실험의 목적은 도덕적 행위에
       있어서 상황적 요인이 미치는 영향력을 분석하는 것으로, 그 결과는 자신
       의 목적(제시간에 목적지에 도착하는 것)에 지나치게 집중하면, 다른 정보(곤경에
       처한 사람을 돕는 것)을 처리할 수 없다는 인지과부하의 문제를 보여 준다.

22   AL, 28.

23   AL, 29.

24   현각, 『오직 모를 뿐: 숭산 대선사의 서한 가르침』, 무산본각 옮김, 물병자
       리, 2006, 73.

25   AL, 112.

26   AL, 109.

27   AL, 115.

28   AL, 127-129.

29   AL, 118-121.

다수의 행복을 위해 소수가 피해를 보는 것은
효율적이지만 정의롭지는 않다.
반면 불운한 사람의 처지를 개선하기 위해
그에게 더 큰 이익을 주는 것은 불의하지 않다.

존 롤스, 『정의론』

사랑과 정의의 역설
칼레의 시민은 무엇을 보았는가?

헬조선이라는 말에 동의하십니까?

당신은 '헬조선'이라는 말에 동의하십니까? 서울의 20-30대 직장인과 대학생을 대상으로 한 설문조사에서 무려 90%(대학생 90.5%, 직장인 89.5%)에 달하는 청년이 한국 사회가 '지옥' 같다는 인식에 동의했다고 합니다.[1] 그렇다면 그들은 왜 이 땅을 지옥으로 여기는 것일까요? 그들에게 '지옥'은 어떤 의미일까요? 우리는 그 대답을 단테의 『신곡』에서 유추해 볼 수 있습니다. 『신곡』은 세속적인 신들(부귀, 명예, 애욕 등)을 숭배하던 단테가 인생의 변곡점에서 삶의 참된 의미와 목적을 되묻는 장면으로 시작됩니다.

단테는 그가 어느덧 인생의 가시밭길 중턱에 서게 되었음을 새삼 느끼면서 소스라치게 놀라 깨어났다. "어쩌다 이렇듯 캄캄

한 술 속을 방황하게 되었담?" … 그가 계곡의 비탈길을 돌아 고갯마루에 도착했을 때 사치와 육욕을 상징하는 표범 … 권력과 야망을 상징하는 굶주린 사자 … 탐욕과 욕망을 상징하는 늑대 한 마리가 다가와 그를 삼킬 듯이 노려보았다. 단테는 그 진퇴양난의 공포에서 그만 정신을 잃고 말았다.[2]

그때 단테가 가장 존경했던 고대 로마의 시인 베르길리우스 Publius Vergilius Maro[3]가 등장하여 두려움에 떠는 그의 손을 잡고 지옥과 연옥 그리고 천국 여행을 떠납니다. 무엇을 위해 어떻게 살아야 하는가를 견학하기 위함입니다. 『신곡』의 서사는 그 여정을 따라갑니다. 단테가 처음 도착한 지옥문, 그 현판에는 이런 글귀가 새겨져 있습니다. "나를 거쳐 슬픔의 나라로 들어가거라. 나는 영겁의 고통으로 가는 문. 나는 영원히 버림받은 자들에게로 가는 문. … 여기 들어오는 그대여 모든 희망을 버릴지어다."[4] 신화적 상상력은 지옥을 언제나 헤어날 수 없는 '절망'으로 그립니다. 현판의 마지막 구절처럼 이 땅은 희망을 잃어버린 지옥입니다.

그렇다면 희망의 상실은 무엇을 의미하는 것일까요? 그들은 '기회의 평등', '과정의 공정', '결과의 정의'라는 능력주의 신화의 비밀을 알아채기 시작한 것입니다. 누구나 노력하면 성공할 수 있다는 신화, 성공은 행운이 아니라 노력의 결과라는 신화, 따라서 결과적 불평등은 정당한 불평등이라는 신화가 그 밑낯을 드러낸 것이지요. 과연 기회만 평등하면, 과정도 공정하고, 결과도 정의로울 수 있을까요? 그렇지 않다면 기회의 평등은 근원적 불평등을 은폐하는 신화적 베일일까요? 아니면 부유층의 특권을 정당화하는 도덕적 장치일까요? 그것도 아니라면, 사회적 효용을 달성하기 위한 착취의 논리일까요? '비뚤어진 출발선'이나 '기울어진 운동장'을 굳이 운운하지 않더라도 꼬리에 꼬리를 무는 정의(공정한 분배)의 물음들은 이제 교과서적인 상식이 되었습니다.

모든 영웅담이 그렇듯이 사회적으로 성공한 사람들은 (사회적 성공이 인생의 성공은 아니지만) 자신의 성공을 초인적인 노력의 결과로 각색하기 좋아합니다. 그들은 결과의 관점에서 과정의 모든 행운을 자신의 노력으로 재구성합니다. 자신이 모든 것을 예상하고 통제한 결과라고 너스레를 떨면서 말입니다. 처음부터 남다른 행운을 누린 사람들이나 불운한 처지에서 자수성가를 이뤘다고 '착각하는' 사람들이 흔히 빠지는 자아도취의 오류입니다. 물론 그들의 열정과 노력은 숭고합니다. 하지만 문제는 그들의 성공이 과연 자신의 노력만으로 이뤄진 것인가 하는 것입니다. 그렇지 않다면, 그런 오류의 속내는 무엇일까요? 나의 모든 재산은 나의 노력으로 얻은 것이니 나의 특권은 도덕적이라는 것, 거꾸로 말하면 가난은 게으름과 나태함의 결과이니 그것은 정당한 형벌이자 도덕적 흠결이라는 것, 따라서 가난한 사람에 대한 부채 의식은 과도한 동정심이라는 논리가 그것입니다. 오늘날 능력주의 신화는 그런 기만적인 영웅담을 먹고 자랍니다.

하지만 기회의 평등이 그들에게 특권을 준 것인지, 그들의 특권이 기회의 평등을 내세우는 것인지 되묻지 않을 수 없습니다. 현실에서는 결과를 원인으로 환원하거나 자신의 이익을 정의로 포장하는 기만자들이 넘쳐 나기 때문입니다. 그러한 영웅적 성공담이 '공정하다는 착각'을 지어냅니다. 그러나 이 시대는 더 이상 그런 능력주의 신화를 맹신하지 않습니다. 그보다 부모나 조부모가 누구인가가 성공의 필요조건, 아니 필수조건이 된 세상이니 말입니다. 그렇듯 최소한의 삶조차 노력이 아닌 다른 어떤 것(행운)이 결정한다는 숙명론적 체념은 '수저계급론'을 탄생시키기도 했습니다. 거기에는 세 절망감이 뒤섞여 있습니다. ① 우리는 출발부터 불평등하다는 절망감, ② 그러한 불평등이 우리의 삶을 결정한다는 절망감, ③ 그것이 '능력주의'라는 이름으로 은폐되고 있다는 절망감, 즉 구조적 경직성에 대한 절망감이 그것입니다. 그러한 복합적인 절망 속에서 생겨난 것이 '정의', 보다 구체적으로 '공정한 분배 원리로서의 정의'에 대한 철학적 물음입니다.

오늘은 그 문제를 다룹니다. 최근에는 샌델의 『정의란 무엇인가』라는 책으로 더 잘 알려진 물음, 하지만 그 현대적 뿌리는 '하버드의 성인' 존 롤스입니다. 잠들어 있던 정의의 문제를 끄집어내 수많은 논쟁을 불러일으킨 그의 『정의론』(1971)은 오늘날까지도 현대 윤리학과 정치철학의 필독서로 꼽히고 있습니다.[5] 롤스 이후에 등장한 수많은 정의론은 롤스에 대한 비판과 동조의 역사라 해도 과언이 아니니 말입니다. 그래서 현대 정의론은 실로 롤스인가 롤스가 아닌가로 가름 되기도 합니다. 영국의 철학자 울프Jonathan Wolff는 그러한 롤스의 위상을 이렇게 극찬합니다. "20세기의 둘째로 중요한 정치철학자가 누구인가는 논란의 여지가 있다. 하지만 최고의 정치철학자에 대한 논란은 있을 수 없다. 그 사람은 바로 롤스다."

공정한 경쟁에 의한 불평등은 정당한 불평등이다?

'정의'라는 말은 법적 정의, 종교적 정의, 도덕적 정의처럼 그것이 사용되는 분야와 맥락에 따라 다양한 의미를 갖는 복합적인 용어입니다. 그중 롤스가 묻는 정의는 '공정한 분배 원리로서의 정의'입니다. 한 사회의 재화가 한정되어 있다면, 구성원들이 그것을 어떻게 나눠 갖는 것이 가장 공정한 것인가 하는 문제 말입니다. 그러한 의미에서 『정의론』의 부제도 '공정으로서의 정의Justice as Fairness'입니다. 공정한 분배와 관련한 정의의 기준은 크게 기회의 평등과 결과의 평등으로 대립해 왔습니다. 아주 오랜 시간, 마치 양자택일의 문제처럼 말입니다.

잘 알려져 있듯이, 기회의 평등은 자신의 잠재력을 실현하는 기회를 모두에게 평등하게 제공하고, 그 노력과 성과에 따라 각자의 몫을 차등적으로 분배하는 것이 공정하다는 견해입니다. 자유경쟁에 의한 차등 분배는 각자의 노력에 대한 도덕적 심판이며, 따라서 정의로운 결과라는 것입니다. 그래서 기회의 평등에 기초한 자유주의적 정의의 제1원칙은 이것입니다. "공정한 경쟁에 의한 불평등은 정당한 불평등이다." 하지만 기회의 평등은 개인이 타고난 재능과 주어진 조건의 차이를 고려하지 않고, 모두를 진공 상태의 동질적 원자로 간주하는 추상적인 원리입니다. 그러니 기회의 평등만으로 결과의 불평등을 정당화하는 것은 관료주의적인 형식논리에 불과합니다. 그들의 말처럼 노력만이 성공과 실패의 재판관이라면, 옥수수 두세 개를 구하기 위해 수십 킬로미터의 사막을 맨발로 걷는 아프리카 고아들의 가난은 누구의 책임인가요? 개울의 금가루를 줍기 위해 하루 종일 소쿠리 질을 해야 하는 그 아이들의 고통은 누구의 책임인가요? 게으름 탓인가요? 불운의 탓인가요? 극단적인 사례지만 그런 숙명적 불운은 우리 삶에도 예외가 아닙니다.

그래서 등장한 것이 바로 결과의 평등입니다. 모든 개인의 차이를 남김없이 고려하거나 제거할 수 없다면, 성과의 정량에 상관없이 노력한 모두에게 동일한 몫을 분배하는 것이 공정하다는 견해입니다. 하지만 노력의 정량은 객관적으로 측정할 도리가 없습니다. 고작해야 노동시간의 정량만 있을 뿐이지요. 그런 추상적인 조건에서 동일한 몫을 차별 없이 분배한다는 것은 결국 '게으름의 합리성'을 권장하게 됩니다. 게으름이 최고의 경제적 선택이 되는 부조리 말입니다. 이는 노력이 성과를 결정한다는 부조리만큼이나 치명적인 부조리입니다. 인간은 이타적이고 공동체적 존재라는 고상한 전제가 이기적인 본성 앞에 무릎을 꿇는 격입니다. 따라서 기회의 평등이나 결과의 평등 같은 이원론적 평면 구도로는 개인의 노력과 행운의 요소를 균형 있게 엮어 낼 도리가 없습니다. 대립하는 두 항을 역설적으로 조합하려면 보다 입체적인 사유가 필요합니다. 그 공간을 탐색하는 것이 바로 롤스의 『정의론』입니다.

롤스는 사회적 성공이란 개인의 노력과 다양한 행운의 복합적인 결과라고 말합니다. 이때의 행운은 자신의 노력과 무관한 모든 것을 일컫는 포괄적인 개념입니다. 롤스는 그러한 행운을 크게 '자연적 행운'과 '사회적 행운'으로 나눕니다. 자연적 행운은 날 때부터 타고난 신체적-정신적 특성이나 천부적 재능 같은 선천적인 행운을 가리키고, 사회적 행운은 자신이 처한 사회적 조건과 경제적 지위 같은 후천적인 행운을 가리킵니다. 부모의 학력과 재력, 태어난 연고나 인맥과 같은 식상한 행운 말고도 성공에는 눈에 보이지 않는 다양한 행운의 요소가 복잡하게 뒤얽혀 있습니다. 그래서 롤스는 개인의 성공과 실패를 노력의 몫으로만 환산하지 않습니다. 도리어 행운을 더 근원적인 불평등의 요소로 보는 것이지요. 그래서 그는 가장 열악한 계층에 있는 사람을 '게으르고 나태한 자' 혹은 '부도덕한 빈곤자'라고 부르지 않고 '최소 수혜자'라고 부릅니다. 노력을 가장 게을리 한 나태한 사람이 아니라 행운을 가장 적게 받은 불운한 사람이라는 뜻에서 말입니다.

미국의 아이비리그 대학생의 2/3 이상이 소득 상위 20% 이상의 자녀들이며, 프린스턴대학교와 예일대학교 입학생은 소득별 상위 1%의 자녀가 하위 60%의 자녀보다 많다는 통계가 있습니다. 그러한 부와 신분의 대물림과 관련한 행운은 새롭지도 않습니다. 하버드대학교 입학생 중 80%가 각 가정의 첫째 자녀라는 통계도 있는데, 이는 부모의 학력과 재력 외에 출생 순서나 가족 구도도 개인의 학업성취나 노동윤리, 즉 성공에 영향을 준다는 사실을 입증합니다. 한국도 예외는 아닙니다. 아니 한국이야말로 그러한 불평등의 대명사지요. 고등학교 3학년 1,000명 당 서울대학교 진학률은

서울이 지방에 비해 3-4배 높고, 출생 지역 분포로는 서울이 적게
는 9배에서 많게는 54배나 높다는 통계도 있습니다. 이는 태어난
지역성 같은 요소도 개인의 성공을 좌우하는 불평등의 조건임을
방증합니다.

어디 그뿐이겠습니까? 타고난 피부색, 기질과 재능, 인간관계,
민족적 특성, 지역적 문화, 시대적 상황, 기술적 조건 등 행운의 요
소는 셀 수 없이 많습니다. 하지만 그러한 행운은 개인의 선택도
노력의 결과도 아닙니다. 따라서 그것을 정당화할 아무런 도덕적
근거도 없습니다. 행운과 불행은 마치 즉석 복권이나 자연재해처
럼 무작위로 주어지는 것입니다. 그런데 그것이 우리의 성공과 실
패를 좌우한다면, 그것은 공정하지도 정의롭지도 않습니다. 따라
서 노력과 성공의 함수만을 고려하는 능력주의 신화는 인간의 근
원적인 불평등을 은폐하고, 공정 감각을 마비시키는 기만적인 도
덕에 불과합니다. 이쯤 되면 그것을 누가 만들었는지, 누구를 위한
논리인지는 굳이 말할 필요도 없겠지요.

어떤 이들은 이렇게 말합니다. 인생은 원래 불평등한 것이라고,
불행까지도 자신의 운명으로 받아들이라고, 자기 자리에서 최선
을 사는 것이 인생이라고, 또는 불운 타령은 실패자의 변명거리에
불과하다고, 실패자는 그럴 수밖에 없는 도덕적 결함을 가졌다고
말입니다. 왜 아니겠습니까? 살다 보면 가난을 밑천 삼아 자수성
가를 이룬 사람도 있고, 가난해야 공정할 것 같은 못 돼먹은 사람
도 없지 않으니 말입니다. 하지만 그런 특수하고 예외적인 사례만
골라 일반적인 불평등을 외면하거나 은폐하려는 속셈 역시 또 다

른 기만이 아닐 수 없습니다. 어릴 적부터 그 손에서 자란 외눈박이 괴물들도 한둘이 아닙니다. 능력주의는 행운의 기여도를 알면서도 은폐하고, 몰라서도 외면합니다. 그렇지 않으면 자신의 특권에 대한 정당성을 지킬 수 없기 때문입니다. 그들은 자신의 이권과 재산을 위해서라면 악마와의 거래도 서슴지 않으며, 옳은 것보다 좋은 것에만 정의와 진리의 이름표를 붙입니다. 자신의 이익에만 눈이 멀면 그렇듯 공정 감각은 마비되고 맙니다.

공정한 분배 규칙을 마련하기 위한 절차적 정의

롤스는 기회의 평등이 갖는 현실적 한계를 '행운'의 개념으로 비판한 다음, 그렇다면 "모두가 동의할 수 있는 정의의 원칙은 무엇인가?"를 우리에게 묻습니다. 기회의 평등에 감취진 현실의 불공정에 동의한다면, 그것을 대체할 새로운 분배 모델을 계약론적 관점에서 다시 설계해 보자는 것입니다. 이를 위해 그는 '원초적 입장Original position'이라는 상황을 가정합니다. 원초적 입장이란 홉스나 루소와 같은 근대 사회계약론자들이 상정한 '자연 상태'를 의미합니다. 그것은 실제로 존재했던 역사적 상황이 아니라 계약론의 정당성을 마련하기 위한 일종의 가상적 상황입니다. 아직 어떠한 제도나 규칙도 마련되지 않은 미결의 상태, 서로의 합의로 공동의 약속을 마련해야 하는 최초의 상태가 그것입니다. 낡은 건물의 하자를 일일이 보수하기 힘들 때는 이처럼 다 허물고, 기초부터 다시 설계하는 것이 때로 돌아가는 빠른 길이기도 합니다.

다음으로 롤스는 원초적 입장에서 우리가 갖춰야 할 두 태도를 가르칩니다. 첫째는 인지적 조건으로서의 '무지의 베일Veil of Ignorance'이고, 둘째는 심리적 조건으로서의 '상호 무관심적 합리성Mutually disinterested Rationality'입니다.

원초적 입장 (상황 설정)	**무지의 베일** 공정성 확보를 위한 인지적 조건 (정보 차단)
	상호 무관심적 합리성 선택적 동기를 위한 심리적 조건 (동기 부여)

먼저 '무지의 베일'이란 자신의 천부적 재능이나 사회적 지위를 전혀 모른다고 가정하는 것입니다. 자신의 정보를 알면 자신의 계층을 예상하게 되고, 자신의 계층을 예상하게 되면 자신의 이익에만 집중하는 불공정의 혐의가 발생하기 때문입니다. 마치 정의의 여신 디케가 공정한 재판을 위해 자신의 눈을 베일로 가리고 있듯이, 우리도 공정한 제도에 합의하기 위해서는 자신의 상황과 조건에 대한 전적인 무지가 필요하다는 것입니다.

다음으로 '상호 무관심적 합리성'이란 무지의 베일을 쓴 채로 이제 각자는 자신의 이익만을 배타적으로 추구하라는 요구입니다. 타인이나 공동체의 이익은 전혀 고려하지 않고서 말입니다. 근대 사회계약론자들과는 완전히 다른 노선입니다. 그들은 공정한 제도에 합의하려면 사익보다 공익을 우선시하는 보편의지(성숙한 시민의식)가 필요하다고 여겼습니다. 하지만 롤스는 그러한 실패한 실험을 반복하지도, 과도한 이타심과 도덕적 수치심을 강요하지 않습니다. 대신 자신의 전매특허인 '무지의 베일'만 쓰고 오길 권합니다. 그러면 이타심의 허영을 부리지 않고도 얼마든지 공정한 제도에 합의할 수 있다고 말입니다.

이것이 롤스가 설계한 천재적인 절차적 장치입니다. 개인의 이기심을 배제하는 '무지의 베일'과 개인의 이기심을 활용하는 '상호무관심적 합리성'은 서로 충돌하는 요구입니다. 하지만 그 둘을 엮으면 모든 계층의 이익을 자신의 이익처럼 고려하는 마법 같은 결과가 생겨납니다. 자신의 계층을 예상할 수 없으면, 어떤 계층에 속하더라도 최대의 이익이 되는 제도에 합의하게 될 테니 말입니다. 이는 이기심 자체를 부정하는 근대의 공동체적 규범을 도리어 역설적인 방식으로 실현하는 효과적인 전략이라 할 수 있습니다. 롤스는 그 원리를 이렇게 설명합니다.

공정으로서의 정의에서 평등한 원초적 입장은 전통적인 사회 계약론이 말하는 자연 상태를 뜻한다. 원초적 입장은 역사상 실재했던 상태가 아니며, 더욱이 문화적 원시 상태는 더욱 아니다. 그것은 특정한 정의관을 도출하기 위한 일종의 가상적 상황이다. … 정의의 원칙은 무지의 베일 속에서 마련된다. 그것은 정의의 원칙들이 타고난 우연이나 사회적 우연에 따라 유리하거나 불리해지지 않도록 조정한다.[6]

최대 만족의 원리인가? 최소 고통의 원리인가?

그렇다면 무지의 베일을 쓴 개인은 어떤 사회제도에 합의하게 될까요? 롤스의 실험에 동참해 봅시다. 먼저 아래와 같은 다섯 소득 계층이 있다고 가정합시다. 우리는 자신이 어떤 계층에 속할지 전혀 예상할 수 없습니다. 무지의 베일을 썼으니 말입니다. 그 상황에서 우리가 선택할 수 있는 정의의 모델은 두 가지입니다. 첫째는 80%의 만족을 위해 최하위 20%의 고통을 묵인하는 '최대 만족의 원리'이고, 둘째는 최하위 20%의 만족을 위해 80%가 고통을 분담하는 '최소 고통의 원리'입니다. 전자가 결과의 좋음을 추구하는 '공리주의적 정의'라면, 후자는 절차의 옳음을 추구하는 '공정으로서의 정의'입니다.

---

① 공리주의적인 정의: 최대 만족의 원리, 최대 극대화(Maximax), 결과의 좋음
② 공정으로서의 정의: 최소 고통의 원리, 최소 극대화(Maximin), 절차의 옳음

무지의 베일 아래에서 우리가 각 계층에 속할 확률은 산술적으로 20%씩입니다. 사회적 성공이 노력과 행운의 복합적인 결과이고, 각자가 자신의 행운을 전혀 예상할 수 없다면, 우리는 과연 어떤 사회제도에 동의하게 될까요? 80%의 확률을 위해 20%의 위험

을 기꺼이 감수할 것입니까? 아니면 20%의 위험을 사전에 대비할 것입니까? 달리 말해 80%의 확률에 '도박'을 할 것입니까? 아니면 20%의 확률에 '보험'을 들 것입니까?

구분	A(20%)	B(20%)	C(20%)	D(20%)	E(20%)
연소득	1억 원	8천만 원	5천만 원	2천만 원	5백만 원

이와 관련해서 우리는 행동경제학자 카드먼Daniel Kahneman과 트버스키Amos Tversky가 제시한 '전망 이론Perspective Theory'을 살필 필요가 있습니다. 그들은 행동경제학의 아버지로 불리는 18세기 수학자 베르누이Daniel Bernoull의 '효용 이론Utility Theory'을 한 단계 더 발전시켰습니다. 교과서에서 배웠듯이 사람들은 가치를 결정할 때 절대적인 금액(기댓값)보다 그것이 주는 주관적인 효용의 기댓값을 따른다고 베르누이는 말합니다. 같은 금액이라도 빈부의 격차나 재산의 크기에 따라 같은 금액의 효능감이 서로 다를 테니 말입니다. 그것이 그가 말한 '한계 효용 체감의 법칙'입니다.[7] 따라서 고전 경제학이 말하는 절대적인 금액(기댓값)의 가치만으로는 인간의 선택적 행위를 충분히 설명할 수 없다는 것이 그의 주장입니다.

하지만 카드먼과 트버스키는 빈부의 정도나 재산의 크기 외에 자신이 처한 상황도 인간의 경제적 선택에 중대한 영향을 미친다고 말합니다. 이익과 손실의 상황에 따른 심리적 프레임이 그것입니다. 그래서 그것을 '프레이밍 효과Framing Effect'라고 부릅니다.[8] 사람들은 동일한 금액이라도 그것을 얻었을 때의 만족보다 잃었을 때의 고통을 2-2.5배나 더 크게 느낀다는 것입니다. 아래에서 +1,000의 효용은 a이지만, -1,000의 비효용은 -a가 아니라 그보다 두 배 큰 -b이듯이 말입니다. 이는 사람들이 높은 확률의 이익보다 낮은 확률의 손실에 더 민감하게 반응한다는 '손실 회피 경향'을 뒷받침하는 근거가 됩니다. 마치 건강한 사람도 만일의 상황을 대비하여 값비싼 건강보험료를 매달 지출하듯이, 그리고 보험에 가입해서 얻을 이익보다 가입하지 않아서 입을 손실에 더 큰 두려움을 느끼듯이 말입니다.

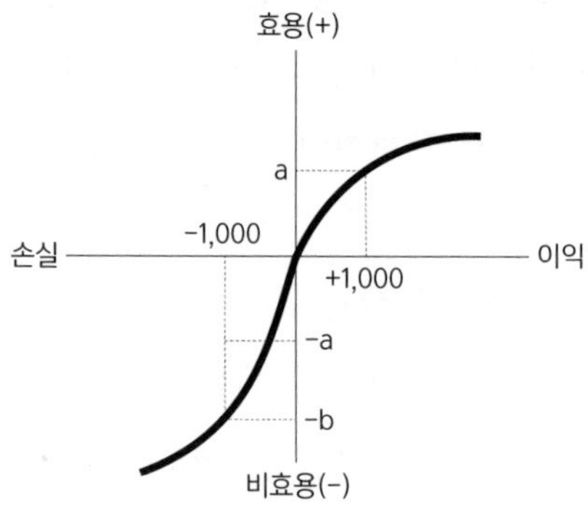

우리의 선택도 마찬가지입니다. 빈부의 격차는 인정해도 불운이 인간의 품격을 훼손하는 지경까지 묵인할 수는 없다는 손실 회

피 성향은 20%의 위험에 주목하게 합니다. 예를 들어 최소한의 약값이 없어서 가벼운 병의 치료마저 단념해야 한다든지, 우연한 실직으로 거리에서 동전을 구걸해야 한다든지, 가계 대출을 갚지 못해 가족이 동반 자살을 해야 하는 상황까지 다수의 행복을 위한 대가로 방치할 수는 없다는 것입니다. 자신의 계층을 예상할 수 없는 무지의 상황은 그렇듯 만족의 최대화보다 고통의 최소화로 우리를 인도합니다. 마치 울타리 안에 있는 아흔아홉 마리의 양보다(최대 만족) 집 나간 한 마리의 양을 찾아 나서는(최소 고통) 선한 목자의 마음으로 말입니다. 롤스는 그러한 판단의 원칙을 '좋음에 대한 옳음의 우선성'[9]이라고 부릅니다. 공리주의적인 정의(좋음)와 공정으로서의 정의(옳음)는 그렇게 대립합니다.

> 다수의 큰 선을 위해 소수의 자유를 배제하는 것은 정의롭지 않다. 서로 다른 개인의 이익과 손실을 동등하게 비교 평가하는 것은 부당하다. … 공정으로서의 정의는 원초적 입장에서 선택된 원칙들의 결과다. … 계약론자는 정의의 우선성에 대한 신념을 타당하게 받아들이지만, 공리주의자는 그것을 사회적으로 유용한 착각이라고 비판한다. 공리주의자는 개인의 선택 원칙을 사회의 선택 원칙으로 확장하려 하지만 공정으로서의 정의는 … 정의의 원칙을 원초적인 합의의 대상으로 여긴다.[10]

정의의 두 원칙: 동등의 원칙과 차등의 원칙

그렇다면 우리는 최하위 20%의 사람들을 어떻게 구제할 수 있을까요? 자신의 소득과 계층이 노력과 행운의 복합적인 결과라면, 노력의 몫에는 자신의 배타적 소유권을 주장하고, 행운의 몫에는 '공유 자산Common Asset'이라는 마음을 갖는 것이 공정한 판단일 것입니다. 행운은 노력의 대가도 아니고, 공유 자산에는 배타적 소유권도 성립하지 않으니 말입니다. 따라서 자신이 받은 행운을 받지 못한 사람과 나누거나 그들에게 돌려주는 것은 특권적인 시혜가 아니라 의무적인 상환일 것입니다. 마치 공유 자전거의 혜택을 누리고 나면 다른 사람의 혜택을 위해 다시 거치대에 걸어두듯이 말입니다. 각 계층이 자기 소득의 3-5% 정도를 행운의 몫으로 공동체에 환원하는 방식이 그것입니다. 그것을 모아 행운을 받지 못한 최하위 20%의 사람들에게 최소한의 인간적 품격을 보장하고, 재기의 용기와 기회를 제공할 수 있다면, 그것은 자유와 평등이 어울린 공정한 제도가 아닐까 하는 것입니다.

구분	A(20%)	B(20%)	C(20%)	D(20%)	E(20%)
연 소득	1억 원	8천만 원	5천만 원	2천만 원	5백만 원
환원	-300만 원	-240만 원	-150만 원	-60만 원	+1천만 원

롤스는 그러한 재분배 방식을 '최소 극대화의 원칙Maximin Rule'[11]
이라고 부릅니다. 최소 극대화란 그 사회의 최소 수혜자에게 최대
이익이 되는 사회제도를 의미합니다. 사회제도가 모든 계층의 동
의 아래 안정적으로 유지되려면, 자유의 권리와 평등의 요구가 균
형을 이루어야 합니다. 노력에 따른 정당한 격차는 인정하면서도,
행운에 따른 부당한 격차는 해소해 나가는 저울추의 균형 말입니
다. 특히 가장 열악한 계층의 처지를 개선하는 것은 제도의 안정적
인 운영을 위한 필수조건입니다. 롤스는 그러한 생각을 모아 정의
의 두 원칙을 이렇게 정리합니다.

정의의 두 원칙

제1원칙: 평등한 기본적 자유의 원칙 Principle of Equal Liberty

각자는 다른 사람의 유사한 자유의 체계와 양립할 수 있는, 평등한 기본적 자유
들로 이루어진 가장 광범위한 체계에 대해 동등한 권리를 가져야 한다.

세2원칙: 차등의 원칙 Difference Principle

(1) 최소 극대화의 원칙
 사회적-경제적 불평등은 최소 수혜자에게 최대의 이익이 되는 한에서 정당
 하다.
(2) 공정한 기회균등의 원칙
 불평등의 계기가 되는 직위와 직책은 모든 사람에게 공정하게 열려 있어야
 한다.[12]

복잡하지만 이것이 『정의론』의 핵심이니 천천히 따라가 봅시다.
정의의 제1원칙은 평등한 자유의 원칙(동등의 원칙)이고, 제2원칙은
차등의 원칙입니다. 차등의 원칙은 다시 (1) 최소 극대화의 원칙과

(2) 공정한 기회균등의 원칙으로 나뉩니다. 롤스는 이 원칙들 사이에는 우선순위가 있다고 말합니다. 제1원칙이 제2원칙에 우선하고, 제2원칙의 (2)가 (1)에 우선한다고 말입니다.[13]

첫째로 평등한 자유의 원칙은 자유주의(개인주의)의 원칙입니다. 모든 개인은 누구도 침해할 수 없는 자유권을 보유한 경제적 주체라는 것입니다. 자신이 자유로운 주체라는 것을 구체적으로 입증하는 제도적 형식은 '소유권'입니다. 만일 노예제도처럼 특정한 계층만 소유권을 독점한다면, 만인의 자유로운 노동과 경쟁에 기반한 자유주의 시장경제는 성립할 수 없습니다. 따라서 평등한 자유의 원칙은 모두가 자유의 권리를 차별 없이 누리는 정의로운 사회제도의 첫째 원리가 됩니다.

둘째로 차등의 원칙은 (2) 공정한 기회균등의 원칙과 (1) 최소 극대화의 원칙으로 나뉩니다. (2) 공정한 기회균등의 원칙은 직업과 직책 및 모든 영역의 기회를 평등하게 보장해야 한다는 제도적(형식적) 차원의 평등입니다. 이것이 일차적인 분배의 조건입니다. 하지만 앞서 말했듯이 기회의 평등만으로는 공정한 분배를 완수할 수 없습니다. 그래서 (1) 최소 극대화의 원칙이 필요합니다. 이는 일차적인 분배의 한계를 보완하는 재분배의 원칙입니다. 누진세 제도, 근로 장려 제도, 전 국민 의료보험 제도, 최저 임금 제도처럼 최소 수혜자가 가장 많은 혜택을 받는 제도가 그것입니다. 공정으로서의 정의는 이렇듯 자유주의적 분배의 원리를 중심으로 평등주의적 재분배의 원리를 결합하고 있습니다(평등주의적 자유주의).

원초적 입장에서 사람들은 두 다른 원칙을 선택할 것이다. 첫째는 기본적인 권리와 의무의 평등한 할당을 요구하는 원칙이며, 둘째는 재산과 권력의 불평등을 용인하되 그것이 모든 사람, 특히 최소 수혜자의 처지를 개선하는 한에서는 정당하다는 원칙이다. 이 두 원칙은 전체의 더 큰 선을 위해 소수자의 희생을 정당화하지 않는다. 다수의 행복을 위해 소수가 피해를 보는 것은 효율적이지만 정의롭지 않다. 반면 불운한 사람의 처지를 개선하기 위해 그에게 더 큰 이익을 주는 것은 불의하지 않다. 그리고 이익의 분배는 가장 곤란한 처지에 있는 사람을 포함해 모든 구성원의 협력으로 이루어져야 한다.[14]

롤스가 정리한 정의의 두 원칙은 최상위 계층만이 재분배의 책임이 있다는 우리의 흔한 통념을 반박합니다. 차상위 계층과 중간 계층, 심지어 하위 세층에게도 나눔의 책임을 부과하는 데는 야속한 측면도 없지 않습니다. 하지만 정의로운 공동체는 특정한 계층의 특별한 의무로만 완수되지 않는다고 그는 주장합니다. 모든 계층은 크든 작든 공유 자산의 혜택을 누린 수혜자이니 도움이 되건 안 되건 최소 수혜자의 구제에 예외 없이 동참해야 한다는 것입니다. 그것이 그가 상상한 공정한 사회의 이상입니다. 이는 자연스럽게 모든 사회적 성공은 그만큼의 사회적 책임을 동반한다는 '노블레스 오블리주'의 정신으로 이어집니다.

칼레의 시민은 무엇을 보았는가?

프랑스 북부 칼레의 시청사 앞에는 로댕의 작품 〈칼레의 시민들 Les Bourgeois de Calais〉이 세워져 있습니다. 14세기 영국과 프랑스의 '백 년 전쟁' 중에 있었던 칼레 시민의 미담을 기리고자 특별히 제작된 것입니다. 당시 칼레 시민들은 영국의 침탈을 오랫동안 버텼으나 식량 보급로가 끊기는 바람에 11개월 만에 결국 항복을 선언하고 맙니다. 칼레시의 항복사절단은 영국 국왕 에드워드 3세를 찾아가 제발 시민들의 목숨만은 살려달라고 애원합니다. 그러자 국왕은 항복의 징표로 대신 시민 대표 여섯 명을 처형대 앞에 세우라고 명령합니다. 서로 눈치만 보던 절체절명의 순간에 공동체를 위해 자신을 포승줄로 묶고 처형을 자처한 이들이 있었으니, 칼레시의 최고 갑부가 앞장을 섰고, 시장과 부유한 상인 그리고 유력한 시민이 그 뒤를 이었습니다. 요행히도 타인보다 더 많이 가진 자의 의무란 때로 목숨을 내놓을 만큼의 무게를 갖는다는 진리를 그들은 온몸으로 보여 주었던 것입니다. 그것이 '노블레스 오블리주'라는 말의 역사적 기원입니다.

하지만 현대의 '능력주의' 신화는 그러한 사회적 부채 의식을 외면합니다. 자신이 모든 운명의 책임자라는 생각과 더불어 성공을 오직 자신의 노력 값으로만 환산하는 버릇 때문입니다. 공동체를 부정하는 원자화된 개인주의와 능력주의를 가장한 기만적인 특권 의식은 불평등에 대한 분노와 계층 간의 혐오를 불러일으킵니다. 롤스의 『정의론』은 그런 점에서 극단적인 양극화와 계층 간의 갈등으로 신음하는 우리 현실에도 큰 반향을 일으킵니다. 그가 말하는 정의, 즉 공정한 분배 원리로서의 정의는 성공이 모두 자신의 노력 값이 아니라는 자각에서 시작됩니다(노력과 행운의 복합적 결과). 그러면 나의 특권이 마치 선물처럼 여겨지고(행운), 그것이 모두 내 것이 아니라는 겸손한 마음(부채 의식), 받지 못한 사람과 공유하려는 나눔의 미덕(공공 자산의 재분배), 그리고 그것이 정의와 사랑이라는 환대의 기쁨이 생겨납니다(최소 극대화의 원칙).

이쯤 되면 롤스가 말하는 '공정으로서의 정의'가 종교에서 말하는 사랑 혹은 자비의 윤리와 다르지 않음을 직감하게 됩니다. 박애의 정신에 기초한 종교적인 사랑은 언제나 고통받는 약자들을 향하니 말입니다. 그래서 그 사랑은 어렵기만 합니다. 되돌려 받을 수 없는 사람에게 내 것을 내어주는 것은 우리의 얄팍한 거래의 합리성에 어긋나기 때문입니다. 하지만 롤스는 그 사랑만이 세상의 고통을 구원할 수 있다고, 그 사랑은 정의로운 제도로만 완성될 수 있다고 가르칩니다. 지금 고통받는 약자는 언젠가 고통받을 나 자신이기도 하니까 말입니다. 따라서 그 사랑은 높은 지위에서 무언가를 시혜한다는 특권의식이 아니라 모두가 잠재적인 약자라는 공동체적 동료의식에서 시작됩니다. 약자를 향한 비대칭적인 사랑이 진정으로 대칭적인 정의라는 생각으로 말입니다. 그것이 사랑과 정의의 역설입니다.

그러한 의미에서 학자들은 롤스의 『정의론』을 『성서』에 나오는 포도원 주인 이야기의 현대적 재구성 혹은 철학적 재판본으로 평가하기도 합니다. 이야기 속 포도원 주인은 하루 한 데나리온을 약속하고 품꾼들에게 일감을 내어 줍니다. 하지만 그는 품꾼들을 한 번에 부르지 않고, 3시간 간격으로 다섯 번에 걸쳐 불러들입니다. 심지어 일이 끝나기 한 시간 전에도 말입니다. 장터에는 건장한 품 꾼도 있지만 허약한 품꾼도 있고, 병든 품꾼도 있고, 불구의 품꾼 도 있습니다. 주인은 건장한 사람부터 차례로 불러온 것입니다. 왜 그랬을까요? 어차피 줄 품삯이라면 새벽부터 한꺼번에 불러 온 종일 부리는 편이 이익일 텐데 말입니다.

더 놀라운 것은 품삯을 나눠 주는 방식입니다. 주인은 청지기에 게 가장 늦게 온 사람부터 한 데나리온씩 주라고 말합니다. 모두 가 보란 듯이 말입니다. 일찍 온 품꾼들의 불만을 없애려면 그들부 터 주고 돌려보내는 편이 나을 텐데 주인은 역순을 택합니다. 가 장 늦게 온 품꾼에게 한 데나리온을 주자 일찍 온 품꾼들은 더 많 은 품삯을 주려나 기대합니다. 하지만 주인은 그들에게도 한 데나 리온만 줍니다. 노력과 성과에 따라 나눈다는 '동일노동 동일임금' 의 대원칙을 저버린 것입니다. 불만을 터뜨리는 그들에게 주인은 말합니다. "친구여, 나는 자네를 부당하게 대한 적이 없네. 처음부 터 한 데나리온을 약속하지 않았는가? … 내가 후한 것이 자네 눈 에 거슬리는가? 하지만 그래야만 나중에 온 사람과 먼저 온 사람 이 평등해진다네."(『마태복음』, 20장 14-18절)

포도원 주인의 품삯에 비길 수 있는 롤스의 차등의 원칙은 얼 핏 자유주의의 원칙을 훼손하는 듯이 보입니다. 하지만 그도 정의 의 제1원칙은 평등한 자유의 원칙이고, 자유롭게 획득한 부의 일 부를 사회로 환원하는 것은 그 원칙을 위배하는 것이라 말합니다.

하지만 그 작은 위배가 더 큰 위배를 교정할 수만 있다면, 달리 말해 그것이 불운한 처지에 있는 사람의 불평등을 개선할 수만 있다면, 오로지 그런 한에서만 정의로운 위배라고 덧붙입니다. 줄곧 반복하지만 '행운의 평등' 없는 '기회의 평등'은 사상누각이기 때문입니다. 따라서 차등의 원칙(제2원칙)은 자유주의 원칙(제1원칙)을 부정하기보다 그것의 결정적인 한계를 보완하여 자유주의를 완성하는 장치입니다. 그러니 그것은 영원한 원칙이 아니라 진정한 기회의 평등이 실현될 때까지의 한시적 정책으로만 정당성을 갖습니다. 그것이 역차별을 일으키지 않는 한에서만 정의로운 배려라는 것입니다.

『정의론』을 둘러싼 논쟁의 최전선

롤스의 『정의론』은 잠들어 있던 정의의 담론을 일깨워 현대 정치철학의 지형도를 새로 그린 위대한 고전입니다. 하지만 『정의론』을 둘러싼 이후의 치열한 논쟁의 역사를 돌아볼 때, 그것은 정의의 완성도라기보다 최초의 밑그림에 가깝습니다. 그런 점에서 롤스 이후의 정의론은 "롤스인가 롤스가 아닌가로 양분"된다는 처음의 지적도 놓칠 수 없는 부분입니다. 반세기 전에 출간된 『정의론』은 그간 수많은 비판과 도전 속에서 지속적인 자기 수정의 과정을 거쳐왔으니 말입니다. 따라서 이제는 롤스의 그늘에서 벗어나 그를 향한 비판자들의 목소리도 함께 들어 보고자 합니다. 고전의 박제된 언어를 깨고 '지금-여기'의 정의를 새롭게 상상하기 위해서 말입니다.

첫째로 롤스의 '행운(자연적 행운과 사회적 행운)' 개념을 문제 삼은 동료 정치철학자 드워킨Ronald Dworkin의 견해를 들어 봅시다. 『정의론』에서 '행운' 개념은 재분배의 정당성을 뒷받침하는 핵심 근거입니다. 하지만 그런 투박한 행운 개념은 시민들의 도덕적 감수성에 불쾌감을 준다고 드워킨은 비판합니다. 행운에는 선천적인 장애처럼 자신의 선택을 벗어난 '무정한 운Brute Luck'도 있지만 투자의 실패처럼 자신이 결정한 '선택적 운Option Luck'도 있기 때문입니다.[15] 예를 들어 우리 사회의 신용불량자 중에도 코로나 팬데믹처럼 예상치 못한 재앙으로 폐업한 성실한 상공업자도 있지만 부동산, 주식, 코인 투자자처럼 개인의 야망과 결정에 따른 파산자도 있으니 말입니다. 그런데 책임의 경중을 따지지 않고 모두를 차별 없이 구제하는 것은 시민들의 도덕적 불만과 파산자의 도덕적 해이를 낳을 수밖에 없다는 것입니다. 그래서 그는 '무정한 운'에 의한 불평등은 사회적으로 구제하되, '선택적 운'에 의한 불평등은 개인의 책임으로 남겨야 한다고 주장합니다.

둘째로 롤스의 '무지의 베일' 개념에 반기를 든 공동체주의자 샌델의 견해를 들어 봅시다. 『정의론』에서 '무지의 베일' 개념은 개인의 이기심을 모두의 이익으로 전환하는 천재적인 장치입니다. 하지만 샌델은 그런 무색투명한 '자아'는 존재하지 않으며, 그런 유령의 자아가 맺은 합의는 다양한 삶의 맥락을 사는 개인에게 보편적인 구속력을 가질 수 없다고 비판합니다. 그것은 마치 기억상실중에 걸린 사람에게 자기 삶의 원칙을 설계하라는 요구와 같다고 말입니다. 개인은 처음부터 자신이 속한 집단의 가치와 의미를 추구하는 '연고적 자아Encumbered Self'이며,[16] 따라서 정의의 원칙은 진공 상태의 유령들이 맺은 추상적 계약이 아니라 그들이 속한 공동체의 가치와 공동선에 따라 달리 도출되어야 한다고 그는 주장합니다.

셋째로 롤스의 '차등의 원칙'[17] 개념에 물음을 던진 인도의 철학자 센Amartya Sen의 견해를 들어 봅시다. 『정의론』에서 '차등의 원칙' 개념은 진정한 기회의 평등을 위한 적극적이고 근원적인 조치입니다. 하지만 센은 그런 자원의 평등만으로는 최소 수혜자의 실질적인 자유를 보장할 수 없다고 비판합니다. 모두에게 100만 원이라는 동일한 자원을 지원한다고 해서 모두가 동일한 '역량Capability'을 실현할 수는 없다는 것입니다. 예를 들어 건강한 청년에게 100만 원은 지기 계발을 위한 적극적인 투자가 될 수 있지만, 희귀병 환자에게 100만 원은 생존을 위한 며칠 약값에 불과하기 때문입니다. 그래서 그는 '자원의 평등'이 아니라 개인의 기능에 따른 '역량의 평등'이 실질적인 정의의 조건이라고 주장합니다. "중요한 것은 사람들이 무엇을 가지고 있는가가 아니라 그것으로 무엇을 실질적으로 할 수 있으며, 어떤 존재가 될 수 있는가?"[18]라고 말입니다.

넷째로 롤스의 '분배적 정의' 자체에 물음을 던진 페미니스트 정치철학자 영Iris Marion Young의 견해를 들어 봅시다. 롤스는 자신의 정의론을 '공정한 분배 원리로서의 정의'로 한정합니다. 하지만 영은 그런 분배의 패러다임은 사회적 약자와 소수자 집단이 겪는 비물질적인 부정의를 은폐하는 눈속임이라고 비판합니다. 소득의 불평등은 단순한 경제적 문제가 아니라 개인의 존엄성을 훼손하는 '지배Domination'와 '억압Oppression'의 문제라고 말입니다.[19] 예를 들어 장애인을 배려하지 않는 회사의 건축 설계라든가, 시설 개선 회의에 장애인을 동석시키지 않는 배제의 원리가 그런 억압적인 사회 구조입니다. 특정 집단을 지배 집단의 비주류로 간주하고, 그들을 의사결정 과정에서 배제하는 그런 구조적 억압은 분배정의만으로는 해결되지 않으며, 그것이 분배정의를 훼손하는 더 근원적인 요인이자 악순환의 고리라는 것입니다.

마지막으로 롤스의 '절차적 정의와 제도적 규칙'의 한계를 지적하는 분석적 마르크스주의 철학자 코헨Gerald Allan Cohen의 조언도 들어 봅시다. 롤스는 '정의로운 분배 규칙'을 통해 소득의 격차는 인정하되 절대적인 양극화는 거부하는 새로운 자본주의 모델을 설계합니다. 하지만 코헨은 '정의로운 분배 규칙'만으로 개인의 이기적인 선택까지 통제할 수는 없다고 비판합니다. 예를 들어 "더 많은 돈을 주지 않으면, 나는 힘든 수술 대신 쉬운 진료만 하겠다. 그러면 돈 없는 환자는 다 죽게 될 것이다"라는 의사들의 협박까지 막을 수는 없다는 것입니다. 그래서 그는 진정으로 정의로운 사회는 평등주의적인 제도뿐만 아니라 '평등주의적인 감정Egalitarian Ethos'까지 공유할 때 비로소 완수될 수 있다고 주장합니다.[20]

물론 그것이 전부는 아닙니다. 짧은 지면에 다 담을 수 없는 수많은 논쟁은 지금도 계속되고 있습니다. 그중에 『정의론』은 자유

주의 시장경제 패러다임 이상을 상상하지 못한 '현실적 타협주
의'에 불과하다는 급진적 비판도 빼놓을 수 없습니다. 롤스 자신
도 『정의론』을 '현실적 유토피아'라고 고백하듯이 말입니다. 하지
만 자유주의 시장경제만이 우리가 상상할 수 있는 유일한 패러다
임을 아닐 것입니다. 도리어 현대는 '패러다임의 전환Paradigm Shift'
을 예비하는 '위기'의 단계처럼 보입니다. 현재의 패러다임으로 더
는 해결할 수 없는 변칙 사례들의 폭발적인 등장, 그로 인해 현재
패러다임을 더는 신뢰할 수 없는 극도의 혼란과 불안의 상태 말입
니다.[21] 그러한 의미에서 롤스의 『정의론』은 하나의 성체라기보다
다양한 성체가 성장하고 진화하는 거대한 영토 혹은 어떠한 상상
과 도전도 환대하는 열린 실험실과도 같습니다. 우리도 그 영토에
서 롤스를 넘어선 롤스, '지금-여기'의 정의를 실험할 때가 되었습
니다. 희망을 잃은 지옥에서 탈출하는 유일한 길은 어떠한 절망에
도 희망을 놓지 않는 것일 테니 말입니다.

　그렇다면 오늘의 강의를 기억하며, 그러한 희망의 불씨를 지펴
봅시다. 오늘날 우리가 의심 없이 받아들이는 '능력주의' 신화의
결정적인 한계는 무엇일까요? "공정한 경쟁에 의한 불평등은 정당
한 불평등이다"라는 자유주의의 대원칙에도 불구하고 우리는 왜
현실의 불평등에 분노하는 것일까요? 롤스가 제시한 정의의 두 원
칙은 무엇이며, 그중 차등의 원칙이 갖는 가치와 한계는 무엇일까
요? 또한 우리가 사회적 부채 의식을 가져야 하는 논리적 근거와
재분배에 동참해야 하는 도덕적 근거는 무엇일까요? 나아가 차등
의 원칙을 역차별이라고 주장하는 사람들의 근거와 한계는 무엇

일까요? 마지막으로 공정하고 정의로운 사회는 롤스가 말하는 제도적 규칙이나 분배적 정의만으로 완수될 수 있을까요? 아니면 어떤 다른 요소들이 함께 고려되어야 할까요? 롤스의 『정의론』과 비판자들의 목소리에 여러분의 창조적인 사유를 더하여 '지금-여기'를 위한 자신만의 정의론을 자유롭게 설계해 보기를 바랍니다.

　이로써 준비한 모든 강의는 끝났습니다. 지금까지 다룬 다양한 실존적 문제와 그것을 푸는 역설적 사유가 여러분 각자의 삶에 풍부하고 다채롭게 녹아들길 바라면서 이만 마지막 인사를 드립니다. 긴 시간 정독해 주서서 감사합니다.

로널드 드워킨, 『정의론』, 박경신 옮김, 민음사, 2015.

로널드 드워킨, 『자유주의적 평등』, 염수균 옮김, 한길사, 2005.

로버트 노직, 『아나키에서 유토피아로』, 남경희 옮김, 문학과지성사, 2000.

마이클 샌델, 『공정하다는 착각』, 함규진 옮김, 와이즈베리, 2020.

마이클 샌델, 『정의란 무엇인가?』, 김명철 옮김, 와이즈베리, 2014.

마이클 영, 『능력주의』, 유강은 옮김, 이매진, 2020.

아마르티아 센, 『정의의 아이디어』, 이규원 옮김, 지식의날개, 2021.

아마르티아 센, 『세상은 여전히 불평등하다』, 정미나 옮김, 21세기북스, 2018.

아이리스 매리언 영, 『포용과 민주주의』, 김희강, 나상원 옮김, 박영사, 2020.

아이리스 매리언 영, 『정의를 위한 정치적 책임』, 허라금 외 옮김, 이화여자대학교출판문화원, 2018.

아이리스 매리언 영, 『차이의 정치와 정의』, 김도균, 조국 옮김, 모티브북, 2017.

장동익, 『로버트 노직, 무정부·국가·유토피아』, 커뮤니케이션북스, 2017.

프랭크 러벳, 『롤스의 『정의론』 입문』, 김요한 옮김, 서광사, 2013.

존 롤스, 『정의론』, 황경식 옮김, 이학사, 2003.

황경식, 『존 롤스 정의론』, 쌤앤파커스, 2018.

주

1 https://www.segye.com/newsView/20160705001330.

2 단테 알리기에리,『신곡』, 서상원 옮김, 스타북스, 2019, 9-10.

3 단테가 가장 존경한 고대 로마의 시인 베르길리우스는 오비디우스, 호라
   티우스와 함께 역사상 가장 위대한 작가 중 한 명으로 꼽힌다. 현재까지
   알려진 대표작으로는『농경시』,『전원시』,『아이네이스』등이 있다. 특히
   『아이네이스』는 당대 로마를 넘어 유럽 문학 전반에 막대한 영향을 미친
   위대한 명작이다.

4 단테 알리기에리,『신곡』, 서상원 옮김, 스타북스, 2019, 17.

5 존 롤스는 하버드대학교에서 철학을 가르쳤던 20세기의 저명한 정치철학
   자다. 그는 수십 년간 오직 '정의'라는 한 주제만을 깊이 파고든 것으로 유
   명하다. 그의 핵심 사상은 '공정으로서의 정의(Justice as Fairness)'다. 그것은
   한정된 사회적 재화를 사회 구성원이 어떻게 나누어 갖는 것이 가장 공정
   한 것인가와 관련한 문제다. 그 사상은 1958년 논문「공정으로서의 정의」
   에서 시작하여 여러 후속 논문을 통해 구체적으로 발전했다. 그 20년의
   연구 성과를 모아 출간한 저작이 그의 대표작『정의론』(1971)이다.

6 John Rawls, *Theory of Justice*, USA: Harvard University Press, 1999, 11(이
   하 'TJ'로 표기함).

7 한계 효용 체감의 법칙(Law of Diminishing Marginal Utility)은 돈이나 사물은
   모두에게 동일하게 작용하는 절대적인 가치가 아니라 빈부의 차이나 재
   산의 정도에 따라 달라지는 상대적인 가치임을 보여 주는 이론이다. 똑같
   은 100만 원이라도 가난한 사람은 부유한 사람보다 그 가치를 더 크게 느
   낀다(빈부의 차이에 따른 가치의 상대화). 또한 똑같은 100만 원이라도 0원에서
   100만 원이 될 때가 1억 원에서 1억 100만 원이 될 때보다 더 큰 가치를 갖
   는다.

8 프레이밍 효과란 문제의 본질이 같더라도 어떤 방식으로 선택지를 제시

하느냐(프레임)에 따라 사람들의 선택이 달라지는 현상을 말한다. 예를 들어 "납부 기한 내에 결재하시면, 결제 금액의 3%를 포인트로 돌려 드립니다"라는 이익 프레임보다 "납부 기한을 넘기시면, 결제 금액의 3%가 연체료로 부과됩니다"라는 손실 프레임이 더 강력한 동기를 부여한다는 것이다(손실 회피 성향).

9   TJ, 28.

10   TJ, 25.

11   TJ, 132.

12   TJ, 53.

13   이와 관련해서는 TJ, 130-132를 참고하라.

14   TJ, 13.

15   이와 관련해서는 Ronald Dworkin, *Sovereign Virtue: The Theory and Practice of Equality*, Cambridge, MA: Harvard University Press, 2000, 2, "Equality of Resources," 73-83을 참고하라.

16   이와 관련해서는 Michael Sandel, *Liberalism and the Limits of Justice*, Second Edition Cambrideg, UK: Cambridge University Press, 1998, Introduction & Chapter 1을 참고하라.

17   이와 관련해서는 TJ, 62-65를 참고하라.

18   Amartya Sen, *The Idea of Justice*, Cambridge, MA: The Belknap Press of Harvard University Press, 2009, 253.

19   이와 관련해서는 Iris Marion Young, *Justice and the Politics of Difference*, New Jersey: Princeton University Press, 1990, Chapter 1, "Displacing the Distributive Paradigm"를 참고하라.

20   이와 관련해서는 G. A. Cohen, *Rescuing Justice and Equality*, Cambridge, MA: Harvard University Press, 2008, especially Chapter 1, "The Incentives Argument"을 참고하라.

21   '패러다임의 전환(Paradigm Shift)'은 과학철학자 토머스 쿤(Thomas Kuhn)이 『과학혁명의 구조』(1962)에서 제시한 핵심 개념이다. 과학의 발전은 지식

이 축적되는 점진적인 과정이 아니라 기존의 패러다임이 완전히 뒤바뀌는 혁명적인 과정을 통해 이뤄진다는 것이다. 그러한 혁명적 변화를 그는 '패러다임의 전환'이라고 부른다. 이와 관련해서는 Thomas S. Kuhn, *The Structure of Scientific Revolutions*, Chicago: University of Chicago Press, 1962 및 토머스 쿤, 『과학혁명의 구조』, 김명자, 홍성욱 옮김, 까치, 2013을 참고하라.